DANS LA MÊME COLLECTION

Esthétique contemporaine, J.-P. Cometti, J. Morizot et R. Pouivet (dir.)
Avec des textes de M. Beardsley, N. Carroll, N. Goddman, J. Hyman, P. Lamarque, J. Levinson, J. Margolis, D. McIver Lopes, A. Neill, D. Novitz, C. Radford, J. Robinson, R. Wollheim

Éthique de l'environnement, H.-S. Afeissa (dir.)
Avec des textes de Th.H. Birch, J.B. Callicott, K.E. Goodpaster, E. Katz, A. Naess, B.G. Norton, H. Rolston III, Ch.D. Stone, R. Sylvan, P.W. Taylor

Métaphysique contemporaine, E. Garcia et F. Nef (dir.)
Avec des textes de R.M. Adams, D. Armstrong, R. Chisholm, J. Dokic, P. van Inwagen, D. Lewis, E.J. Lowe, D. Parfit, A. Plantinga, P. Simons, G.F. Stout, D.C. Williams

Philosophie de l'action, B. Gnassounou (dir.)
Avec des textes de E. Anscombe, D. Davidson, V. Descombes, K. Falvey, P. Geach, G. Kavka, A. Kenny, Ch.M. Korsgaard, D. Mackie, A.I. Melden, J.J. Thomson, B. Williams, G.H. von Wright

Philosophie de l'esprit, D. Fisette et P. Poirier (dir.)
– vol. I : *Psychologie du sens commun et sciences de l'esprit*. Avec des textes de P. Churchland, D. Davidson, D. Dennet, J. Fodor, C. Hempel, D. Lewis, H. Putnam, W. V. Quine, W. Sellars
– vol. II : *Problèmes et perspectives*. Avec des textes de F. Dretske, J. Fodor, J. Levine, H. Putnam, Z. Pylyshyn, D. Rosenthal, P. Smolensky, S. Stich, T. van Gelder

Philosophie de la connaissance, J. Dutant et P. Engel (dir.)
Avec des textes de L. BonJour, R. Chisholm, E. Gettier, A. Goldman, K. Lehrer, G.E. Moore, R. Nozick, E. Sosa, B. Stroud, T. Williamson, L. Zagzebski

Philosophie des sciences, S. Laugier et P. Wagner (dir.)
– vol. I : *Théories, expériences et méthodes*. Avec des textes de R. Carnap, Ph. Frank, K. Popper, H. Reichenbach, B. Russell, M. Schlick, F. Waismann
– vol. II : *Naturalismes et réalismes*. Avec des textes de J. Bouveresse, N. Cartwright, A. Fine, I. Hacking, T. S. Kuhn, H. Putnam, W. V. Quine, B. van Frassen, E. Zahar

PHILOSOPHIE DU THÉÂTRE

COMITÉ ÉDITORIAL

TEXTES CLÉS

PHILOSOPHIE DU THÉÂTRE

Ouvrage dirigé
par
Matthieu HAUMESSER

Textes réunis, présentés et traduits
par
Camille COMBES-LAFITTE, Matthieu HAUMESSER
et Nicolas PUYUELO

PARIS
LIBRAIRIE PHILOSOPHIQUE J. VRIN
6, place de la Sorbonne, V^e
2008

© *Librairie Philosophique J. VRIN*, 2008
Imprimé en France
ISBN 978-2-7116-1937-5
www.vrin.fr

INTRODUCTION

— Holà, monsieur le philosophe, venez mettre un peu de paix entre ces personnes-ci…
— Qu'est-ce donc ? Qu'y a-t-il, messieurs ?
— Ils se sont mis en colère pour la préférence de leurs professions, jusqu'à se dire des injures, et vouloir en venir aux mains.
— Hé quoi, messieurs, faut-il s'emporter de la sorte ? Et n'avez-vous point lu le docte traité que Sénèque a composé de la colère ? Y a-t-il rien de plus bas et de plus honteux que cette passion, qui fait d'un homme une bête féroce ? Et la raison ne doit-elle pas être maîtresse de tous nos mouvements[1] ?

… Ainsi s'exprime le philosophe, lorsqu'il s'aventure sur un plateau de théâtre… Resituons brièvement la scène. Monsieur Jourdain, bourgeois qui rêve de devenir gentilhomme, s'est offert les services de quatre maîtres : un pour la danse, un pour la musique, un pour l'escrime, et un pour… la philosophie. Nous sommes au moment où ce dernier fait son entrée, alors que les trois premiers maîtres en sont pratiquement arrivés aux mains, chacun prétendant que son art est le plus beau ou le plus important…

Comment réagit le philosophe face à cette situation conflictuelle, et théâtrale par excellence ? – Il prétend régler les problèmes, résoudre les conflits qui opposent les personnages, calmer les passions qui les animent… Bref, il entend se poser en juge parfai-

---

1. Molière, *Le Bourgeois Gentilhomme*, Acte II, scène 3.

tement objectif, et surplomber en quelque sorte la scène : car après tout, « la raison ne doit-elle pas être maîtresse de tous nos mouvements » ?

On ne saurait sans doute donner meilleure idée du rapport traditionnellement problématique de la philosophie et du théâtre… De fait, s'il y a bien un endroit où il est difficile pour la raison (et pour la philosophie) d'être maîtresse de tous nos mouvements, il s'agit certainement de la scène de théâtre. Le philosophe de Molière va s'en rendre compte malgré lui, très vite vexé par les autres maîtres, et finalement encore plus prompt qu'eux à en venir aux mains…

Les auteurs de cette introduction ont aussi eu, de leur côté, l'occasion de s'en apercevoir, en menant de front leur parcours de philosophes et leurs aventures théâtrales. Car ce qui se joue sur une scène de théâtre, que ce soit pour le comédien, ou même pour le metteur en scène, semble opposé, de bien des points de vue, aux préoccupations caractéristiques de la philosophie… Là où le philosophe recherche la vérité, le théâtre joue sur les apparences, la simulation et la dissimulation. Là où le philosophe recherche des normes idéales de bien et de justice pour guider nos actions, le théâtre laisse libre cours à la diversité des points de vue, aux conflits, et au déchaînement des passions les plus cruelles et les plus puissantes. Là où le philosophe recherche une conscience éclairée, assurée de sa propre pensée par des raisonnements et des arguments, le théâtre produit chez l'acteur et chez le spectateur une éclipse de la raison critique pour les soumettre à la possession de l'illusion dramatique. Là où le philosophe s'émancipe de la particularité des apparences pour produire des réflexions abstraites fondées sur des concepts, le théâtre est entièrement tourné vers le travail le plus concret, vers la présence physique des corps sur la scène.

Le théâtre n'est donc pas forcément un objet très naturel pour la réflexion philosophique. Et c'est justement pourquoi nous avons trouvé intéressant, et bien vite passionnant, de confronter philosophie et théâtre, ou plutôt, d'exposer ces deux choses l'une à l'autre dans toute leur hétérogénéité, à la faveur des textes réunis dans le présent volume. Il s'agit principalement de textes de philosophes. Mais il nous a paru fort instructif d'y ajouter des textes d'hommes de théâtre, Corneille, Craig, Appia, Artaud, Brecht, qui ont pris la peine de réfléchir « en philosophe » sur leur métier – fût-ce d'ailleurs pour nous inviter à penser, à la suite de Molière, que le philosophe n'est guère à sa place au théâtre…

Mais, nous allons le voir tout de suite, certains philosophes avaient déjà de leur côté, et bien avant Molière, ouvert les hostilités. La philosophie de Platon a ici (comme souvent) quelque chose d'inaugural, dans sa critique du théâtre comme pouvoir des apparences. Elle est la première manifestation d'une tendance récurrente à vouloir maîtriser ou canaliser par la pensée ce pouvoir du théâtre. Cette tendance, que nous retrouverons aussi chez Diderot, mais même chez des hommes de théâtre comme Brecht ou Craig, semble étroitement liée à la réflexion philosophique sur le théâtre, aux différentes tentatives pour penser celui-ci à partir de concepts : encore une fois, « la raison ne doit-elle pas être maîtresse de tous nos mouvements ? »…

Le théâtre, activité qui par excellence joue sur les apparences et sur les émotions, ne se prête assurément pas de bon gré à une telle domination de la raison. Mais, en lisant les textes ici réunis, on s'apercevra aussi qu'il n'est pas non plus simplement réductible aux apparences, qu'il n'est pas complètement étranger à certaines vérités ou à certains idéaux. Si le *masque* – premier support du théâtre – est un élément si universellement présent dans les sociétés humaines dites « primitives », c'est bien parce qu'il est plus qu'un simple leurre, ou un simple instrument de divertissement : il est aussi et avant tout le premier moyen par lequel l'homme se figure les puissances fondamentales et idéales qui commandent son existence. Si nous pouvons, aujourd'hui encore, prendre plaisir au spectacle d'êtres humains incarnant des rôles sur une scène, si nous pouvons encore éprouver, parfois, quelque chose de cette ferveur religieuse qui est à l'origine du théâtre, c'est bien parce que nous attendons de ce genre de spectacle plus qu'un simple divertissement – qu'il nous révèle quelque chose de notre condition humaine… Il y a donc des idéaux au théâtre, comme il y en a dans tout *art* véritable. Reste évidemment à savoir de quels idéaux il s'agit, et pourquoi ils y sont approchés, plus sans doute que dans n'importe quel autre art, sur le mode de l'illusion, de la dissimulation, voire de l'usurpation.

En réfléchissant à ce rapport ambigu que le théâtre entretient à l'idéal, on comprendra peut-être qu'il est plus proche de la philosophie qu'il n'y paraît au premier abord – mais on comprendra en même temps d'autant mieux que la philosophie ait été méfiante à son égard. Platon est emblématique de ce double rapport de proximité et de méfiance – étant à la fois le philosophe le plus critique à l'égard du théâtre, et le plus théâtral des philosophes… Essayons donc pour commencer de comprendre son attitude. Et à sa suite, transportons les philosophes au théâtre, pour voir s'ils sont capables de s'en tirer un peu mieux que le pauvre maître de Molière…

Théâtre des apparences, théâtre de la vérité
Platon

On connaît la critique que Platon, dans la *République*, adresse à l'art, compris comme imitation (*mimèsis*) des apparences. En effet, contrairement à l'artisan qui produit un lit en imitant l'Idée du lit, le peintre, par exemple, produit une image en imitant non pas l'Idée, mais l'apparence du lit qu'il rencontre dans le monde sensible. L'artiste est donc éloigné de deux degrés par rapport à l'Être le plus véritable qu'est l'Idée. Pour Platon, le « faiseur de tragédies » s'inscrit comme le peintre, et « comme tous les imitateurs », dans ce schéma, et est par conséquent « au troisième rang après la vérité » (voir *infra*, p. 106).

Cependant, le théâtre occupe, dans cette critique générale de l'art, une place singulière. C'est ce qui apparaît dès le livre III de la *République*, où il se trouve mis en cause, eu égard à la manière d'imiter qui lui est propre. Dans ce texte, Platon distingue en effet, parmi les «compositeurs de récit», ceux qui procèdent par «narration», et ceux qui procèdent par «imitation». Il trouve chez Homère, qu'il qualifie souvent d'initiateur de la tragédie, l'origine de la séparation entre ces deux manières de raconter :

> Tu sais que jusqu'à ces vers : «et il suppliait tous les Achéens, mais surtout les deux Atrides, commandants des armées», le poète parle en personne sans essayer de nous suggérer que le locuteur est un autre que lui; mais après ce passage il parle comme s'il était lui-même Chrysès et tend à nous faire croire le plus possible que ce n'est pas Homère le locuteur, mais le prêtre, en l'occurrence un vieillard. Tout le reste, ou presque, est à l'évidence fabriqué ainsi, dans l'*Odyssée* tout entière. (p. 94)

Ainsi, dans le récit qui procède par narration, l'auteur reste lui-même, en tant que personne qui raconte l'histoire de l'extérieur. Dans l'imitation, au contraire, il crée une confusion entre sa propre personne et le personnage dont il rapporte les paroles. Il se fait passer pour le personnage, et se dissimule derrière lui. À partir de là, Platon distingue plusieurs cas : le récit peut procéder soit par «narration simple, sans imitation»; il peut mélanger narration et imitation; mais il peut aussi laisser libre cours à l'imitation et, «en supprimant les interventions du poète qui sont entre les discours», ne laisser «que les répliques». Comme Adimante (l'interlocuteur de Socrate) le devine, on obtient alors la manière de faire qui est propre à la comédie et à la tragédie – c'est-à-dire qui procède «uniquement par imitation» (p. 96).

Le poète dramatique ne prend donc aucune distance vis-à-vis des personnages qu'il met en scène : il se confond avec eux ou se dissimule derrière eux. Cela vaut aussi pour l'acteur, qui réalise concrètement l'imitation sur la scène. Or, selon Platon, une telle imitation, où l'on disparaît derrière une autre personnalité, n'est pas sans danger : « ne ressens-tu pas que les imitations, si on en poursuit tout jeune et longtemps l'habitude, se constituent en seconde nature autant pour le corps et les inflexions de la voix que pour l'état d'esprit ? » (p. 98). Le risque de l'imitation est ainsi que la personnalité propre de l'imitateur soit en quelque sorte *contaminée* par la personnalité qu'il imite de si près. C'est pourquoi il faudra interdire aux gardiens de la Cité d'imiter « les esclaves, les femmes, les hommes faisant ce qui est le propre des esclaves » – ou pire encore, de « singer la folie » (p. 98).

On comprend ainsi que dans la critique platonicienne de l'art mimétique, le théâtre ait un statut tout à fait particulier, puisqu'il pratique la forme d'imitation la plus poussée, celle où l'imitateur devient lui-même, dans son être propre, semblable à celui qu'il imite. Cette confusion concerne l'auteur et l'acteur, mais elle touche aussi les spectateurs :

> Quand en effet les meilleurs d'entre nous prêtent l'oreille à Homère, ou à un autre faiseur de tragédies, en train d'imiter quelque héros dans la douleur qui débite une longue tirade entrecoupée de gémissements, ou d'autres qui chantent en se cognant la poitrine, tu sais que nous aimons cela, que nous nous laissons aller à le suivre avec sympathie et que nous louons sérieusement comme un bon poète celui qui sait le plus nous placer dans de telles dispositions. (p. 114)

Voilà ce qui est le plus criticable dans le théâtre : cet étrange plaisir que l'auteur, les acteurs et les spectateurs éprouvent à partager les sentiments des personnages, qui sont exprimés avec emphase sur la scène, l'imitation tournant à la contamination. En stimulant les passions, par l'identification avec autrui, le théâtre nous conduit à ne plus pouvoir les maîtriser dans notre vie propre : « la jouissance qu'on en retire passe nécessairement d'autrui à nous-même » (p. 115). Platon s'oppose ici à toute conception du théâtre qui en ferait une activité séparée du réel, et par conséquent inoffensive : pour lui, il y a au contraire toujours quelque chose qui passe du spectacle au spectateur, et qu'il est très difficile de maîtriser.

Mais surtout, au-delà de la confusion des personnalités, l'imitation théâtrale repose sur une confusion plus profonde et plus grave : elle nous conduit à prendre l'apparence pour la réalité. Le théâtre satisfait (et se nourrit de) notre étrange tendance à *croire aux apparences*, cette «faiblesse de notre nature» (p. 109) qui nous conduit à croire, par exemple, que la bâton que nous voyons courbé parce qu'il est plongé dans l'eau est réellement courbé, ou encore à croire qu'Agamemnon va réellement sacrifier Iphigénie, à oublier qu'il ne s'agit que d'un personnage de théâtre, donc d'une apparence. Or, pour Platon, cet élément de l'âme qui veut croire aux apparences, et que satisfait la poésie mimétique, doit être strictement distingué de l'élément rationnel, qui cherche précisément à dépasser les apparences, à les confronter entre elles par la réflexion pour arriver à la vérité.

Cependant, il ne faut pas simplement entendre par là qu'au théâtre nous croyons abusivement avoir affaire à des personnages réels alors qu'il ne s'agit que d'acteurs. C'est aussi et surtout le *contenu* des actions représentées qui est abusivement commandé par l'apparence, qui flatte notre sensibilité plutôt qu'il ne s'adresse à notre raison :

> Cet art imitatif imite des hommes contraints ou désireux d'accom-
> plir des actions, après l'action croyant avoir réussi ou échoué, et
> éprouvant souffrance ou joie pendant chaque acte. (p. 111)

Dans cette définition, Platon insiste sur l'importance de l'apparence des actions, sur la manière dont elles apparaissent *aux personnages*, dans la mesure où ils *croient* avoir réussi ou échoué, et en éprouvent de la joie ou de la souffrance, c'est-à-dire évaluent *sensiblement* le bien et le mal. On pourrait ajouter que cette évaluation diffère selon les personnages, selon la situation qui est la leur dans l'histoire, ou encore, pour un même personnage, selon les moments de l'histoire : pensons à Agamemnon, dans l'*Iphigénie à Aulis* d'Euripide, à ses atermoiements quant au sacrifice de sa fille. Ici se fait sentir l'absence de toute intervention de l'auteur en tant que tel : celui-ci pourrait prendre du recul par rapport à l'histoire, juger plus objectivement du bien et du mal qui s'y trouvent contenus ; mais au théâtre, il choisit au contraire de s'effacer, pour donner libre cours au jugement des personnages, qui évaluent les actions de l'intérieur, avec leurs sentiments. Dès lors, le théâtre ne peut aux yeux de Platon que stimuler le conflit entre la raison et les désirs sensibles, et semer le désordre dans l'âme :

> Est-ce qu'un homme garde dans toutes ces situations un état d'esprit identique ? Ou est-ce qu'il […] éprouve dans ses actes une dissension, et se livre un combat à lui-même ? […] Quand c'est un homme de valeur qui a été frappé par le malheur de perdre un enfant […], nous disions qu'il le supporterait moins difficilement que les autres. […] Ce qui lui commande de faire face, c'est la raison et la loi, et ce qui l'attire vers les peines, c'est la souffrance elle-même. […] Sans crier en vain, comme des enfants, si l'on prend un coup, en tenant sa blessure, [il faut accoutumer] toujours son âme à hâter le plus possible la guérison et à redresser ce qui est tombé et qui est malade, en effaçant le gémissement par l'art de guérir. (p. 111-112)

Face à un malheur, deux attitudes sont possibles, correspondant à deux éléments distincts et opposés de l'âme : l'une, correspondant au désir sensible et immédiat, consiste à se laisser aller simplement à la souffrance, à la ressasser encore et encore ; l'autre, correspondant à l'élément rationnel, consiste à réfléchir à ce qui est arrivé, à contenir son chagrin, et à rechercher activement les meilleurs moyens de sortir du malheur. Or, entre ces deux attitudes, le théâtre, avec le manque de recul qui le caractérise, tend naturellement à privilégier la première, parce qu'elle est la plus spectaculaire :

> Ce qui permet nombre d'imitations variées, c'est la partie irascible, tandis que le tempérament sensé et tranquille, étant toujours presque égal à lui-même, n'est ni facile à imiter, ni aisé à concevoir si on l'imite, surtout pour un public d'hommes de toutes sortes réunis dans des théâtres : car cette imitation procède d'une façon de sentir qui leur est étrangère. (p. 113)

Platon insiste ici sur le caractère multiple de l'imitation qui suit la simple apparence sensible, par opposition à l'attitude rationnelle qui reste égale à elle-même. Dès le livre III, il reproche au poète mimétique de rechercher avant tout le *contraste* dans son imitation, parce que c'est plus « agréable », plutôt que de produire quelque chose d'unifié qui corresponde plus à la nature de la chose elle-même (p. 101). Le *Philèbe* va plus loin, en montrant que le plaisir suscité par la tragédie est, *dans sa nature même*, contradictoire, il est « mélangé », dans la mesure où il est essentiellement lié à de la douleur (48a-b).

À tout point de vue, le théâtre apparaît donc chez Platon comme un instrument de dissolution de l'âme : d'abord, parce qu'il joue la sensibilité contre la raison ; ensuite, parce que les apparences sensibles sont par nature multiples et opposées entre elles. Le théâtre nourrit cette partie de l'âme qui s'abandonne en permanence à la diversité des apparences, et à laquelle Platon refuse de donner un nom, « à cause du nombre des formes qu'elle prend » (livre IX, 580d). Il la figure comme « un animal multiforme et polycéphale, qui aurait, disposées en cercle, des têtes d'animaux paisibles et des têtes d'animaux sauvages, et capable de passer de l'une à l'autre et de faire sortir cela de lui-même » (588c). Dans le livre IX, cette description vise ce qui se joue dans l'âme d'un tyran ; mais, nous semble-t-il, on pourrait y voir aussi bien une anticipation du livre X, et une fort belle description de ce qu'est un comédien…

Cette idée que le théâtre est un instrument de dissolution, qu'il crée de la diversité en multipliant les apparences là où on devrait rechercher une seule vérité, est essentielle pour Platon. Elle s'oppose en effet à une idée reçue, celle précisément qui le conduit à revenir sur le cas de la poésie mimétique au début du livre X :

> Nous entendons certains dire que les gens comme Homère connaissent tous les arts, toute la palette des qualités et des défauts humains, et même le secret des dieux ; car le bon poète, s'il veut que sa création soit réussie dans son domaine, se doit de créer en toute conscience, ou sinon il n'est pas à même de créer. (p. 107)

Selon l'idée reçue ici rapportée, le poète mimétique doit nécessairement s'y connaître dans les choses qu'il imite – les actions humaines – pour pouvoir créer cet effet de réalité qui plaît tant au spectateur. En outre, si tel est le cas, et puisqu'il s'agit d'imiter les actions humaines en général en tant qu'elles réussissent ou échouent, sans se restreindre à un domaine particulier, il doit s'y connaître en tout, il doit connaître « toute la palette des qualités et des défauts humains ». Bref, comme le dit Socrate un peu plus haut, il apparaît comme un « expert universel », quelqu'un qui réunit en une seule vue la diversité des arts et des choses humaines.

L'enjeu politique de ce passage est évident. En effet, la Cité décrite dans la *République* obéit de part en part au principe de la spécialisation : chaque homme doit se concentrer sur la fonction qu'il sait remplir, sans se disperser. Cela pose évidemment le problème de savoir comment diriger la Cité, c'est-à-dire accorder toutes ces fonctions entre elles pour former un tout cohérent. C'est bien quelque chose de tel que semble pouvoir réaliser, en un sens, le poète mimétique, en tant qu'« expert universel », capable de « réunir des hommes de toutes sortes dans les théâtres » (p. 113), capable de leur renvoyer une vision globale des affaires humaines et de la Cité.

Mais justement, pour Platon, l'universalité ainsi créée n'est fondée que sur les apparences. Dès le début du livre X, il tourne en dérision l'idée que celui qui est capable d'imiter toutes choses doive s'y connaître : en prenant un miroir et en le faisant tourner autour de soi, on imitera aussi le soleil, la terre, le ciel et toutes les choses existantes, mais sans pour autant les connaître vraiment. On n'en retiendra que l'apparence. L'art de l'imitation « s'applique à tout mais n'atteint qu'une parcelle de chaque chose : son aspect visible » (p. 107). Ainsi, le théâtre n'atteint l'universalité qu'en se détournant du vrai de deux degrés, pour imiter simplement les apparences. Et, parce que son universalité et son savoir sont fondés sur les apparences, ils ne sont eux-mêmes qu'apparents. C'est bien pourquoi Platon peut reprocher à Homère de n'avoir jamais pu quitter le domaine des apparences pour s'occuper de la vie politique réelle, si expert fût-il en choses humaines.

Le seul expert universel qui vaille, c'est évidemment le philosophe, qui fonde l'unité de la Cité sur le savoir plutôt que sur les apparences. Le poète dramatique apparaît à Platon comme un concurrent, particulièrement dangereux, car évidemment plus séduisant pour la foule que le philosophe. Les *Lois* sont particulièrement explicites sur ce point. L'Athénien s'y adresse aux poètes tragiques de la manière suivante :

> Excellents étrangers, auteurs de tragédie nous le sommes nous-mêmes, et, dans la mesure de nos forces, de la plus belle et de la meilleure ; en tout cas, la constitution politique en son ensemble que nous proposons se veut une imitation de la vie la plus belle et la meilleure, et c'est vraiment là, à notre avis du moins, la tragédie la plus authentique. [...] Si vous êtes des poètes, nous le sommes aussi, [...] vos rivaux dans la fabrication et la représentation du drame le plus beau, celui que seule est naturellement apte à mener à son terme la loi véritable. Telle est notre espérance. Ne vous imaginez pas que nous vous permettrons de venir si facilement chez nous planter sur la place publique vos tréteaux, et y produire vos acteurs à belles voix, qui sonnent plus haut que les nôtres ; que nous vous donnerons le droit de vous adresser en public à nos enfants, à nos femmes et à toute la foule, et de tenir sur les mêmes conduites non pas les mêmes discours que nous, mais le plus souvent et pour l'essentiel, des choses contraires [1].

La concurrence entre théâtre et philosophie est ici clairement affirmée. Le poète tragique parle des mêmes choses que le philosophe, c'est-à-dire des actions humaines. Mais le poète tragique et ses « acteurs à belles voix » visent les apparences, alors que le drame que met en place le philosophe pour la Cité est la « tragédie la plus authentique » : il s'agit d'imiter non pas les apparences, mais

1. *Lois*, livre VII, 817b-c, trad. fr. L. Brisson et J.-F. Pradeau, Paris, Flammarion, 2006.

l'idéal de la « vraie loi ». Mais surtout, la tragédie ici défendue n'est pas le fait d'acteurs, elle n'est pas fictive : elle n'est rien d'autre que la Cité réelle, la Cité tout entière, dont les protagonistes sont les citoyens. Si tragédie il y a, elle est entièrement tournée vers la vérité et la réalité…

Cependant, au-delà de la pure et simple opposition, Platon laisse aussi entrevoir ici une certaine *parenté* entre le théâtre et la philosophie. S'il y a concurrence, c'est bien parce que ces deux activités jouent sur le même terrain, qu'elles ont des objectifs communs, mais aussi qu'elles se servent des mêmes armes. De fait, toute cette critique du théâtre ne peut que mener le lecteur à la question suivante : cette forme de narration que Platon condamne si sévèrement, et qui consiste à supprimer les interventions de l'auteur, ne l'a-t-il pas lui-même pratiquée, tout au long de sa vie, en écrivant ses dialogues ? Même si ceux-ci n'étaient certainement pas destinés à être représentés sur une scène, n'ont-ils pas quelque chose de fondamentalement théâtral, dans la mesure où Platon n'y intervient jamais directement, mais toujours en *imitant* quelque autre personnage, à commencer évidemment par Socrate ?

C'est en prenant au sérieux cette question que l'on peut saisir toute l'ambiguïté du statut du théâtre chez Platon. De fait, même dans la *République*, il n'écarte jamais toute forme de théâtre, mais seulement celles qui nous conduisent à nous complaire dans la diversité des apparences sensibles. À aucun moment, Platon ne nie qu'il faille malgré tout tenir compte de ces apparences, pour à partir d'elles atteindre le vrai. C'est pourquoi il n'écarte jamais la possibilité que la Cité puisse accueillir un art d'imitation qui soit légitime : celui où l'on imiterait des « hommes comme il faut », ceux qui sont animés par le désir du vrai. Ainsi, dans le livre III, juste après avoir affirmé qu'il fallait chasser de la Cité le poète dramatique qui se vante de pouvoir tout imiter par sa maîtrise des apparences, Platon ajoute : « nous, nous aurions recours à un poète ou un conteur plus austère, moins plaisant, choisi pour son utilité : il nous imiterait le langage de l'homme comme il faut et s'exprimerait dans le genre de langue que nous avons instaurée » (p. 101).

N'est-ce pas ainsi que se présentent les dialogues de Platon lui-même ? Ne créent-ils pas leur théâtralité propre, en imitant des personnages qui sont toujours animés par le désir de vérité, ce désir que Socrate sait si bien stimuler, et qui les conduit toujours (et souvent presque malgré eux) à vouloir dépasser les apparences ? C'est ainsi, par exemple, que l'on pourrait lire le *Phédon* : comme un drame, à la fois tragique et comique, où Socrate refuse que l'on cède au désir sensible de se lamenter de sa condamnation à mort – où il chasse Xanthippe qui ne peut s'empêcher de pleurer, et avec elle toute théâtralité abusivement larmoyante, pour réfléchir calmement, mais fortement et théâtralement, à ce que va devenir son âme après la mort…

Maîtriser le pouvoir du théâtre
Diderot, Craig, Brecht

Si Platon cherche à encadrer si fortement le théâtre, c'est parce qu'il lui reconnaît un très grand pouvoir : le pouvoir de captation qu'exerce sur nous l'apparence des actions humaines. Jouer avec cela, c'est un peu jouer avec le feu – risquer de dissoudre l'âme (et la Cité) dans la diversité de ces apparences, en l'éloignant des normes idéales du vrai et du bien. Le théâtre tend à supprimer toute instance de jugement qui surplomberait les apparences – en particulier, l'auteur ou le narrateur –, pour livrer l'action aux personnages eux-mêmes, en les faisant vivre et agir en chair et en os sur la scène, et contaminer l'esprit des spectateurs par le plaisir pris à ce spectacle. Ce faisant, il semble avoir un pouvoir particulièrement inquiétant, privilégiant l'apparence par rapport à la réalité, la diversité du sensible par rapport à l'unité supra-sensible du bien et du vrai.

Mais en même temps, Platon cherche lui-même à tirer parti de ce pouvoir pour le mettre au service des Idées. Cette attitude est exemplaire d'une tentation récurrente, chez les philosophes, mais aussi, nous allons le voir, chez les hommes de théâtre eux-mêmes, de se demander s'il ne serait pas possible de se rendre maître de ce pouvoir si efficace, de le canaliser en le soumettant à des normes de vérité ou de moralité. On peut notamment reconnaître une entreprise analogue chez Diderot. C'est ce qui apparaît d'abord dans le *Discours sur la poésie dramatique*, où il défend l'idée d'un « drame sérieux », situé en quelque sorte à mi-chemin de la tragédie et de la comédie. On retrouve là l'idée, chère à Platon, d'un drame qui imiterait « l'homme comme il faut », avec son caractère mesuré et réfléchi, plutôt que les émotions outrancières propres à la comédie et la tragédie.

Diderot peut ainsi opposer la comédie sérieuse, qui nous peint « les devoirs des hommes », à la comédie gaie : « l'honnête nous touche d'une manière plus intime et plus douce que ce qui excite notre mépris et nos ris. [...] Pincez cette corde, et vous l'entendrez résonner ou frémir dans toutes les âmes »[1]. Tout l'enjeu, pour Diderot, est de montrer que ce genre de théâtre ne s'oppose pas au spectaculaire, mais qu'il peut susciter chez le spectateur – à condition d'être réussi – des sensations aussi intenses, sinon plus, que la comédie gaie ou la tragédie. Il forge ainsi l'idée d'un « drame moral » qui pourrait discuter « les points de morale les plus importants », sans pour autant « nuire à la marche violente et rapide de l'action dramatique »[2]. Autrement dit, Diderot cherche à canaliser le pouvoir de l'apparence théâtrale au service d'une intention morale :

> Ô quel bien il en reviendrait aux hommes, si tous les arts d'imitation se proposaient un objet commun et concouraient un jour avec les lois pour nous faire aimer la vertu et haïr le vice ! C'est au philosophe à les y inviter : c'est à lui à s'adresser au poète, au peintre, au musicien,

---

1. *Discours sur la poésie dramatique*, dans *Écrits sur le théâtre*, I, A. Ménil (éd.), Paris, Pocket, 1995, p. 166.

2. *Ibid.*, p. 168.

et à leur crier avec force : Hommes de génie, pourquoi le ciel vous a-t-il doués [1] ?

Apparaît ici l'idée que les apparences déployées par les différents arts d'imitation seraient dépourvues de sens si elles n'étaient pas mises au service du bien. La tonalité de ce texte est très platonicienne ; elle semble faire écho à l'injonction de la *République* de soumettre le poète imitateur à la direction du philosophe. D'ailleurs, quelques lignes plus loin, Diderot choisit comme exemple de « drame moral » la condamnation et la mort de Socrate, telle qu'elle est retracée par *l'Apologie*, le *Criton* et le *Phédon* [2]…

Cette volonté de maîtriser l'apparence théâtrale apparaît aussi dans le *Paradoxe sur le comédien* (voir *infra*, p. 119-132). Certes, l'enjeu de ce texte est différent. Il ne s'agit pas ici de soumettre le comédien à quelque norme morale, mais simplement de réfléchir, du point de vue du théâtre lui-même, à la meilleure manière d'imiter un personnage. Cependant, même dans ce cadre, le propos reste très platonicien. En effet, selon Diderot, le bon comédien ne se caractérise pas tant par sa sensibilité que par son jugement. Il doit être un « spectateur froid et tranquille » de son propre rôle (p. 119). Ce n'est qu'ainsi qu'il peut imiter son personnage avec le plus de vérité, et susciter chez le spectateur l'illusion dramatique la plus parfaite. On retrouve ici le refus d'un théâtre où l'on se livrerait de manière irréfléchie aux sentiments des personnages, sur le mode de l'enthousiasme ou de l'inspiration. Diderot reproche ainsi aux comédiens qui s'en remettent à leur seule sensibilité d'être inégaux, et de manquer l'unité du caractère qu'ils doivent imiter, en se dispersant dans la diversité d'impressions ponctuelles : « ne vous attendez de leur part à aucune unité ; leur jeu est alternativement fort et faible, chaud et froid, plat et sublime » (p. 120). On est ici très proche de Platon – et de fait, Diderot oppose à ces comédiens trop

---

1. *Ibid.*
2. *Ibid.*, p. 169-170.

sensibles, complètement pris par les apparences, le comédien réfléchi, qui imite un « modèle idéal » :

> Le comédien qui jouera de réflexion, d'étude de la nature humaine, d'imitation constante d'après quelque modèle idéal, d'imagination, de mémoire, sera un, le même à toutes les représentations, toujours également parfait. Quel jeu plus parfait que celui de la Clairon ? […] Sans doute elle s'est fait un modèle auquel elle a d'abord cherché à se conformer ; sans doute elle a conçu ce modèle le plus haut, le plus grand, le plus parfait qu'il lui a été possible ; mais ce modèle qu'elle a emprunté de l'histoire, ou que son imagination a créé comme un grand fantôme, ce n'est pas elle ; si ce modèle n'était que de sa hauteur, que son action serait faible et petite ! (p. 120-121)

Certes, la nature de l'idéal ici visé est beaucoup plus ouverte que chez Platon. Il s'agit simplement de la vérité du personnage, comme condition de l'illusion dramatique la plus parfaite possible. Et ce modèle idéal est en outre laissé à l'« imagination » du comédien. Mais, au-delà de ces différences, l'intention fondamentale du propos rejoint malgré tout celle de Platon, dans la mesure où Diderot oppose l'imitation d'un idéal à l'imitation de l'apparence sensible.

Il est frappant qu'il compare ce modèle idéal à un « fantôme ». On retrouve ici le terme *phantasma* qui désigne dans la *République* l'apparence qu'imite le poète mimétique. Chez Diderot comme chez Platon, on peut comprendre ce terme dans ses connotations les plus fantastiques. La même ambiguïté vaut dans la *République* pour le terme *eidôlon*, qui désigne aussi bien l'« image » que le « spectre ». Cela exprime particulièrement bien le pouvoir inquiétant de l'apparence théâtrale, en tant qu'elle peut contaminer la personnalité de l'acteur, et – littéralement – le *posséder*. Mais justement, Diderot retourne complètement le sens qu'il faut donner à cette comparaison. Si « fantôme » il y a, il ne faut pas du tout y voir un phénomène surnaturel de possession, mais bien plutôt la capacité du bon comédien à manipuler les apparences naturelles :

> Rien, à vous entendre, ne ressemblerait tant à un comédien sur la scène ou dans ses études que les enfants qui la nuit contrefont les

revenants sur les cimetières, en élevant au-dessus de leurs têtes un
grand drap blanc au bout d'une perche, et faisant sortir de dessous ce
catafalque une voix lugubre qui effraie les passants. (p. 122)

Loin donc que le grand comédien soit possédé par son
personnage, sa plus grande qualité est de *se* posséder lui-même,
afin de créer pour les spectateurs l'illusion la plus parfaite possible,
et de se rapprocher le plus possible du modèle qu'il s'est donné à
imiter. On retrouve donc bien, dans cette approche du théâtre, la
volonté de soumettre les apparences qui s'y trouvent déployées, et
leur si grand pouvoir, à la connaissance réfléchie d'une norme de
vérité idéale. C'est elle qui, en fait, subjugue les spectateurs – tandis
que le comédien l'imite, pour sa part, avec le plus grand sang-froid.

Il ne faudrait pas croire, pour autant, que Diderot défende un
théâtre où toute émotion serait bannie. Bien au contraire, cette
imitation d'un modèle idéal a pour fonction de renforcer les
impressions que le spectacle donne à ressentir, en les maîtrisant et
en les canalisant. À cet égard, on peut souligner le lien qu'établit
Diderot, notamment à la fin du *Paradoxe*, entre sensibilité et
faiblesse. Le comédien simplement sensible sera incapable
d'interpréter les rôles de « natures féroces », ou les « boucheries de
Shakespeare »; et il y aurait « un singulier abus des mots que
d'appeler sensibilité cette facilité de rendre toutes natures, même
les natures féroces » (p. 131). Diderot ne prône donc pas un spectacle froid ou édulcoré. Il prend toute la mesure de la violence des
sentiments et des actions qui peut être libérée par le théâtre. Et c'est
peut-être précisément pour cela qu'il tient autant à la canaliser et à
la maîtriser : car pour lui, comme pour Platon, le véritable pouvoir
des apparences ne peut (et ne doit) être détenu que par celui qui les
fabrique, et qui imite les véritables idées ; celui qui produit l'illusion ne se laisse pas lui-même subjuguer par elle mais la maîtrise au
contraire en atteignant un savoir véritable qui la fonde.

C'est plus généralement le statut artistique du théâtre qui est ici
en jeu. Comme tout art, le théâtre est une *production*, une *poièsis*.
Mais peut-être cette dimension est-elle moins évidente dans son

cas, à cause du statut du comédien, qui livre son être tout entier dans sa production : contrairement au peintre, au musicien, qui informent une matière qui leur reste dans une large mesure extérieure, il devient lui-même une partie de l'œuvre d'art qu'il crée – et c'est pourquoi le risque est aussi grand qu'il se fasse *posséder* par elle. Aussi peut-on être conduit à poser l'alternative suivante : soit le comédien prétend au statut d'artiste, à la condition de se rendre extérieur à soi-même, comme Diderot en défend la possibilité ; soit il ne peut sortir de lui-même puisqu'il est à lui-même son propre instrument, mais en ce cas l'art du comédien est un concept vide.

C'est ce problème qu'a repris à son compte le metteur en scène anglais Edward Gordon Craig au début du XXe siècle. À bien des égards, ses textes (voir *infra*, p. 133-163) prolongent la critique platonicienne du théâtre et radicalisent les paradoxes de Diderot. C'est le cas, notamment, de *l'Acteur et la Sur-marionnette* :

> Le Jeu de l'Acteur ne constitue pas un Art ; et c'est à tort qu'on donne à l'acteur le nom d'artiste. Car tout ce qui est accidentel est contraire à l'Art. L'Art est l'antithèse du Chaos, qui n'est autre chose qu'une avalanche d'accidents. L'Art ne se développe que selon un plan ordonné. Il ressort donc clairement que pour créer une œuvre d'Art, nous ne pouvons nous servir que de matériaux dont nous usions avec certitude. Or l'homme n'est pas de ceux-là. (p. 135)

Avec Craig, le paradoxe est à son comble : c'est au nom de l'art du théâtre lui-même que la condamnation du jeu de l'acteur est prononcée. En effet, ce qui est pour Craig essentiel à l'art en général, c'est la capacité qu'a l'artiste de maîtriser la matière qu'il informe, d'en user avec « certitude », de la modifier selon un « plan ordonné ». Mais c'est précisément ce qui fait défaut au théâtre, du moins tant qu'il reste d'abord art de l'acteur[1]. Le problème de

---

1. Pour suivre le vocabulaire de Craig, nous devons glisser du terme de « comédien » à celui d'« acteur » (« actor » étant évidemment le terme utilisé en anglais).

l'acteur n'est pas tant d'avoir une apparence et un corps que, comme pour Diderot, d'avoir un corps sensible et émotif, d'être malgré soi un flux désordonné d'apparences, bref, d'être un être de *chair*. Car c'est en tant que tel qu'il devient lui-même, dans son être le plus profond, une partie de l'œuvre d'art, qu'il est possédé par elle. Or selon Craig, il est impossible qu'un tel acteur soit en même temps un artiste : ses émotions ne cessent de l'éloigner de l'essence des choses, et d'une maîtrise consciente des apparences qu'il produit, pour l'entraîner dans le registre de l'accidentel : « l'émotion réussit à détruire ce que la pensée voulait créer ; et l'émotion triomphant, l'accident succède à l'accident » (p. 136).

D'où la position très provocatrice de Craig : pour lui, on ne pourra refonder un théâtre véritable, c'est-à-dire, un *art* du théâtre, qu'en faisant purement et simplement disparaître l'acteur, ses émotions et son « réalisme », pour repartir de la *marionnette* – c'est-à-dire d'un personnage inanimé dont la matière est soumise à la pensée de l'artiste et à la visée de l'essence. Car de cette manière, « il n'y aura plus de personnage vivant pour confondre en notre esprit l'art et la réalité ; plus de personnage vivant où les faiblesses et les frissons de la chair soient visibles » (p. 144). Ce qui fascine autant Craig dans les marionnettes, c'est justement l'étrange *sérénité* et *l'impassibilité* qui ne les quittent jamais, et qui les rendent capables d'exprimer, beaucoup plus puissamment qu'un acteur qui succombe à ses émotions, quelque chose qui transcende le réalisme immédiat. C'est que, pour Craig, la marionnette est beaucoup plus qu'un simple pantin articulé accroché à des ficelles, ou que les poupées du théâtre de Guignol : elle est « la descendante des antiques idoles de pierre des temples, elle est l'image dégénérée d'un Dieu » – et c'est pourquoi il préfère le néologisme de « Sur-marionnette » (p. 144).

Nous parlerons plus loin (voir *infra*, p. 87) des différences de connotation entre ces deux termes. Prenons-les pour l'instant comme synonymes.

Il est vraisemblable que ce texte soit volontairement excessif, et que Craig n'ait pas voulu réellement faire disparaître l'acteur. En tout état de cause, il s'agit de montrer toute la difficulté, pour un acteur, d'être un *artiste*, de maîtriser sa propre matière. D'où l'autre thèse majeure de Craig – très novatrice à son époque : le véritable artiste au théâtre ne peut être que le *metteur en scène*, le régisseur, parce qu'il maîtrise de l'extérieur la matière diversifiée du spectacle, et notamment celle de l'acteur. C'est l'enjeu du second texte présenté ci-dessous : le *Premier dialogue de L'Art du Théâtre*.

La parenté entre Craig et Diderot est évidente sur tous ces points. Le *Paradoxe* n'est guère éloigné de la Sur-marionnette : « Un grand comédien est un pantin merveilleux dont le poète tient la ficelle et auquel il indique à chaque ligne la véritable forme qu'il doit prendre »[1]. Que ce soit le poète ou le régisseur qui manipule ce « pantin merveilleux » ou cette « Sur-marionnette », l'enjeu est le même : faire dépendre l'apparence théâtrale de la saisie réfléchie d'idéaux qui lui donnent son sens et sa force, plutôt que des émotions du comédien. En outre, tous ces textes ne peuvent que nous faire songer aussi au manipulateur de marionnettes auquel Platon donne un rôle central dans l'allégorie de la caverne. Ce manipulateur nous abuse d'autant mieux, avec les ombres qu'il projette sur le mur de la caverne, que pour sa part, il est bien plus proche que nous du ciel des Idées…

C'est sans doute Craig, cependant, qui pousse le plus loin cette conception d'un art théâtral qui reposerait sur un monde d'idéaux situé au-delà du nôtre – jusqu'à donner à cet au-delà son sens le plus morbide, en prolongeant la métaphore fantomatique que nous avons rencontrée chez Diderot : il prétend rechercher « l'esprit de la mort », refusant d'utiliser pour désigner son art « le mot de "vie" dont se réclament sans cesse les réalistes » (p. 145). En témoigne,

---

1. *Paradoxe sur le comédien*, dans *Écrits sur le théâtre*, II, A. Ménil (éd.), Paris, Pocket, 1995, p. 105.

notamment, sa fascination pour les spectres dans les tragédies de Shakespeare[1].

Le théâtre devenant un art de la mort plutôt qu'un art de la vie : c'est le paradoxe même de la position de Craig. Si le théâtre doit être un art, il doit se débarrasser, si ce n'est du comédien, du moins de la sensibilité du comédien. Mais un art d'où la chair du comédien est absente est-il encore du théâtre ? On peut ainsi reconnaître, chez Platon, Diderot et Craig, une inquiétude commune face à ce qui reste malgré tout le cœur de l'expérience théâtrale : le fait que des hommes deviennent, dans tout leur être (c'est-à-dire, non seulement dans leur corps, mais dans leur chair elle-même, en ce qu'elle a de spirituel et d'émotif), une imitation de leurs personnages. Cette forme extrême d'imitation crée une proximité entre l'artiste et l'œuvre qui n'existe sans doute dans nul autre art, et qui remet en cause l'idée de production, au profit de la possession, de l'enthousiasme, de l'inspiration, etc. D'où l'attitude de ces trois auteurs, qui refusent que la création théâtrale puisse être autre chose qu'une *production*, celle-ci étant considérée comme notre rapport le plus véritable – et le plus maîtrisé – à la réalité[2].

C'est très certainement la même volonté de ramener résolument l'art dramatique dans la sphère de la production qui domine aussi d'une certaine manière (et bien que dans une perspective par ailleurs très différente) les réflexions de Brecht, dans le *Petit organon pour le théâtre* (voir *infra*, p. 165-170). L'insistance sur l'idée de production apparaît dans ce texte dès le § 1 : « Le théâtre consiste à fabriquer des reproductions vivantes d'événements qui opposent des hommes » (p. 165). Brecht en tire le même genre de conclusion que Platon, Diderot, et Craig, mais en lui donnant un tour plus

---

1. E.G. Craig, « Des spectres dans les tragédies de Shakespeare », dans *De l'Art du théâtre*, Paris, Circé, 1999, p. 202-213.

2. C'est une des principales leçons de l'allégorie de la caverne, qui fait toute l'importance de la figure des marionnettistes : « le vrai n'est que l'ombre des objets *fabriqués* » (*République* VII, 515c, nous soulignons).

directement politique, en l'inscrivant, plus précisément, dans une perspective marxiste : dans un processus de fabrication ou de production, il vaut mieux être dans la position du producteur, qui sait de quoi il retourne, et qui maîtrise le processus, que de simplement en subir l'organisation et les effets.

C'est pourquoi Brecht refuse tout ce qui dans le théâtre nous conduit à adopter une attitude passive : il rejette le théâtre comme pouvoir d'illusion (comprise comme tromperie). Il est frappant que cela le conduise à développer, quant au jeu du comédien, des thèses qui sont fort proches de celle de Diderot, et même sans doute plus radicales : pour Brecht, on le sait, le jeu doit être soumis à l'exigence de *distanciation*. Pour lui, aussi bien le spectateur que le comédien doivent pouvoir garder leur sang-froid, et une attitude critique à l'égard de l'apparence théâtrale.

Pour cela, le comédien doit rejeter tout ce qui relève de l'identification, du fantasme d'une « métamorphose intégrale »[1], ainsi que son corrélat, la « contamination émotionnelle », au profit d'un processus créatif qui, aussi bien pour le spectateur que pour le comédien, est « élevé à la hauteur de la conscience claire »[2]. De même pour l'idée de possession, décidément récurrente dans la réflexion sur le théâtre : « même lorsqu'il représente des possédés, le comédien ne doit pas faire lui-même l'effet d'être possédé : sinon, comment les spectateurs pourraient-ils découvrir ce qui possède les possédés ? » (p. 170).

Mais, pour Brecht, pas plus que pour Diderot ou Craig, il ne s'agit de supprimer toute émotion, bien au contraire. Il s'agit plutôt de rendre étonnants des événements ou des situations sociales qui, autrement, nous paraîtraient aller de soi et qui pour cette raison, ne susciteraient aucune émotion. Dans ses écrits, Brecht multiplie les descriptions des moyens, très concrets, par lesquels le comédien peut susciter cet effet de distanciation : abandonner l'idée d'un

---

1. B. Brecht, *L'Art du comédien*, Paris, l'Arche, 1980, p. 51.
2. *Ibid.*

quatrième mur, c'est-à-dire ne pas se priver de commenter sa propre action, et de s'adresser directement au public. À chaque passage important, le comédien doit laisser entrevoir, à côté de ce que son personnage fait, ce qu'il ne fait pas – par exemple, lorsqu'il dit « Ça, tu me le paieras », alors qu'il aurait pu dire : « je te pardonne » – « Ce qu'il ne fait pas doit être contenu et subsister dans ce qu'il fait. De cette manière, toutes ses phrases et tous ses gestes se présentent comme des décisions, le personnage reste sous contrôle et subit des tests » [1]. À cela s'ajoutent bien des moyens plus extérieurs au jeu du comédien : utilisation de l'éclairage, ou de la musique, indication de titres pour les scènes, etc.

Tout cela converge vers l'exigence fondamentale de Brecht, qui est de montrer les affaires humaines non comme des choses intangibles ou allant de soi, mais comme des réalités *influençables*. Si, par le théâtre, l'homme imite l'homme, ce n'est pas pour se complaire dans une situation humaine donnée (ce serait du théâtre bourgeois), mais au contraire, en suscitant l'étonnement et l'attitude critique, pour amorcer le mouvement d'une maîtrise par l'homme de sa propre condition. Bref, à la suite de Platon, de Diderot et de Craig, Brecht inscrit son art dramatique dans la sphère de la *production*. Il conçoit cette dernière, dans une vision quasi-démiurgique, comme la grande force de l'ère moderne : « nos reproductions de la vie en commun des hommes, nous les faisons pour les dompteurs de fleuve, arboriculteurs, [...] que nous invitons dans nos théâtres et à qui nous demandons de ne pas oublier, chez nous, leurs joyeux intérêts, afin que nous livrions le monde à leurs cerveaux et à leurs cœurs pour qu'ils le transforment à leur guise » (p. 169).

En tant qu'art, c'est-à-dire en tant que production humaine, le théâtre peut ainsi être conçu selon la nécessité de canaliser le pouvoir émotif et suggestif de l'imitation théâtrale, comme on dompte un fleuve, en le soumettant à la maîtrise réfléchie d'une

---

1. *Ibid.*, p. 130.

production. Il nous semble qu'on peut voir là un trait commun aux réflexions de Platon, Diderot, Craig et Brecht : dans tous ces cas, le théâtre ne tient son sens que de la possibilité de dépasser en dernier ressort l'illusion, d'exorciser ses « fantômes », en considérant, selon le mot de Diderot, qu'il ne s'agit que d'enfants agitant des draps blancs…

L'IMITATION DES ACTIONS
ARISTOTE

Il reste cependant que tous ces auteurs reconnaissent, peut-être d'autant plus qu'il cherchent à le maîtriser, le pouvoir du théâtre. Aucun d'eux n'a prétendu abolir complètement l'imitation théâtrale, même si c'est sous la forme d'une Sur-marionnette comme chez Craig ; le fait même qu'ils se consacrent tant à canaliser cette puissance de l'apparence vaut comme une reconnaissance de ce qu'elle constitue la puissance propre du théâtre. Toute la question est donc de savoir si l'on peut réellement, à la suite de Platon, la subordonner à des normes idéales qui la guideraient et lui donneraient sens, au-delà des apparences.

Qu'un tel dépassement soit effectivement possible, voilà cependant qui est resté chez Platon lui-même de l'ordre du *désir* – d'un désir qui ne pouvait trouver son accomplissement dans notre existence sensible. D'ailleurs, les dialogues de Platon les plus théâtraux – et les plus réussis ? – sont peut-être ceux où ce désir du vrai est reconnu comme tel, c'est-à-dire comme encore inassouvi, sa satisfaction restant enfouie sous la diversité des apparences (tout comme Platon reste *effacé* derrière le personnage de Socrate).

Mais c'est surtout la position de Brecht qui est à cet égard particulièrement intéressante et paradoxale. En effet, alors même qu'il conçoit radicalement l'art théâtral comme *production*, il ne le fait jamais dépendre de la saisie réfléchie de normes idéales, au-delà des apparences déployées sur la scène. Il n'y a rien chez lui qui ressemble au Vrai et au Bien de Platon, à la Sur-marionnette de Craig ou même au modèle idéal du personnage de Diderot. Brecht, pour sa part, ne réfère l'art du théâtre à aucun idéal transcendant, mais au contraire à une maîtrise humaine entièrement immanente et libre. Au début du *Petit organon*, il affirme clairement que la finalité du théâtre ne peut être absolument rien d'autre que le *plaisir* des spectateurs, plutôt que l'affirmation de normes politiques ou morales, ou de quelque contenu didactique (p. 166). L'art théâtral brechtien est bien distancié et réfléchi, mais cette intellectualisation ne vise en dernier ressort qu'à enrichir et renforcer une satisfaction essentiellement sensible. C'est ce plaisir, et rien d'autre, qui donne sens aux apparences du spectacle : « l'affaire du théâtre est depuis toujours de divertir les gens. Il n'a pas besoin d'autre justification, mais de celle-là absolument » (p. 166). Si le théâtre de Brecht est pensé comme production, cette notion a donc chez lui un sens extrêmement ouvert, et ne correspond à aucune norme rigide.

Ce qui fait la puissance *propre* du théâtre, en amont de sa canalisation par des normes, c'est peut-être précisément cette indétermination et cette liberté des apparences, et le plaisir que cela suscite chez les spectateurs. Qu'il faille à tout prix donner un sens arrêté à toute action, qu'il faille que tout converge vers des Idées, qu'il faille rechercher une vérité ultime derrière les apparences, une raison absolue derrière les désirs, que toute histoire ait une « morale », voilà peut-être ce dont le théâtre, comme pouvoir des apparences, précisément, peut nous faire douter…

Il n'est pas étonnant que Brecht, sur ce point, se réfère à l'autorité d'Aristote, plutôt qu'à celle de Platon (p. 166). En effet, c'est bien dans cette brèche qu'Aristote s'est engouffré, en critiquant la conception platonicienne de la *mimèsis*, et en inaugurant du même coup une tout autre tradition de réflexion, fondée sur une conception bien plus ouverte et immanente de la *poièsis* théâtrale. C'est cette voie que nous voudrions suivre à présent, en partant des analyses de la *Poétique* (voir *infra*, p. 171-191).

Nous avons vu que le livre III de la *République* distinguait trois types de narration, la narration simple, l'imitation, et le mélange des deux. Aristote reprend cela à sa manière :

> Il est possible d'imiter soit en racontant (tantôt en devenant quelqu'un d'autre, comme fait Homère, tantôt en restant le même et sans se transformer), soit en faisant de tous les personnages des imitateurs, qui agissent comme s'ils étaient vraiment en situation d'agir. (p. 174)

On retrouve ici la tripartition de la *République*, avec cependant des réaménagements remarquables. D'abord, Aristote distingue ici trois types de *mimèsis*, là où Platon réservait ce titre seulement au troisième type de récit. Pour Aristote, donc, la narration nue est déjà une « imitation », ce qui conduit à donner une extension bien plus large à ce concept [1]. Cela suggère qu'il ne s'agit pas d'opposer un mode de récit orienté vers le savoir et un mode de récit orienté vers l'apparence. La narration simple, dans l'épopée, reste dépendante de l'apparence de ce qu'elle imite. Mais surtout, l'imitation au sens fort, celle qui est mise en œuvre dans le théâtre, n'est pas sans véhiculer du savoir :

> Le fait d'imiter est, en effet, inhérent à la nature humaine dès l'enfance, et les imitations sont une source de plaisir pour tous. [...] En effet, si on prend plaisir à voir des représentations, c'est parce qu'il arrive qu'en contemplant on apprend et raisonne sur chaque chose, au point, par exemple, de dire : ceci représente cela. (p. 175-176)

Ainsi, contrairement à Platon qui voit avant tout dans l'imitation quelque chose qui nous éloigne du vrai, Aristote souligne que le plaisir que nous prenons à l'imitation ne peut s'expliquer au fond que par notre désir naturel de connaître, qu'il est toujours attaché à un raisonnement, à une reconnaissance, qui conclut de l'image au

---

1. « En fait, l'épopée, la poésie tragique, ainsi que la comédie, la poésie dithyrambique et, pour l'essentiel, l'art de la flûte et celui de la cithare, se trouvent tous être, dans l'ensemble, des imitations » (p. 172).

modèle. Ce plaisir fait partie du mouvement naturel qui nous porte vers la connaissance.

Le théâtre reste pour Aristote, comme pour Platon, un cas-limite d'imitation, celui où disparaît toute dimension de narration, où l'auteur s'efface derrière les personnages. On peut d'ailleurs noter que dans toutes ses formulations, Aristote attribue l'imitation non pas directement aux comédiens ou aux poètes, mais bien aux personnages. Ce sont eux qui « font » le drame, au sens où c'est à eux que le spectateur, mais aussi d'une certaine manière l'auteur et le comédien, attribuent l'action qui est imitée [1]. Cela nous amène au point central de la définition qu'Aristote propose du théâtre : il s'agit de l'imitation *d'une action*; et cette imitation est mise en œuvre par des personnages *eux-mêmes agissants*. Le théâtre imite donc une action, non pas en la racontant, mais en l'accomplissant effectivement. Mais, loin de conclure, comme le fait Platon, de cette proximité entre ce qui est imité et l'œuvre qui imite, à une illusion, à un procédé qui ne viserait qu'une vérité en trompe-l'œil, Aristote montre au contraire qu'une telle imitation est indispensable pour toucher une sorte de vérité qui est immanente à l'action, dans sa dimension la plus concrète, et qui ne peut pas être détachée, justement, de son apparence.

Le fil conducteur de toute la *Poétique* est le primat de l'intrigue (*muthos*), c'est-à-dire l'agencement des faits et des actions, sur les « caractères » et la « pensée » (p. 181). Ces deux derniers éléments sont « les causes naturelles de l'action » (p. 179). De fait, si un personnage agit de telle ou telle manière, c'est parce qu'il est courageux ou peureux, c'est parce qu'il a tel ou tel trait de caractère ; c'est

---

1. On retrouve cette idée dans l'usage que la langue française du XVIIe siècle faisait du mot « acteur », le prenant comme synonyme de « personnage » – bref, comme « celui qui fait l'action ». C'est ainsi que Corneille, dans l'édition de ses pièces, donne au début de chacune d'elles la liste des « acteurs » : Don Diègue, Don Rodrigue, Chimène, etc.... C'est une des différences entre le terme d'« acteur » et celui de « comédien », qui ne se prête pas à une telle confusion avec le personnage.

aussi parce qu'il réfléchit sur son action. Caractère et pensée permettent donc d'expliquer pourquoi tel personnage accomplit une action – mais dans une certaine mesure seulement, car il n'est jamais possible d'abstraire complètement ces deux déterminations de l'enchaînement des faits dans lequel elles s'insèrent. En effet, « ce n'est pas pour imiter les caractères que les personnages agissent ; les caractères, ils les reçoivent, en même temps et par surcroît, en raison de leurs actions » (p. 180). Autrement dit, le modèle de l'imitation n'est pas la détermination idéale de ce qu'est ou de ce que doit être le personnage (comme cela sera le cas chez Diderot), mais avant tout l'action, car ce n'est qu'en elle que se dessine le caractère. Il ne s'agit pas par exemple d'imiter le courage en soi, mais une action dans laquelle ce courage se manifestera (ou non). Il en va de même pour la pensée, définie non pas comme contemplative, mais, elle aussi, à partir de l'action : c'est « la faculté d'énoncer les tenants et les aboutissants » (p. 181).

Or – et c'est là sans doute le point décisif – pour Aristote, si l'action reste ainsi première par rapport à la double détermination du caractère et de la pensée, c'est parce qu'elle possède une part irréductible d'*indéterminé*. De fait, les personnages, quels que soient leur caractère et leur intelligence, sont confrontés à des situations imprévisibles, amenés à faire des choix dont ils ne maîtrisent pas toutes les conséquences. L'action ainsi comprise se situe dans le registre de l'apparence plutôt que de la vérité. Aussi Aristote peut-il affirmer que le caractère apparaît dans les choix que fait le personnage « dans les situations peu claires » (p. 181). On comprend alors que l'imitation dramatique soit la plus à même de saisir cette part d'indétermination, en imitant au plus près l'enchaînement des faits et la manière dont cet enchaînement apparaît aux différents personnages qui contribuent à le former. Il ne s'agit donc pas ici d'imiter directement quelque modèle idéal, mais l'action, avec tout ce qu'elle a de contingent et d'apparent, dans la mesure où c'est seulement en elle que peuvent se manifester les déterminations des personnages, en tant qu'ils sont confrontés à la situation telle qu'elle leur *apparaît*. On pourrait donc dire qu'Aristote, contre Platon, subordonne la *poièsis* théâtrale à la *praxis* : dans la tragédie, « la fin que l'on poursuit n'est pas une manière d'être mais une action » (p. 180)[1].

Le théâtre peut ainsi être considéré comme ce qui révèle, mieux que tout récit, la part des actions humaines qui reste indissociable des apparences, sans que l'on puisse la dépasser pour atteindre une norme de vérité idéale et transcendante. Voilà bien ce qu'on pourrait répondre à Platon ou à Craig, dans leurs tentatives pour maîtriser et canaliser le pouvoir du théâtre : si, pour être un art, le théâtre doit renoncer à l'accident et au hasard, alors c'est non pas qu'il n'y a pas d'art du théâtre, mais que la conception même de l'art est faussée, que d'une certaine manière l'art est déjà mort. C'est d'ailleurs précisément ce qu'il est chez Craig – un art de la mort, un art qui recherche l'esprit de la mort –, et Craig est en ceci parfaitement cohérent dans sa démarche. À l'inverse, si le théâtre est un art vivant, il doit nécessairement accepter la part de contingence du matériau qu'il prétend informer.

Mais c'est aussi bien l'exigence brechtienne de distanciation que l'on pourrait remettre en cause à partir de là ; car, pour saisir cette contingence, qui fait au fond tout l'intérêt et toute la valeur de l'action, il faut sans doute se situer au plus près d'elle, de son apparence, adopter le point de vue des personnages, attachés toujours à leur situation particulière, bref, accepter l'identification. Songeons à une scène célèbre qui repose précisément sur cette contingence de l'action : l'hésitation du Cid, partagé entre l'obligation de venger l'honneur de son père, et l'amour de Chimène, ne devient proprement théâtrale qu'à partir du moment où l'on peut suivre le personnage dans son indécision, où l'on se laisse saisir par la force des

---

1. J. Taminiaux a brillamment analysé ce renversement, en montrant en outre qu'il s'inscrit dans une opposition beaucoup plus globale d'Aristote à Platon quant à la compréhension de l'action dans le domaine moral et politique (*Le théâtre des philosophes*, Grenoble, Millon, 1995, p. 7-68).

arguments qu'il s'oppose à lui-même; où l'on se laisse d'autant plus saisir qu'il apparaît, à ce stade de la pièce, comme un jeune homme qui n'a encore rien prouvé (aux autres comme à lui-même) – et où enfin, on éprouve cette indécision jusque dans la *chair* du personnage, dans sa présence vivante sur la scène : «*Allons, mon bras*, du moins sauvons l'honneur»[1]… Curieusement, le mouvement de cette scène semble correspondre au précepte de Brecht selon lequel, à côté de ce que le personnage fait, il faut montrer ce qu'il ne fait pas. Mais, pour Corneille, il ne s'agit justement pas tant de marquer une distanciation vis-à-vis de la décision qui est prise, que de l'inscrire dans le flot vivant et tumultueux des apparences auxquelles le personnage et le spectateur sont soumis : la décision de Rodrigue n'apparaît pas tant comme le *produit* prévisible et maîtrisé d'un caractère ou d'une pensée, que comme une *action*, qui doit être saisie sur le vif, dans l'indétermination des apparences et des sentiments[2]…

L'apport décisif d'Aristote – et cela le distingue aussi bien de Brecht que de Platon, Diderot ou Craig – est cependant de montrer que cette primauté de l'action au théâtre n'implique pas que l'on y renonce à toute visée d'idéal. En effet, il est évident que le théâtre ne s'attache pas à n'importe quelles actions : il faut que celles-ci soient extraordinaires, spectaculaires, intéressantes – bref, qu'elles soient dignes d'être livrées au public. En cela, ce qui est accompli sur scène se détache de la réalité courante pour acquérir une dimension «idéale» – à condition toutefois d'entendre par là une idéalité qui n'est pas abstraite de la matérialité de l'action.

---

1. *Le Cid*, Acte I, scène 7.
2. Corneille l'affirme dans le *Discours sur l'utilité du poème dramatique* : «Quand un acteur parle seul, il [peut] instruire l'auditeur de beaucoup de choses; mais il faut que ce soit par les sentiments d'une passion qui l'agite, et non par une simple narration» (*Trois discours sur le poème dramatique*, B. Louvat et M. Escola (éd.), Paris, GF-Flammarion, 1999, p. 120).

On pourrait dire que ce sont les conditions d'une telle idéalisation qu'Aristote recherche dans la *Poétique*. En cela, l'exemple qui lui sert de modèle privilégié, celui d'*Œdipe Roi*, est révélateur : tout le mouvement de la tragédie conduira justement Œdipe à reconnaître, derrière les apparences, la volonté éternelle et toute-puissante des dieux. Si l'action humaine est de manière irréductible marquée du sceau de la finitude, prise dans l'incertitude des apparences, elle semble donc malgré tout trouver une justification et un sens qui la dépassent, et qui la font entrer dans le registre de l'idéal.

Le lieu de cette idéalisation bien particulière est clairement désignée par Aristote dans la *Poétique* : il s'agit de *l'intrigue*, de l'agencement des actions. C'est dans la manière dont les actions s'enchaînent et se combinent – par exemple, la succession des découvertes par Œdipe de ses propres crimes, qui se révèlent de plus en plus monstrueux –, que l'on peut trouver un sens. Pour Aristote, la tragédie n'est donc pas que séduction et duplicité des apparences, mais aussi signification et ordonnancement des actions. C'est en cela que le théâtre reste une *poièsis*, un art qui répond malgré tout à un plan ordonné, selon le réquisit de Craig : il atteint l'idéal parce qu'il parvient à une forme d'intelligence de ce qui est pourtant de l'ordre du hasard et de l'accident.

Un des éléments centraux de cette idéalisation est l'exigence de *vraisemblance* : pour produire son effet, l'agencement des faits doit être convaincant ; s'il n'est pas forcément la reproduction exacte de la réalité, il doit néanmoins *pouvoir être vrai* : le rôle du poète est de dire « ce qui pourrait se passer, les choses possibles, selon la vraisemblance ou la nécessité » (p. 184). Autrement dit, la tragédie reste soumise, dans la manière dont l'intrigue est construite, à une exigence de vérité. Mais surtout, Aristote semble bien reconnaître au théâtre une capacité à idéaliser les actions lorsqu'il parle de *catharsis*, de *purification* des passions, à propos de la tragédie : l'action dramatique est une action achevée, purifiée, libérée des scories de la réalité courante, donc idéalisée, et ce pour susciter de la manière la plus forte possible les sentiments de crainte et de pitié à l'égard des personnages – et Aristote précise que cet effet dépend directement et avant tout de « l'agencement des faits » (p. 189). Il reste donc en partie fidèle à l'impératif platonicien de dégager des formes dans les apparences sensibles – y compris des formes morales, à travers la crainte et la pitié. Son propos reste donc bien de l'ordre d'une *poétique*, bien qu'il accorde un rôle central à la *praxis* : Aristote s'adresse à l'auteur de tragédies, en dégageant les règles de ce qu'il faut bien continuer à appeler un art, donc une production. Ainsi, l'intrigue peut être considérée comme « l'âme de la tragédie » (p. 181) précisément parce qu'elle fait surgir de la matière indéterminée des actions humaines une forme idéale et intelligible.

Cependant, de même que le sculpteur ne dégage la forme de la statue qu'en façonnant la matière du marbre, qui lui est donnée, de même, la forme intelligible de l'intrigue n'est en aucun cas séparable pour Aristote du support matériel et sensible de l'action théâtrale. C'est la différence majeure avec Platon, ici comme dans d'autres domaines : les formes ne sont pas séparables de la matière. Celle-ci est comprise en outre comme un principe d'indétermination universel : la matière peut bien prendre telle ou telle forme, mais elle peut aussi, du même coup, toujours être autrement qu'elle n'est – du même bloc de marbre, le sculpteur peut dégager une diversité indéfinie de formes. C'est bien ce qui définit le vraisemblable : il est ce qui *peut* être vrai, autrement dit, il révèle les *possibilités* que recèle la matière des actions humaines, possibilités qui ne sauraient se réduire à une forme abstraite.

Mais surtout, ce rapport entre forme et matière est sans doute encore beaucoup plus étroit et étrange dans le cas du théâtre que dans le cas de la sculpture. L'auteur de théâtre informe une matière *vivante*. C'est bien pourquoi Aristote peut qualifier l'intrigue d'*âme* de la tragédie : comme toute matière animée, la tragédie trouve « *en elle-même* le principe de son mouvement »[1], et c'est ce principe interne qui est précisément son « âme ». À plusieurs reprises, d'ailleurs, Aristote compare la tragédie à un « animal » (par exemple p. 182) : comment mieux marquer que la forme qui y est atteinte se développe de l'intérieur même de sa matière, autrement dit au sein même de l'action, par les personnages eux-mêmes, derrière lesquels l'artiste s'efface ?

Du point de vue d'Aristote, le théâtre idéalise donc bien les apparences qu'il déploie, en leur donnant la forme intelligible d'une intrigue ; mais cette forme n'est absolument pas séparable de la matière qu'elle travaille de l'intérieur. Il nous semble qu'il y a là une approche très juste de l'idéal théâtral. D'ailleurs, plus générale-ment, et plus concrètement peut-être, on pourrait aussi reconnaître une telle idéalisation dans le travail des répétitions, si caracté-ristique du théâtre : la recherche du geste juste, de l'intonation juste, de la bonne conduite d'une scène, et finalement de la bonne conduite d'un spectacle, s'apparente bien à une recherche d'idéal, mais sans pour autant que cet idéal fasse l'objet d'une saisie pure-ment intellectuelle, comme le pense Diderot. Il doit être ressenti et vécu, à chaque nouvelle exécution, du point de vue du personnage. D'ailleurs, bien des spectacles sont initialement bâtis à partir d'improvisations, c'est-à-dire à partir d'une action imprévisible, vécue et menée sur le vif par les personnages, sur le plateau. En affirmant nettement, dans la *Poétique*, le primat de l'action sur la production, Aristote a ainsi certainement ouvert la voie à une compréhension plus juste, plus riche et plus immanente d'une idéalisation proprement théâtrale.

---

1. Selon l'expression qui caractérise, dans la *Physique* (II, 1, 192b), l'être naturel.

L'IDÉALISATION THÉÂTRALE
D'AUBIGNAC, CORNEILLE

Il n'est pas étonnant que ce soit sur le fond d'un tel partage entre contingence des actions humaines et production d'une intrigue qui vienne ordonner ces actions, que se soient inscrites la plupart des réflexions sur le théâtre après Aristote, et notamment celles des classiques français du XVIIe siècle, comme Chapelain ou d'Aubignac. Ces derniers ont tenté à leur tour de dégager les conditions de possibilité d'une idéalisation théâtrale, mais en les présentant sous la forme stricte de règles à impérativement respecter dans la fabrication du poème dramatique, et dont la règle des trois unités (unité d'action, de lieu, de temps) est le meilleur exemple. Ce sont alors les notions de *vraisemblance* et de *bienséance* qui sont placées au premier plan – mais dans un rôle qui déforme sans doute l'intention initiale d'Aristote : c'est qu'il s'agit pour ces auteurs de déduire de ces notions des règles abstraites et fixes pour le théâtre, des normes idéales qui préexisteraient à la production des œuvres; la vraisemblance et la bienséance sont utilisées pour insister sur la rationalité et sur la moralité de l'action dramatique – bref, l'enjeu est de réinterpréter la *Poétique* selon une perspective normative quelque peu platonicienne. On retrouve ici, autrement dit, la tentation récurrente de maîtriser par la raison le pouvoir des apparences théâtrales.

Dans *La pratique du théâtre* (voir *infra*, p. 193-201), d'Aubignac compare ainsi le poème dramatique à un «tableau», dans lequel on peut distinguer «l'ouvrage du peintre» (p. 194), c'est-à-dire les moyens de la représentation (couleurs, ombres, perspective, etc.), et d'autre part la *chose même qui est peinte*. De même, il faut distinguer au théâtre d'une part le «spectacle» ou la «simple représentation» (avec tous les moyens conventionnels que cela suppose : toiles peintes, machines, apartés, etc.), et d'autre part l'«histoire véritable», ou encore «la vérité de l'action théâtrale» (p. 196). Cela revient bien, comme cela sera à nouveau le cas chez

Diderot, à subordonner l'apparence théâtrale à un idéal de vérité. L'histoire bien construite est vraisemblable par elle-même, et c'est pourquoi elle s'adresse à la raison, indépendamment de l'apparence du spectacle.

Le paradoxe est que le vraisemblable n'est en ce cas pas du tout ce qui *semble* vrai aux spectateurs. Il est désormais ce qui pourrait être vrai dans la mesure où *du point de vue des personnages*, il *est* vrai. Ce n'est pas parce que le spectateur accepte telle ou telle convention théâtrale qu'il va adhérer à l'action jouée sur scène, mais bien parce que l'action représentée est en elle-même vraisemblable, car bien construite et bien écrite. D'Aubignac va ainsi jusqu'à affirmer qu'une histoire vraisemblable ne requiert absolument pas la présence des spectateurs.

Cet idéal de vérité se double d'un idéal de moralité, qui norme l'apparence théâtrale à travers l'exigence de *bienséance*. D'Aubignac réinterprète ainsi Aristote, et l'importance qu'il donne à la pitié et à la crainte dans la tragédie. Il y voit l'idée que le spectacle théâtral ne trouve sa finalité, sa justification rationnelle, que d'encourager notre goût pour le bien et notre aversion pour le mal : « La principale règle du poème dramatique, est que les vertus y soient toujours récompensées, ou pour le moins toujours louées, malgré les outrages de la fortune, et que les vices y soient toujours punis, ou pour le moins toujours en horreur, quand même ils y triomphent » [1]. Là encore, la compréhension aristotélicienne de l'intrigue théâtrale sert à *subordonner* l'apparence sensible du spectacle à un idéal rationnel – ce qui n'était pourtant pas vraiment l'intention d'Aristote.

Pourtant, croire que l'histoire serait un pur contenu rationnel qui ferait toute la valeur de l'œuvre théâtrale serait se méprendre sur ce qu'est précisément une histoire : un agencement de *faits*, d'actions, à travers des *personnages* en acte, qui s'engagent dans

---

1. *La Pratique du théâtre* [1657], H. Baby (éd.), Paris, Champion, 2001, p. 20.

des *choix*. Ce serait aller contre le projet même d'une *Pratique* du théâtre. D'Aubignac ne l'ignore pas : construire une histoire qui soit vraisemblable c'est justement cacher les intentions du poète derrière celles des personnages. C'est comprendre comment un personnage est conduit à telle action ou à telle autre, c'est s'immerger dans la fiction théâtrale, dans la vie des personnages. Si l'intrigue était toute rationnelle, le théâtre ne représenterait que des personnages parfaitement vertueux et rationnels. Or les raisons qui font agir les personnages sont rarement de bonnes raisons, ou celles de *la* raison. Ce sont les raisons, les motivations, les désirs, les passions des personnages, qui ne sont souvent que des raisons apparentes, des mobiles, et non la voix de la raison, des motifs parfaitement rationnels. Ces raisons apparentes sont la façon dont les personnages perçoivent leurs actions et la façon dont leurs actions sont perçues. Tout l'enjeu pour le poète qui veut parvenir au vraisemblable sera donc de trouver ces raisons apparentes, tout ce qui fait le contenu en ce sens « rationnel » de l'histoire et des actions des personnages.

Bref, c'est au nom d'une « raison » au sens très élargi que les règles classiques s'élaborent, une raison en définitive assez souple pour être adaptée aux contraintes du théâtre et aux dimensions de personnages *de fiction*. Donner un fondement rationnel au théâtre ne peut signifier vouloir faire du théâtre de la philosophie ou faire de la philosophie au théâtre. D'Aubignac n'est pas Platon. Mais cela signifie alors qu'on accepte avec Aristote de se mettre sur le terrain du théâtre, et que la raison y aura seulement le sens de « raison apparente » (p. 197). L'emploi que d'Aubignac fait du vraisemblable est à cet égard éloquent. Le vraisemblable est plus que vraisemblable, il est même vrai, mais à la condition d'avoir déjà implicitement accepté la fiction théâtrale pour elle-même, d'avoir accepté au préalable d'adopter le point de vue des personnages. Du point de vue de la fiction, tout est rationnel, mais la fiction elle-même n'est rien de rationnel. On pourrait alors retourner contre d'Aubignac sa comparaison du théâtre avec un tableau de peinture : les personnages du tableau ne se soucient certes pas des spectateurs, précisément parce qu'ils sont personnages *d'un tableau*, que le cadre de la représentation a d'emblée été accepté comme tel. Mais comparer le théâtre à un tableau c'est au contraire reconnaître implicitement le pouvoir irréductible des apparences sensibles. Tout se passe comme si, en voulant renforcer le contenu rationnel du théâtre sans renoncer au jeu théâtral sur les apparences, la raison se diffractait en une multitude de « raisons apparentes » marquant ainsi d'autant son statut de fiction et de pure apparence.

Les « raisons apparentes » n'ont ainsi que l'apparence de la raison. Il n'est pas possible de transposer purement et simplement la raison dans le domaine de la fiction sans que le statut de la raison n'en soit profondément atteint. Même une intrigue vraisemblable obéit à une logique qui, parce qu'elle est transposée sur le terrain des apparences théâtrales, n'est déjà plus rationnelle. À partir du moment où le théâtre traite de passions, d'hésitations, d'emporte-ments, d'erreurs, on ne pourra comprendre la contingence de ces actions en les pliant aux règles d'une stricte rationalité, mais il faudra que la mise en intrigue de tels comportements en épouse la contingence même, que, malgré sa puissance d'ordonnancement et de structuration, elle demeure en un sens *irrationnelle*. Le jeu des passions humaines implique toujours un fond d'irrationalité, même – si ce n'est surtout – pour les personnages qui sont les jouets de ces passions. Et les intrigues au théâtre se nourrissent d'effets de surprise, de rebondissements, de coups *de théâtre*, qui ne peuvent se déduire de motivations ou de raisons antérieures. Il ne suffit donc sans doute pas de dire comme d'Aubignac qu'au théâtre les raisons doivent être apparentes, mais il faut reconnaître qu'elles sont *seule-ment* apparentes et donc parfois aussi absentes. Voilà pourquoi, au point de vue du théoricien d'Aubignac qui énonce *a priori* des règles à l'usage du poète dramatique dans sa *Pratique du théâtre*, Corneille oppose, dans les *Discours sur le poème dramatique* (voir *infra*, p. 203-221), le point de vue de celui qui écrit pour la scène, du praticien justement, mais pour lequel les règles n'apparaissent qu'*a posteriori*, et ne sont pas fixes : « Il est constant qu'il y a des Préceptes, puisqu'il y a un Art, mais il n'est pas constant quels ils sont » (p. 204).

Tout l'intérêt et la singularité de la position de Corneille tient cependant à ce que sa pratique théâtrale se complète d'un travail réflexif et théorique sur ses propres œuvres. Il ne s'agit pas d'abolir toute règle et tout idéal de vraisemblance au théâtre, mais d'en montrer l'infinie souplesse. Ainsi, il est certes important que l'intrigue ne soit pas complètement incohérente, et qu'elle obéisse à une forme de logique interne. Corneille s'accorde en cela avec d'Aubignac. Il reprend ainsi à son compte, par exemple, l'exigence aristotélicienne d'une action qui soit « complète », c'est-à-dire, dont l'intrigue se résolve entièrement, de manière à ce que le spectateur n'en sorte avec aucune « incertitude » (p. 211). C'est bien dire que la construction de l'intrigue doit donner une forme intelligible à l'apparence théâtrale. Mais Corneille montre que la notion de vraisemblable ne se réduit pas à cela – dans la mesure où elle peut emprunter au vrai ou au réel d'autres traits que la causalité ou la cohérence, et des traits à la fois plus riches et plus problématiques : la surprise, l'inattendu, et surtout, la singularité historique ou factuelle, par exemple la mort de Pompée, l'existence de personnages historiques comme Auguste ou Suréna, etc. Pour Corneille, la vérité des événements historiques participe directement de la vraisemblance des actions représentées, au moins à égalité avec la cohérence de leur enchaînement. Mieux : c'est précisément parce que le poète cherche à raconter des faits exceptionnels, qui rompent le cours habituel des événements et semblent ainsi porter atteinte à la cohérence du récit, que la caution de l'Histoire est nécessaire à la vraisemblance de l'intrigue. Les actions racontées sont vraisemblables non parce qu'on a souvent observé qu'elles pouvaient se dérouler de cette manière, mais parce que, ne serait-ce qu'une fois, on a observé qu'elles s'étaient déroulées ainsi.

C'est ainsi que Corneille interprète le passage de la *Poétique* où Aristote observe que « les anciennes tragédies se sont arrêtées autour de peu de familles, parce qu'il était arrivé à peu de familles des choses dignes de la tragédie » (p. 216)[1]. Il est ainsi essentiel au théâtre de présenter des événements illustres ou extraordinaires. C'est là ce qui fait la *matière* du théâtre – et cette matière précède tous les critères logiques et formels de la vraisemblance, et même prime sur eux, dans la mesure où c'est elle qui rend les événements dignes d'être représentés. En cela, Corneille peut, à bon droit, revendiquer une plus grande fidélité que d'Aubignac à la démarche d'Aristote dans la *Poétique*, avec lequel il partage l'idée d'un « vraisemblable extraordinaire » (p. 220)[2]…

Toutefois, fonder le vraisemblable sur la vérité historique, ne serait-ce qu'en partie, risque d'ancrer l'intrigue dans la particularité des événements historiques, et ne plus permettre d'en dégager une portée générale. C'est précisément ce que cherchait à éviter Aristote en opposant la généralité du vraisemblable poétique à la particularité de la chronique historique : là où cette dernière rapporte « ce qu'a fait Alcibiade ou les épreuves qu'il a traversées », la poésie recherche « *le genre de choses* qu'il arrive à *tel genre d'homme* de dire ou de faire, selon la vraisemblance ou la nécessité » (p. 184). Le vraisemblable, parce qu'il n'est pas limité à la particularité de ce qui s'est vraiment passé, permet de dégager des *types* – autre manière de dire qu'il vise l'idéal. De manière plus radicale, d'Aubignac en venait à refuser tout élément historique dans une intrigue vraisemblable, et même tout vraisemblable extraordinaire, afin de garantir à l'intrigue une généralité *maximale*, et la plus rationnelle possible. Sans aller jusque-là, on peut reconnaître avec Aristote que des événements peuvent sortir de l'ordinaire tout en conservant une portée générale. Mais dans le cas d'une vérité historique, on a affaire à un événement absolument singulier, certes parfaitement vraisemblable, mais plus du tout général.

---

1. Et *Poétique*, 1454 a.
2. « … car il est vraisemblable qu'aient lieu bien des événements contraires à la vraisemblance », *Poétique*, 1456 b.

Pourtant, Corneille ne se contente pas de porter à la scène des événements ayant réellement eu lieu, mais il s'appuie sur des événements « historiques ». Bien qu'absolument singuliers, ces événements, par leur portée « historique », sont à l'opposé de la chronique du quotidien, et acquièrent, par l'ampleur de leurs conséquences, une forme de généralité. Dire d'un événement qu'il est « historique », c'est dire précisément qu'il est plus qu'un simple événement particulier, qu'il raconte déjà une « Histoire » plus générale, qu'il possède déjà en un sens une puissance poétique. Ainsi Corneille ne renonce-t-il pas à toute visée d'idéal, au contraire. Mais la généralité des événements historiques n'est pas la généralité de ce qui se produit tout le temps, habituellement ou quelquefois, et que pour cette raison on peut donc reconnaître et accepter, c'est la généralité de ce que tout le monde reconnaît et accepte, *bien que* cela ne se soit produit qu'une fois.

On perçoit alors l'ampleur du déplacement initié par Corneille. Ce qui fait la généralité d'une intrigue théâtrale est bien que tous les spectateurs acceptent ce qui est raconté, que ce se soit produit toujours, souvent, parfois, seulement une fois, ou même… jamais ! Le poète peut parfaitement choisir des sujets mythologiques, comme le fait Corneille pour *Médée* par exemple, non parce qu'ils sont inventés, mais au contraire dans la mesure où souvent les spectateurs les connaissent autant, si ce n'est mieux, que des sujets historiques. L'important demeure en effet l'imaginaire du spectateur et son horizon d'attente, ce qu'il connaît et ce qu'il ignore, et en fonction duquel il adhérera ou non à ce qui est raconté. C'est pourquoi Corneille propose, en fin de compte, d'abandonner l'exigence du vraisemblable, pour la remplacer par celle, beaucoup plus ouverte, du « croyable » : « parce que ces effets extraordinaires arrivent contre la vraisemblance, j'aimerais mieux les nommer simplement croyables » (p. 221). La stratégie est donc claire, aussi bien dans le *Discours sur le poème dramatique* que dans le *Discours sur la tragédie* : faire exploser la notion même de vraisemblable, d'abord en lui donnant, avec le « vraisemblable extraordinaire », un sens beaucoup plus ouvert que d'Aubignac, ensuite en proposant de substituer purement et simplement à l'exigence du vraisemblable celle du croyable [1].

En opérant cette substitution, Corneille donne donc à l'idéalisation théâtrale un tout autre sens que d'Aubignac. Il y a bien des règles du jeu théâtral, il ne s'agit pas d'enchaîner les actions n'importe comment et au hasard, il faut qu'on y *croie*. Corneille ne préconise pas un théâtre de l'absurde. Mais la conduite des actions n'a pas non plus à être parfaitement rationnelle ou habituelle, il *suffit* qu'on y croie. Or ce dernier critère peut s'avérer extrêmement général et indéterminé : le spectateur peut croire à beaucoup de choses, même invraisemblables, même absurdes, même *incroyables*, à partir du moment où il prend *plaisir* à y croire. Et Corneille, en écrivant une pièce à machines comme *Andromède*, de légitimer, si ce n'est un théâtre de l'absurde, du moins du merveilleux. Il suffit que le spectateur soit prévenu du genre de spectacle qu'il va voir et qu'il en accepte les conventions. À partir du moment où les conventions du genre seront acceptées par les spectateurs, on retrouvera alors à l'échelle du public venu voir le spectacle, la même adhésion collective qui faisait la force d'un sujet historique. On peut penser que dans le cas d'un sujet historique, l'adhésion sera certes plus large que celle du seul public qui apprécie le merveilleux ou tel

1. Dans la *Poétique*, Aristote décrit le vraisemblable à la fois comme ce qui dit le général et comme ce à quoi on peut s'attendre. C'est un concept à la fois logique et rhétorique, assurant à la fois la non-contradiction interne de l'intrigue, et sa crédibilité pour le spectateur. Il tient à la fois du rationnel, donnant à l'intrigue la forme de la nécessité, et de l'irrationnel, acceptant les effets de surprise et les coups de théâtre. Le vraisemblable est bien ce qui a pour charge de produire l'idéalisation théâtrale, de donner un sens à des actions pourtant contingentes. Toute la question est de savoir à quel point cette forme peut être pensée abstraitement, c'est-à-dire indépendamment de la matière des actions humaines, en elle-même incertaine et contingente. C'est une telle abstraction que vise d'Aubignac. Corneille est sans doute plus proche de l'intention initiale d'Aristote, qui voyait dans le rapport entre la forme de l'intrigue et la matière des actions quelque chose de beaucoup plus complexe et énigmatique.

autre genre théâtral basé sur l'invraisemblable, puisqu'elle fera appel à des connaissances que tout le monde partage, et non à un goût particulier pour le merveilleux. Mais à l'inverse, on peut suggérer d'une part que la connaissance historique n'est pas forcément la chose du monde la mieux partagée, et que le plaisir pris au merveilleux l'est peut-être au moins autant, et surtout que les événements historiques eux-mêmes font aussi l'objet de conventions, que l'on accepte sans en avoir toujours plus d'assurance que de récits mythologiques. Tout dépend donc du *plaisir* que l'on vient chercher au théâtre. Si l'on vient assister à une tragédie, le manque de vraisemblance historique risque en effet de nuire à l'appréciation du spectacle. Mais si l'on vient assister à une comédie, ce même manque de vraisemblance peut être la source d'un plaisir plus grand.

Corneille remplace le critère logique du vraisemblable de d'Aubignac par le critère *rhétorique* du croyable, par le souci de persuader le spectateur. Corneille fait donc plus que changer le sens de l'idéalisation théâtrale, il le subvertit, au point de se demander si le spectateur n'est pas prêt à croire et à prendre plaisir à toutes les apparences que peut offrir le théâtre, qu'elles soient ordonnées ou non à des normes de vérité. Le pouvoir subversif des apparences que Platon redoutait joue donc ici à plein. Les pièces de Corneille sont assurément guidées par des idéaux : songeons à l'honneur et à l'amour qui animent Rodrigue et Chimène dans le *Cid*, ou encore à la clémence d'Auguste dans *Cinna*... En outre, tout doit être fait, dans la construction de l'intrigue, pour renforcer l'effet de ces idéaux, notamment en les inscrivant dans une action la plus vraisemblable ou la plus croyable possible. Cependant, Corneille ne conçoit pas ces idéaux comme des normes fixes et rationnelles de vérité, mais comme des puissances avant tout *sensibles*, qui « remuent fortement les passions ». Cette exigence est infiniment plus importante que celle de la vraisemblance – et c'est pourquoi il suffit que l'action réussisse à franchir le seuil du « croyable » :

Les grands Sujets qui remuent fortement les passions, et en opposent l'impétuosité aux lois du devoir ou aux tendresses du sang, doivent toujours aller au-delà du vraisemblable. [...] Il n'est pas vraisemblable que Médée tue ses enfants, que Clytemnestre assassine son mari, qu'Oreste poignarde sa mère : mais l'Histoire le dit, et la représentation de ces grands crimes ne trouve point d'incrédules. Il n'est ni vrai, ni vraisemblable, qu'Andromède exposée à un Monstre marin ait été garantie de ce péril par un Cavalier volant, qui avait des ailes aux pieds ; mais c'est une erreur que l'Antiquité a reçue, et comme elle l'a transmise jusqu'à nous, personne ne s'en offense, quand il la voit sur le Théâtre. (p. 205)

Les idéaux de Corneille sont donc sensibles, et même passionnés ; et, dans cette irrationalité, ils *s'opposent* aussi entre eux, comme par exemple l'amour, l'honneur et la famille dans le *Cid*. Loin d'être des normes stables de vérité ou de moralité, ils sont donc avant tout source de désirs conflictuels, de tumulte, éventuellement d'*invraisemblance*.

Corneille, plus encore qu'Aristote, nous montre ainsi l'ambiguïté et la richesse de l'idéalisation théâtrale. Toute la puissance du théâtre réside décidément dans cette étrange matière qui s'y anime, matière dont les potentialités ont bien une dimension d'idéal, mais qui reste résolument sensible, contradictoire, et tumultueuse. Si l'on peut comparer, comme Brecht, l'art du théâtre à l'art de dompter un fleuve, c'est donc bien que le premier élément en est... le *fleuve* lui-même – c'est-à-dire ce déferlement des apparences et des passions. Brecht le reconnaît lui-même, en affirmant – après Corneille et Aristote – que la finalité ultime du théâtre est le *plaisir* du spectateur. Toute la question est cependant de savoir si ce fleuve, et le plaisir qui en découle, peuvent faire l'objet d'une maîtrise distanciée et rationnelle, où s'il faut au contraire, pour pouvoir saisir la puissance impétueuse des idéaux du théâtre – commencer par se jeter à l'eau...

LES IDÉAUX EN ACTIVITÉ
HEGEL

Tout art inscrit ses formes dans une matière sensible. La peinture recherche ses idéaux dans les couleurs, la musique dans les sons, la sculpture dans le marbre ou dans la glaise… Mais la matière du théâtre est beaucoup plus riche et complexe que de la glaise : c'est une matière vivante, celle des personnages, qui font eux-mêmes l'action. Elle est même plus qu'une matière vivante, c'est une matière, précisément, agissante, c'est-à-dire qui peut penser, parler, délibérer sur cette action même et tenter de lui donner un sens, en même temps qu'elle révèle des caractères. Pour cette raison, les idéaux qui l'animent sont d'une complexité et d'une richesse incroyables.

Considérée sous cet angle, la ligne de réflexion initiée par Aristote, qui consiste à rechercher les conditions d'une idéalisation proprement théâtrale, trouve certainement une sorte de point d'aboutissement dans l'*Esthétique* de Hegel (voir *infra*, p. 223-249). Pour ce dernier, en effet, la poésie dramatique est bien porteuse d'idéaux. Ce sont les fins déterminées que visent les personnages, les puissances qui les animent : « puissances spirituelles, éthiques, divines, le droit, l'amour de la patrie, des parents, des frères et sœurs, de l'épouse, etc. » (p. 244). Voilà ce que Hegel appelle « l'élément substantiel », ou encore le « fond » de la tragédie, dans la mesure où de tels principes permettent de donner un sens au spectacle représenté.

C'est ainsi que Hegel interprète le motif aristotélicien de la *catharsis* : la crainte et la pitié purifiées que suscite la tragédie ne sont pas des émotions ordinaires, elles ne naissent pas des simples impressions sensibles que produit le spectacle, mais de leur signification rationnelle. Ce que craint le spectateur tragique, ce n'est pas une simple « puissance matérielle » (monstres, ennemis, etc.), mais la « puissance morale » intangible qui est la « destination de sa raison libre » et contre laquelle il ne fait pas bon se retourner. De même, ce qui suscite la pitié, ce n'est pas simplement la souffrance ordinaire d'autrui, mais « la justice de la cause et le caractère moral de celui qui souffre » (p. 246). Bref, le poème dramatique s'adresse bien à la raison en lui donnant à saisir des idéaux.

Pour autant, Hegel retient la leçon d'Aristote et de la *Poétique* : si idéaux il y a au théâtre, ils ne peuvent pas être détachés de leur manifestation concrète dans la sphère des apparences. De fait, si la crainte et la pitié tragiques ont une signification rationnelle, elles restent tout de même des émotions. C'est le rôle de toute œuvre d'art, pour Hegel, que de concilier ainsi l'intelligible et le sensible. Mais précisément, le théâtre réalise sans doute cette conciliation d'une manière plus accomplie que les autres formes d'art : car, contrairement à la sculpture par exemple, les idéaux qui comman-dent le poème dramatique sont des idéaux en *activité*. Hegel est en cela tout proche d'Aristote et de Corneille : au théâtre, les idéaux sont saisis à même l'action des personnages, dans la mesure où ces derniers luttent pour les réaliser, ou au contraire s'y opposent. Et parce que ces idéaux sont manifestés comme agissants, ils ne peuvent pas être détachés de l'apparence qu'ils prennent dans le monde concret, ils ont besoin que cette action soit réellement accomplie sur la scène :

> Le véritable fond du [poème dramatique], ce qui produit un véritable intérêt, ce sont bien ces puissances éternelles, les vérités morales, les dieux de l'activité vivante, en général, le divin et le vrai, mais non dans leur majesté calme et sereine, immobiles comme les images de la sculpture. C'est le principe divin, tel qu'il se manifeste dans le drame de la vie, comme formant l'essence et le but de la volonté humaine, influant sur ses déterminations, lui donnant l'impulsion et le mouvement. […] l'élément divin constitue ainsi l'essence la plus intime et le fond caché de l'action dramatique. (p.229)

Avec cette importance accordée à l'action, Hegel se situe dans la lignée de la *Poétique*. Cependant, il apporte un approfondisse-ment considérable à cette vision du théâtre, en donnant beaucoup plus d'importance aux personnages qui accomplissent cette action, et plus précisément, à leur *intériorité*. C'est là quelque chose qu'on pressentait déjà dans les réflexions de Corneille et d'Aubignac ; et c'est d'ailleurs selon Hegel une différence majeure entre le théâtre antique et le théâtre moderne. Là où le héros tragique de l'Antiquité était en grande partie le jouet de puissances idéales qui lui étaient extérieures et le dépassaient, c'est avant tout dans l'intériorité du personnage agissant que la modernité situe le rapport du théâtre aux idéaux.

Cette façon de voir les choses a pour effet, évidemment, de complexifier encore le rapport de l'idéal à la matière de l'apparence théâtrale, en le situant radicalement dans les différentes approches intérieures et subjectives des personnages ; c'est bien pourquoi ce sont les *conflits* qui opposent ces derniers qui font pour Hegel l'intérêt du spectacle dramatique. En même temps, cette importance accordée à la subjectivité permet à Hegel de formuler le principe profond de la poésie dramatique d'une manière particulièrement synthétique et éclairante, en la situant de manière dialectique par rapport aux autres formes de poésie : le théâtre combine le principe de la poésie lyrique, qui est l'expression de *l'intériorité* des personnages, lieu où se développe d'abord la visée de l'idéal (sentiments, mobiles, principes moraux, etc.), et le principe de la poésie épique, qui est l'expression de *l'extériorité* des événements (descriptions, récit, fatalité, conflits, etc.). Comme tel, le théâtre exprime la nécessité pour les principes moraux, pour la volonté, de s'extérioriser, dans les apparences, dans les conflits entre personnages, en affrontant les divers obstacles que la réalité empirique leur fait rencontrer.

En outre, le théâtre, en combinant ces deux principes, surmonte ce qui rendait encore chacun d'eux inadéquat à l'expression concrète des idéaux. Ainsi, contrairement à l'épopée, le théâtre représente les idéaux en tant qu'émanant des personnages et de leur

volonté, plutôt que de l'extériorité des événements. Et contrairement à la poésie lyrique qui développe une attitude essentiellement
passive, dans l'expression de sentiments qui restent trop subjectifs,
et comme tels inaccomplis, le drame donne à voir la confrontation
active de la volonté des personnages avec la réalité concrète et
objective.

En concevant ainsi le poème dramatique comme la représentation artistique la plus aboutie de la combinaison entre l'extériorité
du monde concret et l'intériorité de la volonté, Hegel semble
soutenir, encore plus nettement qu'Aristote ou même Corneille,
que les idéaux du théâtre ne se développent qu'à même l'action, de
l'intérieur du spectacle, du point de vue des personnages. Il renforce donc le lien entre les idéaux et l'apparence dramatique : « le
poème dramatique expose une action complète comme s'accomplissant sous nos yeux ; et celle-ci, en même temps, paraît émaner
des passions et de la volonté intime des personnages qui la développent » (p. 224). En outre, l'importance donnée à la subjectivité
met clairement au premier plan l'exigence d'identification du
comédien à son rôle. L'action doit paraître « émaner de la volonté
intime *des personnages* » – donc pas de la volonté des comédiens
ou du poète. On ne s'étonnera pas dès lors que Hegel assigne pour
tâche au comédien de « s'identifier complètement avec le rôle qu'il
représente », de « se mettre tout entier dans le rôle qui lui est donné,
sans rien y ajouter de lui-même » (p. 240). En vertu de ce lien intime
entre l'idéal et l'apparence concrète qu'il prend sur la scène, le
poème dramatique représente dès lors rien de moins que « le degré
le plus élevé de la poésie et de l'art en général » (p. 224) … C'est
qu'il réalise, mieux que toute autre forme artistique, le but de l'art, à
savoir : « la manifestation de l'éternel, du divin, du vrai absolu,
dans l'apparence et la forme réelles » (p. 249).

Désigner le théâtre comme la forme la plus élevée de la poésie
et de l'art en général a cependant une autre conséquence : pour
Hegel, le poème dramatique est aussi la forme poétique qui, plus

que toute autre, épuise les possibilités de l'art, et en annonce ainsi la mort… – c'est-à-dire, le point où l'art atteint ses limites, où il doit être remplacé par d'autres modes de manifestation des idéaux, et notamment par la religion[1]…. Pour Hegel, c'est plus précisément dans la *comédie* que se situe cette limite. La comédie est en effet le « point culminant » de la poésie dramatique et de l'art, dans la mesure où c'est en elle, dans l'humour qui la caractérise, que « la personnalité absolue, libre en soi » pousse le plus loin son « affranchissement », en allant « jusqu'à se séparer du vrai et du réel » ; mais ce faisant, comme le précise immédiatement Hegel, elle conduit également à « la destruction de l'art en général », précisément dans la mesure où celui-ci a pour rôle de concilier le vrai absolu et l'apparence (p. 249). Au-delà du lien que le théâtre établit entre idéal et apparence, on retrouve donc finalement, même chez Hegel, dans cette proximité entre le théâtre et la mort de l'art, l'idée que nous n'avons cessé de rencontrer jusqu'ici : à savoir que le théâtre est une forme limite d'art, celle où le pouvoir des apparences est peut-être poussé plus loin que partout ailleurs. Et même Hegel, en fin de compte, finit par voir dans ce pouvoir des apparences quelque chose qui peut mettre en danger les idéaux… Et cela signe pour lui la mort de l'art – plutôt, évidemment, que la mort des idéaux…

---

1. Il y a ainsi au fond, et paradoxalement, une certaine parenté entre Hegel et Craig, même si ce dernier inverse les termes du problème, parlant d'un art de la mort plutôt que de la mort de l'art… C'est la Sur-marionnette qui chez Craig tient le rôle d'idéal, et d'idéal parfaitement indépendant du jeu – trop « vivant » – de l'acteur, précisément au nom d'une conception maximaliste de l'Art, qui se sépare absolument de l'accidentel et du Chaos. Craig est donc proche du motif hégélien de la mort de l'art et de son dépassement dans la religion, la Sur-marionnette étant bien cette idole quasi-religieuse en laquelle l'acteur est appelé à se dépasser. Mais, malgré les connotations religieuses attachées à la Sur-marionnette, la mort de « l'art » de l'acteur signerait pour Craig non la mort de l'art théâtral, mais au contraire son avènement, l'Art du Théâtre tenant ainsi chez Craig le rôle de la religion chez Hegel.

APPARENCE ET POSSESSION
NIETZSCHE

Même chez Hegel, il faut donc en fin de compte reconnaître une contradiction entre l'apparence théâtrale et l'idéal, et la résoudre au profit de ce dernier. Bien qu'ayant poussé très loin l'idée d'une présence des idéaux au théâtre qui serait immanente à l'action dramatique, Hegel finit lui aussi par affirmer, certes de manière très puissante et subtile, la nécessité de *subordonner* le théâtre à l'idéal – c'est ce qu'exprime le motif de la mort de l'art. En dernier ressort, les conflits, les passions, les désirs qui agitent le théâtre doivent donc se *résoudre* dialectiquement en quelque chose de plus élevé…

Nietzsche, on le sait, s'est radicalement opposé à cette idée hégélienne de la mort de l'art. C'est bien plutôt la *mort des idéaux*, et la « mort de Dieu », qu'il a pour sa part proclamées. La logique de Hegel relèverait encore selon lui d'une vision *morale* du monde : c'est-à-dire une doctrine qui fonderait les apparences sur des idéaux indépendants d'elle, et surtout, qui la *justifieraient* en dernier ressort. Or, dès la *Naissance de la tragédie* (voir *infra*, p. 251-271), Nietzsche entend justement reconnaître, sous les apparences du théâtre, et plus précisément, de la tragédie telle qu'elle était vécue par les Grecs, une tout autre conception de la réalité, radicalement éloignée de toute signification morale, de toute justification, et de toute solution aux contradictions soulevées par la vie.

Nietzsche figure cela en attribuant la tragédie à la collaboration de deux tendances artistiques, placées sous le patronage de deux dieux grecs : l'apollinien et le dionysiaque. L'apollinien est ce qui nous conduit à prendre plaisir aux apparences, à nous laisser entraîner par elles, tout en gardant à quelque degré la conscience qu'il ne s'agit que d'apparences. C'est sous l'impulsion de l'apollinien qu'un rêveur peut s'écrier, « en guise d'encouragement, au milieu des dangers et des effrois du rêve : "C'est un rêve ! Je veux continuer à le rêver !" » (p. 254). C'est pourquoi les Grecs pouvaient trouver du plaisir à l'apparence des malheurs représentés sur scène

– précisément parce qu'ils avaient toujours une certaine conscience qu'il ne s'agissait que d'apparences. Mais justement : ce besoin ne s'explique complètement que par la manière dont ils concevaient la réalité en deçà de ces apparences. Or, ce qu'exprime aussi la tragédie, c'est que cette réalité n'a pas de sens, elle ne justifie rien, elle n'a rien d'un idéal au sens de Platon. Sous les apparences, il n'y a que du non-sens – et c'est le besoin de se livrer à ce non-sens fondamental que Nietzsche appelle *dionysiaque*. Il peut ainsi reconnaître dans la tragédie une manière pour les Grecs de se livrer au dionysiaque, d'affronter l'horreur qui le caractérise, en se servant de la médiation des apparences apolliniennes. Il ne s'agit pas par là de cacher cette horreur, mais au contraire de l'affronter en la sublimant : plus généralement, l'art est « capable de convertir ces pensées de dégoût sur ce qu'il y a d'effroyable et d'absurde dans l'existence en représentations avec lesquelles l'on peut vivre ; ces représentations sont le *sublime*, comme maîtrise artistique de l'effroyable, et le *comique*, comme maîtrise artistique de l'absurde » (p. 263).

Cette confrontation des deux tendances a un autre aspect : l'apollinien, comme pulsion des apparences, fait de l'homme un spectateur, qui, en outre, pour saisir l'apparence comme apparence, doit avoir un regard détaché, maîtrisé – ce que Nietzsche appelle le regard « solaire » d'Apollon (p. 254). Bref, l'homme apollinien est maître de lui-même et de ce qu'il contemple. Rien de tel pour l'homme dionysiaque qui touche ce qu'il y a en deçà des apparences : il abandonne pour sa part toute mesure, toute maîtrise subjective, il est forcé de s'oublier lui-même. Réapparaît ici le thème du « possédé », déjà présent chez Platon. Dionysos est ainsi décrit comme une puissance de dissolution des individualités. Pour Nietzsche, cette possession dionysiaque correspond à quelque chose de très concret dans la tragédie grecque : le rôle central du *chœur tragique*, personnage collectif et impersonnel, dont les interventions rythment continuellement le spectacle. Nietzsche considère que ce chœur, manifestation du dionysiaque, est l'élément originel de la tragédie.

L'acteur de la tragédie doit dès lors être fondamentalement un possédé, une manifestation de cette puissance collective et indifférenciée qu'est Dionysos. Mais en même temps, il doit conserver pour une part la maîtrise de l'apparence qui est caractéristique de l'apollinien – il est donc celui en qui se conjuguent ces deux pulsions contradictoires :

> La possession est ce que présuppose tout art dramatique. Dans cette possession, l'exalté dionysiaque se voit comme satyre, *et alors, comme satyre, il voit le dieu,* c'est-à-dire que dans sa métamorphose il voit une nouvelle vision en-dehors de lui – ce qui est l'accomplissement apollinien de son état. (p. 267-268)

Possession dionysiaque et sérénité du regard apollinien se lient de manière conflictuelle – et féconde – dans l'état de l'acteur. Mais la possession, l'abandon de la personnalité propre au profit de Dionysos, restent premiers. Aussi Nietzsche peut-il dire qu'en toute rigueur, le seul héros de la tragédie grecque ne pouvait être (comme c'est effectivement le cas dans les *Bacchantes* d'Euripide) que Dionysos lui-même, tous les autres personnages n'en étant que des analogues apolliniens : « toutes les figures illustres du théâtre grec, Prométhée, Œdipe, etc., ne sont que des masques de ce héros originaire qu'est Dionysos »[1].

On ne saurait donc guère pousser plus loin l'idée d'une possession par le théâtre que ne le fait Nietzsche dans la *Naissance de la tragédie...* Il est d'autant plus remarquable qu'il ait, par la suite, complètement rejeté cette idée, renouvelant ainsi à sa manière l'attitude platonicienne à l'égard du théâtre. C'est ce que montrent les extraits du *Gai savoir* présentés dans ce recueil (p. 273-280). La raison qui le conduit à cela est aussi celle qui l'a fait changer d'attitude à l'égard de la musique de Wagner – la prise de conscience des méfaits d'un art qui *enivre,* et qui est au fond un *narcotique* :

---

1. *Naissance de la tragédie,* § 10.

[…] si ce soir je pouvais avoir de la musique et de l'art, je sais bien de quel art et de quelle musique je ne voudrais *pas*, à savoir de tous ceux qui cherchent à enivrer leurs auditeurs et à les *emporter* l'espace d'un instant dans un sentiment fort et élevé. […] Comment? On offre à la taupe des ailes et des fictions qui flattent son orgueil – juste avant qu'elle n'aille se coucher, avant qu'elle ne rampe dans son terrier? (p. 276)

La célébration de l'ivresse dionysiaque par la *Naissance de la tragédie* est ici bien loin… Ce que voit désormais Nietzsche dans l'art qui cherche à « emporter » son spectateur, c'est quelque chose qui sert à nous faire oublier la vie plutôt qu'il ne la stimule. Le théâtre, auquel nous allons « juste avant de nous coucher », est ici conçu, en somme, comme un marchand de sable… Dans le *Gai savoir*, Nietzsche conserve quelque chose des analyses de la *Naissance de la tragédie* sur les deux pulsions apollinienne[1] et dionysiaque[2]. Mais il n'apparaît plus aussi évident que leur alliance témoigne nécessairement d'une surabondance de vie. Au contraire, Nietzsche s'effraie d'un théâtre qui nous donnerait des « breuvages enivrants » (dévoiement du dionysiaque) et des « coups de fouet idéaux » (dévoiement de l'apollinien), autrement dit, qui ne nous ferait accéder à l'ivresse et à l'apparence idéale que pour nous faire *oublier* la réalité (p. 276).

Mais surtout, il y a quelque chose qui, de ce point de vue gêne désormais beaucoup Nietzsche dans le principe même du théâtre, et qui le pousse naturellement vers cette fonction de narcotique : c'est la position du *spectateur*, qui assiste passivement aux actions extra-ordinaires accomplies par d'autres que lui – « Des hommes, dont la vie n'est pas "action", mais plutôt affaire, sont assis face à la scène et regardent des êtres d'une espèce étrangère à la leur, des êtres dont la vie est plus qu'une affaire? » (p. 277). Nietzsche réserve ainsi

---

1. Ainsi loue-t-il au § 54 la « conscience de l'apparence », dans des termes très proches de ceux qui caractérisent l'apollinien au début de la *Naissance de la tragédie*.
2. Voir par exemple le § 370.

au public du théâtre les qualificatifs les plus aimables : « peuple, troupeau, femme, pharisien, bétail électoral, démocrate, prochain, congénère »… Et si le théâtre manifeste à l'égard de ce public un pouvoir de « contagion », c'est essentiellement d'une épidémie de « bêtise » qu'il est question (p. 280)…

Dès lors, les seuls spectacles qui trouvent encore grâce aux yeux de Nietzsche sont ceux où la composante apollinienne (la conscience de l'apparence) se trouve considérablement renforcée, au détriment de l'ivresse. C'est ainsi qu'il réinterprète complètement la tragédie grecque, dans le sens d'une critique d'Aristote, en montrant que les Grecs recherchaient, non pas la crainte et la pitié, non pas des affects, mais simplement les « belles paroles », élément le plus apollinien. Ou alors, à l'inverse, s'il apprécie encore l'opéra italien, c'est parce que l'élément musical (proprement dionysiaque) y apparaît comme « non-naturel », et par conséquent *distancié* (p. 275). Mais au fond, c'est la position même de simple spectateur qui est insuffisante pour un homme qui serait véritablement, c'est-à-dire en lui-même, dionysiaque : « l'homme dionysiaque peut s'accorder non pas seulement le spectacle du terrible et du problématique, mais plutôt *l'action* terrible elle-même, et tout luxe de destruction, de dissolution, de négation »[1]. Le spectacle n'est jamais, au mieux, qu'un adjuvant pour la vie – c'est l'action qui vient de soi qui compte : « Pourquoi l'enthousiaste aurait-il besoin de vin ? […] Celui qui est lui-même comme un Faust ou un Manfred, en quoi a-t-il besoin des Faust et des Manfred du théâtre ? » (p. 277).

On retrouve donc chez Nietzsche la tension entre, d'une part, le pouvoir de possession qu'exerce le théâtre sur les comédiens et les spectateurs, et d'autre part, l'exigence de maîtriser ce pouvoir par une certaine *distanciation* vis-à-vis de l'apparence théâtrale. Néanmoins, les réflexions de Nietzsche se distinguent de celles de Diderot, de Platon ou de Craig dans la mesure où elles ne visent pas

1. *Gai savoir*, § 370.

à subordonner le théâtre à des idéaux, à un au-delà des apparences qui justifierait celles-ci. Elles se distinguent même des thèses de Brecht qui, bien qu'il écarte toute référence à un idéal transcendant, voit encore malgré tout la distanciation comme le moyen d'une production rationnelle et maîtrisée. La distanciation que Nietzsche défend, c'est celle qui au contraire nous conduit à ne pas rechercher trop de sens, trop de raison ou trop de logique derrière les apparences du théâtre, mais plutôt à y reconnaître les puissances sombres, sensibles, physiologiques, qui commandent notre existence, de manière fondamentalement contradictoire : c'est la distanciation apollinienne du rêveur lucide, celui qui, tout en sachant qu'il rêve, *veut* malgré tout continuer à rêver, « sans quoi il sombrerait dans l'abîme »…

LE THÉÂTRE COMME JEU
CAILLOIS

Cette autre distanciation que Nietzsche nous laisse entrevoir, et qui ne prétend pas dépasser les apparences, a peut-être au fond un nom très simple, et souvent prononcé dans l'expérience concrète de la pratique théâtrale : c'est le *jeu*. Le théâtre est avant tout un jeu : voilà une vérité que chaque comédien connaît sans doute, et que l'approche philosophique, si portée à *justifier* l'apparence, a peut-être tendance à négliger un peu trop. Car le jeu est par définition ce qui n'a pas de justification – en tout cas pas de justification évidente.

Jouer à être quelqu'un d'autre, jouer une situation – voilà qui suffit peut-être à définir le théâtre, en deçà de tout idéal, et même en deçà de toute maîtrise rationnelle. Songeons au théâtre de Beckett, à *Fin de partie* notamment : il n'y pas d'idéal à rechercher derrière le spectacle (comme dans *En attendant Godot* – Godot, qui n'arrivera décidément jamais…), pas même d'«action» à achever, au sens d'Aristote ou de Corneille, ou d'histoire à raconter, comme c'est encore le cas chez Brecht – il n'y a qu'une « partie » à « jouer », sans que l'on sache très bien quel en est le sens ou comment elle doit se terminer. La première réplique de Hamm (qu'il répètera juste avant la fin) est éloquente : « – À – (*bâillements*) – à moi (*Un temps.*) De jouer. » [1].

C'est pour tenter de cerner cet aspect du problème que nous avons choisi de faire figurer dans ce recueil des extraits de l'ouvrage de Roger Caillois, *Les Jeux et les hommes* (p. 281-295), dans la mesure où le théâtre occupe une place de choix dans son analyse magistrale de la notion de jeu. Selon lui, le principal caractère du jeu en général est la séparation vis-à-vis du réel : « le jeu demeure séparé, clos, en principe sans répercussion importante sur la solidité et la continuité de la vie collective et institutionnelle » [2]. Tout jeu a pour caractéristique fondamentale de ne pas s'insérer dans le réseau des fins et des moyens qui constitue la réalité, de ne pas avoir de « répercussion importante » sur le monde réel. Par opposition, Caillois conçoit le réel comme le « monde non protégé de l'existence sociale, où les actes ont normalement leur plein effet » [3]. Dans ce cadre commun, il distingue différents types de jeux, irréductibles les uns aux autres. L'enjeu de cette classification est de faire apparaître quatre instincts humains fondamentaux, qui trouvent dans les jeux, dans ces activités séparées du réel, un espace où se libérer avec une force et une pureté toutes particulières. Ces instincts sont l'*agôn* (c'est-à-dire la compétition : sports, échecs, billes, etc.), l'*alea* (les jeux de hasard), la *mimicry* (les jeux fondés sur l'imitation, le travestissement), et l'*ilinx* (jeux qui suscitent le vertige : galipettes, montagnes russes, etc.). Le jeu théâtral s'inscrit évidemment dans la catégorie de la *mimicry*, dont il est une des expressions les plus fortes et les plus achevées.

L'intérêt de dégager ces différents instincts, en tant qu'ils se libèrent dans les jeux, est de montrer qu'il s'agit d'impulsions natu-

---

1. *Fin de partie*, Paris, Minuit, 1957, p. 16.

2. *Les jeux et les hommes*, Paris, Gallimard, 1967, p. 42.

3. *Ibid.*, p. 139.

relles, qui se passent de finalité importante, de justification, mais qui doivent simplement se libérer – surtout ceux qui, justement, sont d'ordinaire réprimés dans la sphère finalisée de la réalité. C'est cette dépense d'énergie impulsive, instinctive, l'ensemble des « manifestations spontanées de l'instinct de jeu », que Caillois appelle « *paidia* » (p. 285). Or, selon lui, parmi les quatre instincts précédemment évoqués, deux relèvent plus particulièrement d'une pure *paidia* : l'*ilinx* et la *mimicry* – donc le jeu théâtral. Jouer à être autrui, jouer avec l'apparence, est un instinct fondamental, primitif, en deçà des règles et des justifications. C'est pour faire sentir cela que Caillois insiste (à la suite de Nietzsche[1]) sur les manifestations de l'instinct de *mimicry* dans tout le règne animal – en particulier chez les insectes (p. 282). *Agôn* et *alea* participent eux aussi de la *paidia* ; mais les jeux qu'ils suscitent comportent, pour leur part, un besoin beaucoup plus fort de *règles*. Ce qui justifie, pour Caillois, d'introduire un dernier ressort du jeu, complémentaire de la *paidia*, et qu'il propose d'appeler *ludus* : le besoin de se donner, dans les jeux, des règles à observer ; autrement dit, de contenir ou de canaliser la *paidia*.

L'analyse des jeux en tant que tels, et de leur séparation vis-à-vis de la réalité, n'est cependant qu'un premier temps dans la réflexion de Caillois. Son propos prend ensuite une portée beaucoup plus large. En effet, les différents types d'instinct qui sont ainsi révélés par les jeux agissent aussi dans la sphère de la réalité. Cela mène Caillois à sa thèse fondamentale. On peut selon lui observer, à la lumière de l'analyse des jeux, une opposition fondamentale entre deux grands types de société : d'une part, les sociétés dites « primitives », essentiellement commandées par les instincts de *mimicry* et d'*ilinx* ; d'autre part, les sociétés plus civilisées, donc plus réglées, où l'*agôn* et l'*alea* sont beaucoup plus développés.

---

1. Voir p. 278.

On retrouve, dans cette opposition, la tension entre le pouvoir du théâtre et le besoin de le canaliser en le soumettant à des normes. C'est bien ainsi qu'apparaît l'instinct de *mimicry* chez Caillois : comme un instinct primitif, une séduction irrésistible pour les apparences, que le mouvement de la civilisation tente naturelle-ment de contenir. Surtout, dans les sociétés « primitives », cette *mimicry* est étroitement associée à l'*ilinx*, c'est-à-dire, à l'attrait pour le vertige et la perte de conscience. C'est pourquoi Caillois accorde beaucoup d'importance au phénomène des *masques*. Il souligne en effet que le porteur du masque, d'abord animé par l'instinct de *mimicry*, c'est-à-dire de simulation, en vient toujours à se laisser plus ou moins *posséder* par son masque, et à être entraîné dans une transe – bref, dans l'*ilinx* :

> À l'occasion d'un vacarme et d'un brouhaha sans limite, qui se nourrissent d'eux-mêmes et qui tirent leur valeur de leur démesure, l'action des masques est censée revigorer, rajeunir, ressusciter à la fois la nature et la société. L'irruption de ces fantômes est celle des puissances que l'homme redoute et sur lesquelles il ne se sent pas de prise. Il incarne alors, temporairement, les puissances effrayantes, il les mime, il s'identifie à elles, et bientôt aliéné, en proie au délire, il se croit véritablement le dieu dont il s'est d'abord appliqué à prendre l'apparence au moyen d'un déguisement [...]. C'est ici la victoire de la feinte : la simulation aboutit à une possession qui, elle, n'est pas simulée. (p. 288-289)

Cette conjonction entre *mimicry* et *ilinx* fait évidemment penser à la description que fait Nietzsche du satyre possédé par Dionysos, et au rapport entre apollinien et dionysiaque. Caillois l'interprète comme une sorte de principe actif des sociétés, une énergie brute qu'elle doivent apprendre à contenir à mesure qu'elles se civilisent.

Dans les sociétés primitives, *mimicry* et *ilinx* ne sont pas saisis comme des principes de jeux ; bien au contraire, ils apparaissent comme les ressorts de la religion, comme le fondement sacré de la communauté. Loin d'être libérés dans des activités séparées et sans conséquence, ils sont au cœur de la réalité. Le mouvement vers des sociétés plus réglées tend justement à isoler ces instincts, notamment en les contenant dans la sphère des jeux – et en particulier dans le jeu théâtral. Entre le masque, ou le comédien, et le spectateur, il y a désormais la rampe – et, à un degré beaucoup plus fort que dans la société primitive, la conscience qu'il n'y a là qu'apparence. Mais l'intérêt de l'analyse de Caillois est cependant de montrer que le théâtre procède, en deçà de cette distanciation, et en deçà de toute règle, de cette turbulence primitive des hommes qui se livrent à la *mimicry* et à l'*ilinx*. Ainsi, comprendre le théâtre comme jeu, c'est certes en faire une activité séparée de la réalité courante – c'est donc opérer une forme de distanciation. Mais il faut se demander pourquoi cette distanciation est faite : est-ce pour faire du théâtre le résultat d'une production rationnelle et maîtrisée ? N'est-ce pas bien plutôt pour ménager un espace où peuvent se libérer ces instincts ? Comprendre le théâtre comme jeu, c'est remettre au centre cette *paidia* première, avec tout ce qu'elle peut comporter d'irrationalité – et éventuellement d'offenses à la civilisation et à ses règles…

LES DOUBLES DU THÉÂTRE
ARTAUD

Le 25 janvier 1936, à bord d'un paquebot qui l'emmenait vers le Mexique, Antonin Artaud écrivait à Jean Paulhan, à propos du livre qu'il venait d'écrire sur le théâtre :

> Cher ami,
> Je crois que j'ai trouvé pour mon livre le titre qui convient. Ce sera : LE THÉÂTRE ET SON DOUBLE. Car si le théâtre double la vie, la vie double le vrai théâtre et ça n'a rien à voir avec les idées d'Oscar Wilde sur l'art. Ce titre répondra à tous les doubles du théâtre que j'ai cru trouver depuis tant d'années : la métaphysique, la peste, la cruauté, le réservoir d'énergie que constituent les Mythes, que les hommes n'incarnent plus, le théâtre les incarne. Et par ce double j'entends le grand agent magique dont le théâtre par ses formes n'est que la figuration, en attendant qu'il en devienne la transfiguration.

C'est sur la scène que se reconstitue l'union de la pensée, du geste, de l'acte. Et le double du Théâtre c'est le réel *inutilisé* par les hommes de maintenant [1].

Ce texte nous semble réunir avec force plusieurs des lignes problématiques que nous avons suivies jusqu'ici. Notamment, il repart de l'idée traditionnelle de *mimèsis*, de la vision du théâtre comme imitation, et de la question qui en est le corrélat : quel est le modèle que le théâtre doit ainsi imiter ? Tous les textes que nous avons examinés invitent à la réponse suivante : le modèle de la *mimèsis* n'est pas la vie de tous les jours. Artaud reprend cette idée : le double du théâtre est une vie en un sens plus fort, le « réel inutilisé par les hommes de maintenant », et que seul le « vrai théâtre », justement, permet de manifester. D'où le renversement : ce n'est pas le théâtre qui double la vie, mais la vie (entendre : cette vie mystérieuse et plus forte que la vie courante) qui double le vrai théâtre.

De fait, la plupart des textes que nous avons parcourus nous ont amenés à quelque chose de tel : les Idées normant le théâtre de la vérité de Platon ; la « vérité de l'action théâtrale » chez d'Aubignac ; le modèle idéal, « grand fantôme » visé par le comédien chez Diderot ; la Surmarionnette de Craig ; les idéaux passionnés de Corneille ; les puissances morales de Hegel, héritières de la pitié et de la crainte purifiées d'Aristote ; mais aussi bien, le dionysiaque chez Nietzsche, ou encore les puissances divines des sociétés primitives chez Caillois... – ce sont autant d'interprétations de ce double étrange qui commande secrètement la *mimèsis* théâtrale et lui donne sens. Toutes témoignent cependant d'une ambiguïté fondamentale : ce double est conçu tantôt comme un modèle idéal, susceptible d'une saisie réfléchie et maîtrisée, tantôt sous des formes beaucoup plus étranges et fantastiques, celles des *fantômes*

---

1. Lettre à J. Paulhan du 25 janvier 1936, dans *Œuvres*, Paris, Gallimard, 2004, p. 662.

du théâtre, qui viennent hanter le spectacle et, derrière le masque, *posséder* le comédien… Le théâtre procède alors de cette *paidia*, toute de démesure et de turbulence qui, selon Caillois, anime les hommes lorsqu'ils se mettent à imiter, non pas quelque modèle idéal qui justifierait les apparences, mais ces « puissances que l'homme redoute et sur lesquelles il ne se sent pas de prise » [1]…

C'est sur ce terrain de la *magie* qu'Artaud, pour sa part, se place résolument : la vie qui double le vrai théâtre est « le grand agent magique dont le théâtre par ses formes n'est que la figuration, en attendant qu'il en devienne la transfiguration ». On sait l'importance qu'Artaud accordait au théâtre oriental, autrement dit, à un théâtre encore tout imprégné par la magie, par la religion et par l'usage des masques. Pour Artaud, le vrai théâtre doit se servir de ces puissances secrètes qui se manifestent dans la possession de l'acteur, et dans la contamination que l'apparence théâtrale suscite. C'est le sens de la fameuse comparaison qu'il dessine, à la suite de Saint-Augustin, entre le théâtre et la peste : comme la peste, le théâtre est contagieux ; mais surtout, comme la peste, il a le pouvoir (que lui reconnaissait déjà Platon) de dissoudre les ordres établis, pour révéler ce qui dans la vie échappe à toute norme morale idéale, à toute délimitation d'« essences » :

> […] Tous les grands Mythes sont noirs et on ne peut imaginer hors d'une atmosphère de carnage, de torture, de sang versé, toutes les magnifiques Fables qui raconte aux foules le premier partage sexuel et le premier carnage d'essences qui apparaissent dans la création.
> Le théâtre, comme la peste, est à l'image de ce carnage, de cette essentielle séparation. Il dénoue des conflits, il dégage des forces, il

---

1. Seul Brecht nous semble ne pas pouvoir s'inscrire dans cette perspective : nul double du théâtre, chez lui, pour donner sens à l'imitation théâtrale – ni modèle idéal, ni puissance magique. Dans sa recherche d'une production entièrement libre et immanente, rien ne doit venir commander, d'une manière ou d'une autre, l'art du théâtre, si ce n'est le plaisir des spectateurs et leur attitude critique…

déclenche des possibilités, et si ces possibilités et ces forces sont noires, c'est la faute non pas de la peste ou du théâtre, mais de la vie [1].

Plutôt que d'imiter des « essences », le théâtre libère des « possibilités ». Ici, Artaud reprend et radicalise ce qu'Aristote avait déjà opposé à Platon : l'indétermination de l'action, qui empêche sa soumission complète à quelque norme idéale, notamment morale. Le théâtre se situe ainsi par-delà bien et mal.

Pour autant, Artaud n'abandonne pas toute référence aux idéaux. C'est ce dont témoigne le texte significativement intitulé : « La mise en scène et la métaphysique » (p. 297-309). Si la métaphysique peut apparaître comme un des doubles du théâtre, c'est bien parce que ce dernier est pour Artaud capable d'évoquer des « idées » – en donnant à ce terme toute sa charge platonicienne. C'est ce qu'Artaud cherche à faire comprendre en décrivant un tableau de Lucas van den Leyden, *Les filles de Loth* : par des moyens strictement matériels et visuels, le peintre a exprimé les idées du « Devenir », de la « Fatalité », du « Chaos », etc. (p. 299). L'important, pour Artaud, est que ces idées ne sont pas représentées comme des abstractions, mais inscrites dans la matérialité de la toile. Certes, ces idées ne sont pas claires ; mais justement « les idées claires sont, au théâtre comme partout ailleurs, des idées mortes et terminées » (p. 303). Il ne s'agit pas de faire l'éloge de l'obscurantisme, mais simplement de montrer qu'une idée est forte et efficace quand elle est capable d'évoluer, de s'inscrire dans une matière sensible riche de possibilités et de surprises.

Comme ce tableau, le théâtre doit être capable d'exprimer de telles idées métaphysiques, et surtout, il doit être capable de le faire *en utilisant son langage propre*. C'est un autre aspect important de ce texte : le rejet d'un théâtre exclusivement centré sur les mots, qui ne serait qu'une forme particulière de littérature. Pour Artaud, le

---

1. « Le théâtre et la peste », dans *Le théâtre et son double*, Paris, Gallimard, 1964, p. 45.

langage dialogué sur lequel s'est concentré le théâtre occidental est trop abstrait ; il faut lui opposer le « langage concret et physique du plateau », qui est « destiné aux sens et indépendant de la parole » (p. 300). Si la parole au théâtre gêne autant Artaud, c'est qu'elle prétend s'adresser d'abord à l'esprit plutôt qu'aux sens. Elle place la *pensée* au premier plan, et c'est pourquoi ce théâtre est qualifié de « psychologique » : il part des idées pour leur soumettre ensuite ce qui se passe sur le plateau. Artaud, nous l'avons vu, ne rejette pas les idées. Mais elles ne sauraient être dissociées de leur expression vivante dans la matérialité sensible du spectacle, pris dans toutes ses dimensions : gestes, musique, costumes, décor, éclairage, etc. Ce sont autant d'éléments qui sont par eux-mêmes riches de significations, et qui ne sauraient être purement et simplement subordonnés au texte.

Un théâtre qui serait capable de développer ses idées dans toutes ces dimensions à la fois, de réaliser l'union du geste, de la pensée et de l'acte, pourrait être qualifié de « métaphysique en activité » (p. 307). Les idées doivent être amenées à une « présence active sur la scène » (p. 301). On est ici très proche de Hegel : le théâtre présente des idéaux *dans l'action*. Simplement Artaud donne-t-il à cette exigence d'action un autre sens que Hegel, et sans doute aussi fait-il preuve de plus de liberté quant à la nature – notamment morale et politique – de ces idéaux. Cette question est étroitement liée à celle du langage théâtral :

> Je sais bien que le langage des gestes et attitudes, que la danse, que la musique sont moins capables d'élucider un caractère, de raconter les pensées humaines d'un personnage, d'exposer des états de conscience clairs et précis que le langage verbal, mais qui a dit que le théâtre était fait pour élucider un caractère, pour la solution de conflits d'ordre humain et passionnel, d'ordre actuel et psychologique comme notre théâtre contemporain en est rempli ? (p. 303)

Nous avons trop fortement tendance à vouloir *fixer*, dans une démarche trop intellectuelle ou psychologique, les idées métaphysiques dont le théâtre doit être l'incarnation – ce qui en ferait des idées mortes, et du théâtre une simple production, un «théâtre d'épicier». À cela, Artaud oppose «l'esprit d'anarchie profonde qui est à la base de toute poésie» (p. 304) – ce qui signifie que les idées ne doivent jamais servir de normes rigides (ce que tend à faire le langage articulé), mais toujours *évoluer* avec les gestes, les sons, la danse, etc. Artaud note ainsi que dans le théâtre balinais, le son ou le geste, «au lieu de servir de décor, d'accompagnement à une pensée, la fait évoluer, la dirige, la détruit, ou la change définitivement, etc.» (p. 301). D'où l'insistance sur le thème de l'imprévu, du «Danger», ou des déplacements de significations.

Bref, il y a des idéaux au théâtre, mais ils peuvent toujours être remis en cause par leur expression matérielle sur le plateau, par le pouvoir mouvant des apparences. Pour désigner cela, le texte du «théâtre et la peste» que nous avons cité plus haut forge une expression très forte : il parle de «*carnage d'essences*»... À lire Artaud, on comprendra donc sans doute un peu mieux ce qui dans le théâtre effrayait tant Platon...

LE SPECTACLE THÉÂTRAL

«Langage des gestes et attitudes», le théâtre n'existe ainsi que par la présence de danseurs, de chanteurs, d'acteurs, et de spectateurs. Un théâtre est d'abord un lieu, non seulement ce qui abrite un plateau, une aire de jeu pour les acteurs, scène, avant-scène, etc., mais encore ce qui accueille ceux qui viennent voir et écouter ce qui se passe sur cette scène et pour lesquels le *jeu* des acteurs devient *spectacle*. Pour Artaud, les idéaux au théâtre avancent masqués, car le langage théâtral est spectacle. C'est la leçon de l'Orient et des formes théâtrales auxquelles il a donné naissance : théâtre balinais, nô, kabuki, opéra chinois, etc., autant de manières infiniment variées de brasser les apparences sensibles pour en extraire le jus métaphysique.

Toutefois, comment s'opère cette alchimie ? On en distingue à peu près les ingrédients, l'alphabet de ce langage théâtral et spectaculaire : moyens d'expression de la scène que sont le corps, la voix des acteurs, la musique, les décors, l'éclairage, etc. Mais comment ces ingrédients peuvent-ils conduire à cette « transmutation » ou à cette « transfiguration » dont parle Artaud – comment peuvent-ils former ce *langage* magique capable d'exprimer des idées métaphysiques ? Et comment s'articule ce langage qui n'est pas articulé, comment peut-il dire ou exprimer quelque chose s'il n'est que combinaison de sons et de couleurs ? Peut-on d'ailleurs dire que le théâtre soit un langage, et s'adresse aux spectateurs, ou seulement que ces derniers viennent assister à ce qui s'offre en spectacle, mais sans être destiné à personne en particulier ? Et plus généralement, comment des idéaux peuvent-ils s'incarner si cette incarnation ne cesse par là même de les remettre en question ? Le spectacle théâtral incarne des idéaux ou des essences, mais cette *incarnation* est aussi leur *carnage*. De Platon à Artaud, le questionnement est bien le même, mais les réponses violemment contradictoires : incapacité ontologique du spectacle théâtral à atteindre la dignité des Idées au livre X de la *République*, transfiguration magique du spectacle théâtral qui se fait langage métaphysique pour Artaud. Ontologie contre magie, le fossé semble infranchissable, philosophie et théâtre irréconciliables, et le statut du spectacle éternelle pomme de discorde.

Faire avec Artaud du spectacle théâtral un langage, c'est précisément mettre en avant ce qui en lui dépasse le spectaculaire. Un langage, même spectaculaire, même fait de gestes et d'attitudes, reste un langage, l'expression d'un sens et d'une pensée, bref, d'*idées*. Le spectacle théâtral prétend justement en cela se distinguer d'autres formes de spectacles, comme le sont les jeux du cirque, les compétitions sportives, etc., qui peuvent tout autant, si ce n'est davantage, se donner en spectacle à un public venu y assister. Et c'est aussi pourquoi le théâtre peut se présenter comme un *Art*. Le théâtre n'offre pas n'importe quel genre de spectacle, mais un spectacle intelligent au sens où il témoigne de la présence d'un *auteur*. Il ne suffit pas de mettre en avant la figure du metteur en scène au théâtre, comme celui qui organise la représentation théâtrale, qui distribue et dirige les acteurs, qui choisit les costumes, les décors, et plus généralement coordonne les différents éléments de la représentation en un tout harmonieux. Les jeux du cirque ou toute autre forme de festivités ont aussi leurs organisateurs. Il faut que ce régisseur qui organise la représentation théâtrale se fasse metteur en scène au sens fort que lui donne Artaud, c'est-à-dire au sens de celui qui maîtrise suffisamment cet alphabet des éléments scéniques pour en faire un langage, quelque chose qui exprime des *idées*. Il faut, comme n'hésitait pas à le revendiquer le metteur en scène soviétique Meyerhold, que le metteur en scène, de simple régisseur, se fasse « l'auteur du spectacle »[1]. Mais la question reste de savoir *comment* le théâtre peut devenir quelque chose comme un langage, et *qui* peut légitimement prétendre être l'auteur de ce langage.

Nous avons vu qu'Aristote tentait d'apporter une réponse à cette question. En faisant reposer la tragédie sur l'intrigue, il met en évidence que le théâtre, dans la mesure où il est histoire, récit, et *en ce sens* langage, n'est pas un spectacle comme un autre, mais qu'à ce titre, il dépasse le spectaculaire en se faisant porteur de signification et d'idéaux. Le théâtre peut ainsi acquérir ses lettres de noblesse, parce qu'il apparaît d'abord comme l'œuvre d'un *auteur*, celui précisément qui sait raconter les histoires, le *poète*. À condition toutefois d'entendre par là, non le poète lyrique qui s'en remet à son inspiration, mais celui qui agence et combine les actions en une intrigue vraisemblable et nécessaire. Bref, l'auteur de théâtre serait davantage le scénariste que le dialoguiste, car ce qui ferait du théâtre un langage, ce n'est pas tant le maniement des vers et de la

---

1. Par exemple dans le programme de sa mise en scène du *Revizor* de Gogol, monté en 1926 – cité par Béatrice Picon-Vallin, dans *Vsevolod Meyerhold*, trad. fr. B. Picon-Vallin, Arles, Actes Sud, 2005, p. 6.

prose que la transformation d'une suite d'actions en une véritable histoire.

Il n'en demeure pas moins qu'en cherchant à donner ainsi un auteur et un contenu au langage théâtral, Aristote le rapproche de l'écriture et de la littérature : il s'agit avant tout d'*écrire* un bon scénario, et non de savoir comment le mettre en scène. Et la figure de l'auteur de théâtre reste avant tout celle d'un écrivain, comme l'ont été Sophocle, Euripide, Corneille, ou Racine. Mais c'est dire à quel point il est difficile d'imaginer un langage, quel qu'il soit, qui ne suivrait pas le modèle du langage articulé, comme le réclame pourtant Artaud pour le théâtre. On peut en effet se demander si le metteur en scène ne peut jamais prétendre être l'auteur du spectacle, sauf à le *scénariser* à son tour, par exemple en organisant les entrées, les déplacements, et les sorties des acteurs. Or l'agen-cement de ces déplacements semble renvoyer implicitement à des didascalies, c'est-à-dire à l'*écriture* d'indications scéniques qui, dans un texte de théâtre, se rapportent non à ce qui est dit, à la partie dialoguée, mais à ce qui se fait, qui dit les répliques, qui se déplace, à quel moment, dans quel espace, etc. Quand bien même un spec-tacle de théâtre ne comporterait pas du tout de dialogues, comme dans les *Acte sans paroles I et II*, de Beckett, ce qui fait de lui du théâtre tient en grande partie à sa dimension d'écriture, ne serait-ce que sous la forme d'une suite de didascalies. Lorsque Meyerhold se revendique auteur du spectacle, il peut le faire parce qu'il remanie le texte même du spectacle, l'enrichit d'autres textes, intègre de nouvelles scènes, autrement dit parce qu'il *réécrit* le spectacle. Le théâtre n'est pas une forme de spectacle parmi d'autres, mais il possède la particularité de pouvoir aussi s'écrire et se lire, contrai-rement à un numéro de jonglage par exemple. Ainsi, selon Aristote, ce qu'il y a de tragique dans *Œdipe-roi* nous saisit à la lecture aussi bien qu'à la représentation. Et pour cause : c'est bien dans la façon même dont l'histoire d'Œdipe est *écrite* par Sophocle que réside l'effet tragique, et non dans telle manière ou telle autre de la *mettre en scène* : « De plus, la tragédie, même sans gestuelle, produit l'effet qui lui est propre, comme l'épopée : car, à la lecture, ses qualités apparaissent clairement » (p. 190).

C'est en définitive qu'il y a deux façons pour Aristote de répondre à la question de savoir *comment* se fait la tragédie : par ses *moyens* d'expression (« les moyens par lesquels on imite ») ou par son *mode* d'exécution (« comment on imite », p. 180). Ses moyens d'expression sont « l'expression » (verbale) et « le chant », tandis que son mode d'exécution est le spectacle dans son ensemble. Si pour Aristote le tragique ne se dissocie pas de ce que les actions représentées ont de contingent, tout dans la tragédie n'est pas pour autant matière à l'expression du tragique. La tragédie se nourrit de confrontations de personnages, de délibérations, de surprises et de retournements de situations. Mais c'est avant tout à travers le langage verbal, récité ou chanté, que ces actions parviennent à l'expression, et peuvent le mieux se prêter à une mise en intrigue. Le langage verbal constitue cet intermédiaire éminemment privilégié entre les actions contingentes qui sont représentées, et leur mise en intrigue. Pour une part, il possède la souplesse suffisante pour exprimer la variété et la contingence des actions représentées. Pour une autre part, il est déjà articulé, et exprimable par écrit, préparant ainsi à un niveau plus général la construction et l'écriture de l'intrigue.

En revanche, le spectacle théâtral n'est pour Aristote que l'exécution extérieure de la tragédie, il ne participe pas directement de son expression, et l'acteur se trouve par conséquent réduit au rôle de simple exécutant de la tragédie. Le spectacle comprend toutes les autres parties de la tragédie, l'intrigue, les personnages, le texte, le chant, non parce qu'il les exprime, mais parce qu'il les met en mouvement. C'est pourquoi Aristote considère en définitive que le spectacle n'est pas une partie essentielle de la tragédie, et que la lecture peut suffire à juger de sa qualité. Le tragique se raconte plus qu'il ne se voit. Certes, il peut y avoir un art de l'acteur ou du décorateur, et ces arts peuvent procurer du plaisir. C'est même une des supériorités de la tragédie sur des genres exclusivement littéraires que d'offrir un spectacle de jeu, de musique et de danse : la tragédie est « meilleure puisqu'elle possède tout ce que possède l'épopée (car il lui est aussi possible d'utiliser le mètre) et qu'en plus, ce qui n'est pas rien, elle a la musique et le spectacle, qui maintiennent très manifestement le plaisir » (p. 190). Cependant, ce plaisir n'est pas proprement celui de la tragédie : c'est celui du spectacle en général, théâtral ou non. Il peut être particulièrement agréable, mais, dans la mesure où le spectacle est prisonnier d'une certaine lourdeur figurative, qu'elle vienne du jeu de l'acteur ou du décor, le plaisir qu'il procure n'aura pas la dignité du tragique et ne sera donc pas spécifique à ce spectacle *poétique* qu'est le théâtre : « Quant au spectacle, s'il est un guide efficace pour nos âmes de spectateurs, il ne relève pas du tout de l'art et n'est en rien propre à la poétique : car le pouvoir de la tragédie demeure, même s'il n'y a ni concours ni acteurs. En outre, pour la réalisation des spectacles, l'art du décorateur prévaut sur celui des poètes » (p. 181).

Aristote ne condamne pas la dimension spectaculaire du théâtre comme le fait Platon, mais précisément parce qu'il l'estime secondaire et accessoire. On retrouve chez d'Aubignac, Corneille et Hegel cette approche littéraire du théâtre héritée d'Aristote, sans laquelle les idéaux au théâtre semblent privés de contenu. D'Aubignac conseille au poète dramatique d'écrire comme s'il n'y avait pas de spectateurs, Corneille raisonne en écrivain[1], certes soucieux de son public, mais pour lequel « Spectateur » et « Auditeur » sont bien souvent synonymes, et chez Hegel le drame, malgré sa dimension intrinsèquement spectaculaire, apparaît souvent comme la matérialisation concrète d'un poème dramatique qui lui préexiste. Les « couleurs » à donner aux actions des personnages

---

1. « La décoration du Théâtre a besoin de trois Arts pour la rendre belle, de la Peinture, de l'Architecture, et de la Perspective. Aristote prétend que cette partie non plus que [la Musique] ne regarde pas le Poète, et comme il ne la traite point, je m'en dispenserai d'en dire plus qu'il ne m'en a appris », *Trois discours sur le poème dramatique*, *op. cit.*, p. 120.

selon d'Aubignac ne sont jamais que les « raisons » qu'ils ont d'agir (p. 197), et les passions des personnages de Corneille s'expriment en stances. Les actions représentées, aussi extraordinaires soient-elles, restent dans les limites du texte et de l'écriture du poème dramatique.

Toutefois, malgré cette compréhension littéraire du théâtre, le spectacle conserve pour tous ces auteurs une position inexpugnable. Le théâtre, tel un tableau de peinture, dessine et dépeint des personnages pour d'Aubignac. C'est bien son expérience de la *scène* et le plaisir du *spectateur* que Corneille érige en juges ultimes (notamment lorsqu'il écrit des pièces à machines comme *Andromède* ou *La Toison d'or*, où le texte ne prend son sens véritable qu'en référence au spectacle auquel il participe). Car si pour le plaisir du spectateur seul compte *le croyable*, tous les moyens sont bons pour créer l'illusion, le spectacle autant que le texte. La souplesse de la position cornélienne vis-à-vis du spectacle tient en effet à ce que le critère du « croyable », s'il est d'abord *rhétorique*, et passe donc par le verbal, peut presque déjà s'interpréter comme un critère *esthétique*, pour lequel ce qui entraîne l'assentiment du spectateur ne passe pas forcément par le verbal. Enfin, pour Hegel, la notion même de *drame* fait exploser le carcan de l'écrit en direction du spectaculaire. Car contrairement à la tragédie pour Aristote, le drame pour Hegel n'est pas d'abord récit mais conflit (p. 225, 231-233). Or si un récit peut s'écrire et se lire, le caractère profondément conflictuel du drame ne peut se manifester sur le papier ou à la lecture, mais seulement à travers la mise en présence et en situation des parties antagonistes (p. 234). À l'inverse d'Aristote, il ne s'agit plus de chercher ce qui fait de la tragédie un spectacle *poétique*, mais ce qui fait de la poésie une poésie *dramatique*, dans la mesure même où elle ne peut plus seulement être écrite et littéraire[1].

---

1. La complexité de la position de Hegel sur la place à accorder au spectacle tient ainsi à l'ambiguïté même du terme de *drame*. Dans un sens fort, est dramatique ce qui

Il faut donc reconnaître que le spectacle peut aussi participer de l'*expression* théâtrale, et qu'elle n'est pas uniquement contenue dans le texte, même s'il en est un vecteur privilégié. Au théâtre, on ne peut pas distinguer simplement mode et moyen, exécution et expression, comme le faisait Aristote pour la tragédie, mais le mode d'exécution y est lui-même moyen d'expression. Une pièce de théâtre n'a plus le même sens à la scène qu'à la lecture. La présence des acteurs, des costumes, du décor, de l'éclairage, des bruitages, de la musique la fait apparaître sous une autre lumière et sous d'autres couleurs, en change la *signification* même, en donnant plus de relief à tel élément ou à tel autre. Une même réplique dite en riant ou en pleurant, un même personnage habillé de noir ou de blanc, un plateau nu ou encombré d'objets, et toute l'histoire racontée par le spectacle s'en trouve modifiée. Le plaisir procuré par le spectacle théâtral ne se réduit ainsi pas nécessairement à celui d'un ornement, qui peut être particulièrement agréable, voire extrêmement beau, mais qui se contenterait d'illustrer et décorer le propos. L'acteur qui jouera le personnage d'Œdipe ne lui communiquera pas seulement une voix, des mouvements et une figure, mais des intonations, un rythme et une physionomie : qui sera-t-il alors ? Une noble victime sur qui les dieux s'acharnent ? Un tyran particulièrement impulsif qui mérite son sort ? À travers l'interprétation de l'acteur, c'est la compréhension du tragique lui-même qui est en jeu.

est conflictuel. Mais dans un sens plus faible, le drame est ce qui fait simplement l'objet d'une représentation *extérieure*. C'est cette seconde acception qui laisse le champ du théâtre ouvert à toute forme de représentation scénique, quels que soient ses liens avec la littérature, et qui donne au propos de Hegel sa puissance descriptive. Mais c'est la caractérisation du drame comme conflit qui lui donne l'essentiel de son contenu conceptuel. Dès lors, si ce qui est étudié par Hegel à travers le drame s'étend à tout le champ théâtral, ce qui est *pensé* est davantage le spectacle *dramatique* comme tel, que le spectacle *théâtral* dans toute sa généralité, surtout lorsqu'il est privé de « fond véritablement dramatique », comme peut parfois l'être un opéra par exemple (p. 242-243).

Cependant, les moyens d'expression du spectacle sont d'une nature profondément différente de celle du langage verbal, et ne se prêtent pas aussi bien que lui à une mise en intrigue. Une mise en scène ne peut en vérité jamais se réduire à une suite d'indications scéniques ou à toute autre forme de scénarisation, car ses moyens d'expression ne sont pas uniquement littéraires, mais aussi matériels : du choix du dispositif scénique à celui des bruitages et des effets spéciaux, le metteur en scène est confronté à un matériau qui n'est pas de l'ordre du verbal, et se structure autrement que le langage articulé. L'art de la mise en scène s'apparenterait ainsi plus à la peinture, l'architecture, la sculpture ou la musique, qu'à la littérature. Ce qui différencie le théâtre d'autres formes de spectacle, ce n'est pas sa dimension littéraire ou à proprement parler *poétique*, mais sa dimension *esthétique* : si le théâtre manifeste une puissance d'idéalisation, il ne délivre pas toujours l'expression *articulée* d'un idéal, comme le soulignait Artaud. Il obéit à une forme d'agencement et de structuration, mais qui, comme pour la peinture ou la danse par exemple, n'est pas de l'ordre de l'intrigue ou de l'histoire. On ne pourra donc parler avec Artaud d'un « langage » théâtral que dans un sens très dérivé, et au même titre qu'on parle d'un langage du corps pour la danse ou des sons pour la musique. Et si le metteur en scène se revendique l'auteur du spectacle, ce ne sera donc pas à la manière d'un écrivain, mais plutôt d'un peintre vis-à-vis de son tableau ou d'un sculpteur vis-à-vis de sa statue.

Mais surgit à ce niveau une nouvelle difficulté : c'est que le metteur en scène devra procéder tour à tour en architecte au moment de prévoir la scénographie, en peintre au moment de la construction des décors, en styliste au moment de la confection des costumes, en compositeur, en chorégraphe, etc. Mais en quoi la mise en scène relève-t-elle d'une activité spécifique et unifiée ? Et y a-t-il *un* auteur du spectacle, ou *des* auteurs : le metteur en scène, l'écrivain, mais aussi les acteurs, les décorateurs, les costumiers, les éclairagistes… ? Craig, dans le *Premier Dialogue de l'Art du Théâtre*, n'a pas d'autre point de départ, et pas d'autre questionnement. On a vu que son orientation était nettement platonicienne en ce qui concerne le jeu de l'acteur, mais que la condamnation de l'acteur, à la différence de Platon, était décrétée au nom même d'un Art du théâtre entendu comme pure maîtrise d'un matériau nécessairement unifié. C'est parce que l'acteur ne peut pas du tout être un matériau qu'il doit être remplacé par la Sur-marionnette, afin de donner au théâtre un matériau digne de ce nom. Il ne s'agit donc pas de rejeter la diversité et la richesse de la matière théâtrale, mais en bon metteur en scène, de parvenir à lui donner une unité. Car si on parle d'art du *théâtre*, pour Craig comme pour Artaud, on ne peut vouloir parler d'un art littéraire, mais d'un art de ce qui se fait sur un théâtre, d'un art du spectacle, d'un art au moins autant visuel qu'auditif. Mais un tel art est-il justement possible ? Ce qui pose problème dans le spectacle théâtral, ce n'est pas seulement la matérialité de ses moyens d'expression, c'est bien l'extrême diversité et *hétérogénéité* de son matériau, qui, pour cette raison, en est à peine un : jeu de l'acteur, texte dramatique, mise en scène, danse, semblent chacun renvoyer à un art propre, et non former ensemble un seul art, qui serait spécifiquement théâtral.

Il reste donc pour Craig à trouver les éléments qui, dans ce spectacle hétérogène, font l'expression proprement théâtrale : ce ne sera plus l'expression et le chant comme pour la tragédie chez Aristote, ce qui reviendrait à réduire le théâtre à la littérature. Mais gestes, mots, lignes et couleurs, rythme constituent selon Craig des moyens d'expression plus matériels et spécifiques au théâtre, qui, maîtrisés, peuvent permettre d'en faire un Art :

> L'art du théâtre n'est ni le jeu des acteurs, ni la pièce, ni la mise en scène, ni la danse ; il est formé des éléments qui les composent : du geste qui est l'âme du jeu ; des mots qui sont le corps de la pièce ; des lignes et des couleurs qui sont l'existence même du décor ; du rythme qui est l'essence de la danse. (p. 148)

Craig substitue ainsi à l'hétérogénéité foncière du spectacle théâtral des éléments d'expression bien plus homogènes. S'il n'est pas encore question de Sur-marionnette, l'acteur n'apparaît déjà plus comme tel, et se trouve réduit au rôle de moyen d'expression entre les mains du metteur en scène. Comme pour Aristote, il a fallu dégager de la matérialité du spectacle des moyens d'expression intermédiaires entre le sensible et une pure structure qui l'informe, un matériau déjà artistique en somme.

Mais si le spectacle théâtral possède des moyens d'expression propres, quel en est l'objet ? De quoi ces moyens sont-ils l'expression ? Il est frappant de constater qu'une fois mis en évidence les éléments constitutifs du spectacle théâtral, Craig est tenté de chercher ce qui est « le plus essentiel » à l'art du théâtre (p. 148), comme Aristote faisait de l'intrigue « l'âme de la tragédie ». Car exhiber les moyens d'expression propres au théâtre ne permet pas de dire ce qu'est l'art du théâtre, mais simplement comment il se fait. Ce qui conduit Craig, en cela très proche d'Artaud, à proposer le *geste* comme ce qui caractériserait en son fond le théâtre, non sans de grosses hésitations terminologiques (« né du geste – du mouvement – de la danse », p. 148). Le geste, qui renvoie pour Craig plutôt à la danse qu'au mime, possède en effet une matérialité que n'a pas le langage verbal, en même temps qu'une dimension idéale que n'a pas le simple mouvement. Mais le geste peut-il suffire à unifier les moyens d'expression du théâtre ? Les lignes et le rythme, peut-être, mais les mots et les couleurs ? En réduisant l'hétérogénéité du théâtre à ce qui est censé lui être essentiel – intrigue pour Aristote, geste pour Craig –, on risque donc toujours de sacrifier une partie de son expressivité au profit d'un autre art, jugé plus essentiel : art de l'intrigue et littérature pour Aristote, art du geste et danse pour Craig.

Aussi, conscient de cette aporie, ce dernier préfère-t-il souvent s'en tenir à un constat des moyens d'expression du théâtre sans s'aventurer à expliciter de quoi ces moyens sont l'expression[1]. Craig semble en permanence osciller entre une exigence définitoire qui nous dirait ce qu'est précisément l'art du théâtre, et une position simplement descriptive se contentant d'indiquer de quels moyens d'expression propres il dispose. Ce qui empêche ces deux visées, définitoire et descriptive, de se rejoindre, c'est bien l'hétérogénéité fondamentale du spectacle théâtral, qui semble puiser dans les arts les plus différents la matière de son expression. Est-ce à dire que le théâtre n'est art de rien du tout ? Non seulement au théâtre les idéaux ne sont pas fixés, mais ces idéaux sont-ils même *ses* idéaux, ou ne sont-ils que des idéaux d'emprunt ?

LA PRÉSENCE VIVANTE DE L'ACTEUR
APPIA

Il apparaît ainsi que le théâtre est, si ce n'est un art, du moins une pratique fondamentalement hybride, qui, tel un manteau d'Arlequin, juxtapose dans un même lieu des arts différents, sans possibilité semble-t-il de les réunir. Faire appel à la figure du metteur en scène ne sert ici de rien, puisqu'elle ne fait que masquer la diversité intrinsèque des moyens d'expression du théâtre sous l'unité d'un nom. Elle s'approprie de manière individuelle une pratique profondément collective. Mais l'unité du spectacle théâtral, au lieu de se faire par le haut, peut aussi se faire par le bas, en tentant de rendre harmonieux ce qui demeure pourtant, de manière indépassable, hétérogène. C'est cette exigence qui commande la démarche du metteur en scène Adolphe Appia (voir *infra*, p. 321-342) : réaliser l'unité du théâtre de manière « organique » (p. 332). Dans le dialogue entre jeu de l'acteur, décor, musique, texte,

---

1. Voir notamment la conclusion du *Premier Dialogue*, sous forme d'énumération (« le mouvement, le décor, la voix », p. 163), qui signe le recul de Craig par rapport aux ambitions proclamées au début du texte.

lumières, etc. peut s'élaborer, de manière toujours très fragile, un art du théâtre qui ne sera pourtant pas l'art de l'écrivain, ni du metteur en scène, ni du décorateur, etc. Sur ce point, Appia diffère radicalement de Craig.

Les points communs entre ces deux auteurs sont pourtant nombreux : importance irréductible du spectacle théâtral, souci de son unité, rôle primordial du mouvement comme vecteur privilégié de cette unité. Tous deux mettent en scène des opéras, genre hybride par excellence, et partagent la recherche d'une même esthétique du spectacle de théâtre, où musique et expression corporelle jouent un rôle prépondérant. De manière plus spécifique, et sous l'influence explicite de Schopenhauer [1], la démarche d'Appia consiste à raisonner sur le théâtre d'abord en musicien : le théâtre a beau être « représentation » théâtrale, pas plus que la musique il n'a à signifier, à figurer ou à donner l'illusion de la réalité. Appia prend pour modèle théâtral les opéras de Wagner, c'est-à-dire des œuvres qui, sans commune mesure avec les opéras de ses prédécesseurs, font s'interpénétrer drame et musique. Texte dialogué, chant, musique ne se distinguent plus comme chez Aristote, mais les dialogues sont chantés et accompagnés en permanence par l'orchestre. Le texte théâtral se présente en ce cas comme une partition, musicale autant que littéraire. Or une partition permet bien de noter la musique mais, à quelques musiciens près, personne ne peut dire qu'il entende la musique en lisant la partition, et surtout la lecture de la partition ne donne pas la musique elle-même, il y faut de manière irréductible l'élément sonore. La partition n'est jamais que le squelette mort d'une musique vivante. Il en va de même pour tout texte de *théâtre* : il y faut impérativement l'élément du spectacle, visuel et sonore, dont les dialogues et les didascalies de la pièce de théâtre ne sont que la structure figée. Et de même que la partition ne

---

1. « La musique, à elle seule, n'exprime jamais le phénomène, mais l'essence intime du phénomène », A. Schopenhauer, *Le Monde comme volonté et comme représentation*, § 52, souvent cité par Appia.

donne pas la signification de la musique jouée, le texte ne donne pas plus le sens du spectacle représenté. Le spectacle théâtral doit être avant tout expressif et musical. Il doit bien manifester une « puissance stylisatrice » (p. 331) mais ne renvoie pas à des idées déterminées pour autant : il est spectacle davantage que représentation.

De même que la partition ne peut devenir musique vivante qu'une fois interprétée par le musicien, la partition théâtrale, pour devenir spectacle *vivant*, réclame donc un interprète. Cet interprète, qui donne vie au théâtre, ce ne peut être personne d'autre que l'acteur :

> Demandons-nous ce que nous venons chercher au théâtre. [...] Au théâtre nous venons assister à une *action* dramatique ; c'est la présence des personnages sur la scène qui motive cette action ; sans les personnages il n'y a pas d'action. L'acteur est donc le facteur essentiel de la mise en scène ; c'est lui que nous venons *voir*, c'est de lui que nous attendons l'émotion, et c'est cette émotion que nous sommes venus chercher. Il s'agit donc à tout prix de fonder la mise en scène sur la présence de l'acteur et, pour ce faire, de le débarrasser de tout ce qui est en contradiction avec cette présence. (p. 326)

Appia paraît ainsi dans un premier temps revenir à une position traditionnelle qui rappelle celle de Hegel : le théâtre comme action dramatique. Mais ce serait méconnaître l'inflexion (on n'ose dire l'intonation) nouvelle que prend l'expression d'« action dramatique » : il s'agit bien de l'*action* dramatique (c'est Appia qui souligne) et non de l'action *dramatique*. L'important est bien qu'il y ait action, exécution, et non que cette action s'inscrive dans une intrigue, un récit ou un conflit. Ce qui est décisif alors, c'est l'exécution et donc l'exécutant, qui ne peut être autre que l'acteur lui-même, au sens fort de l'expression : c'est que quelqu'un agisse, et non le contexte de son action. Là encore, on peut penser à Beckett et aux scènes introductives de *La Dernière Bande*, de *Fin de Partie*, ou encore de *Acte sans paroles I*, non seulement parce qu'il s'agit de scènes muettes, mais encore parce que le contexte historique et géographique est parfaitement absent. Il n'y a non seulement pas de parole, mais pas d'histoire et pourtant quelqu'un est en train d'agir : une simple série d'actes détachés les uns des autres, incapables de former par eux-mêmes une histoire, sans que cela ne demeure fascinant à regarder[1]. Au théâtre, l'exécution, l'action est par elle-même expression. Un homme marche, non comme une sculpture de Giacometti, il marche de manière effective et concrète, et parce que cette action est prise dans le regard d'un spectateur, c'est toute sa dimension d'*acte* effectué par *quelqu'un* qui se dévoile. Même dans le cas de la pièce de Beckett *Pas moi*, où tout le texte est prononcé par un comédien dont on ne voit que la bouche, ou encore pour l'intermède *Souffle*, où l'on n'entend rien d'autre que des cris et des bruits d'inspiration et d'expiration, le théâtre n'existe que par la présence vivante de l'acteur.

En affirmant que le théâtre est art de l'*action*, Appia semble rejoindre Aristote. Pourtant, là encore, on voit Appia renverser presque mot pour mot les formulations de la *Poétique* : « sans les personnages il n'y a pas d'action », et non « sans action il n'y a pas de personnages »[2]. Le théâtre est art de l'acteur, de celui qui réalise effectivement une action, et non art d'une action qui pourrait être détachée de son exécution. Si dans le texte littéraire, ce sont bien les dialogues qui construisent l'action et éventuellement des person-nages, au théâtre ce sont les acteurs qui par leur présence physique imposent d'emblée des personnages avec lesquels il faut compter.

Action, et non geste, acteur, et non Sur-marionnette. On voit alors tout ce qui sépare Appia de Craig, alors que leurs points de départ sont extraordinairement proches. Pour chacun, le théâtre est spectacle visuel et sonore, il emprunte bien plus à la musique et à la danse qu'à la littérature. Mais pour Craig, l'art du théâtre doit

---

1. Appia parle plus loin du « plus haut degré possible de réalité du corps *humain* » (p. 326, nous soulignons).

2. « Ce n'est pas pour imiter les caractères que les personnages agissent ; les caractères, ils les reçoivent, en même temps et par surcroît, en raison de leurs actions », *Poétique* (voir p. 180).

réduire l'action dramatique à un mouvement désincarné, auquel seule la Sur-marionnette, en lieu et place de l'acteur, pourra conférer l'aura dramatique de la mort. Pour Appia, rien ne peut remplacer l'acteur, c'est au contraire lui qu'on vient voir au théâtre, en chair et en os. On pourrait dire en schématisant que pour Craig, le théâtre est spectacle, visuel et d'abord pictural, alors que pour Appia il est spectacle *vivant*, visuel mais d'abord musical.

Mais que devient alors le reste du spectacle, décors, costumes, lumières, etc., si la vie et l'expressivité du théâtre se concentrent dans la présence de l'acteur ? En faisant du théâtre l'art de l'acteur, Appia, à l'instar d'Aristote et de Craig, ne sacrifie-t-il pas à son tour toute une partie de l'expressivité du spectacle théâtral sur l'autel de l'élément qu'il considère le plus essentiel ? Et Appia de dénoncer en effet la place usurpée de la peinture au théâtre, et plus généralement de la décoration, dont les moyens d'expression jurent avec ceux de l'acteur : le jeu de l'acteur et la peinture des décors empruntent des canaux foncièrement différents, ne serait-ce que parce que le corps humain possède trois dimensions, et non deux. Ou encore parce qu'une action se développe dans le temps, alors que la peinture demeure inanimée. Pour éviter la juxtaposition pure et simple de modes d'expression discordants sur la scène du théâtre, il ne faut donc pas hésiter à renoncer aux grandes toiles peintes, et à la peinture en général au théâtre, au bénéfice du seul jeu de l'acteur. La primauté reconnue à cet interprète vivant qu'est l'acteur interdit ainsi de donner une unité *picturale* à la représentation théâtrale. Il n'y a pas de « palette » sur laquelle réunir tous les éléments hétérogènes qui composent le théâtre, contrairement à ce que pense Craig (p. 154)[1].

---

1. Sur fond d'accord sur la place du spectacle au théâtre, les positions de Craig et d'Appia sont parfaitement inverses : la nécessaire homogénéité du théâtre implique la disparition de l'acteur pour Craig, la nécessaire présence de l'acteur implique le renoncement à l'homogénéité du théâtre pour Appia.

Cela n'implique cependant pas qu'Appia entende se passer complètement des moyens d'expression du spectacle autres que l'acteur. La musique en particulier peut selon Appia servir de guide à l'interprétation de l'acteur, alors même qu'elle ne s'accorde pas forcément très bien avec lui, puisque tout son mérite est d'échapper à la figuration, dont l'acteur reste par essence prisonnier. Contrairement à la musique, par la présence de l'acteur, le spectacle théâtral demeure, de manière irréductible, *représentation*. Aussi la tâche de l'acteur sera-t-elle pour Appia de contribuer à rendre le théâtre, non pas entièrement musical, ce qui est impossible, mais le plus musical *possible*, par exemple grâce à une interprétation qui ne passe plus seulement par le texte, mais par le rythme et l'expression de l'ensemble du corps [1]. Il ne s'agira donc pas pour l'acteur de se faire danseur, mais plutôt de respecter davantage le temps musical à travers le rythme de son jeu et de ses mouvements.

Mais pour Appia, si la musique peut guider l'acteur, c'est en revanche l'acteur qui, sur la scène du théâtre, guide les autres moyens d'expression du spectacle. La tâche de la mise en scène sera donc de rendre le reste du spectacle, non pas aussi vivant que l'acteur, ce qui est impossible, mais le plus vivant *possible*, par exemple en préférant un espace architecturé à des toiles peintes, ou en variant l'intensité et la coloration de l'éclairage. Il ne s'agira donc pas de multiplier les changements de décors ou de lumières, ni

---

1. En vérité, cette possibilité était déjà esquissée par Aristote. Prenant acte du décalage qui existe, non pas entre musique et jeu de l'acteur, mais entre art du poète et art de l'acteur, Aristote, plutôt que de devoir se passer totalement d'acteur, envisage lui aussi que l'acteur soit capable de se hisser à la hauteur du texte : « il ne faut pas repousser n'importe quelle gestuelle, si du moins il ne faut pas condamner la danse, mais la gestuelle des acteurs sans valeur », *Poétique*, chap. 26 (voir p. 190). C'est en puisant dans la danse pour Aristote, dans la gymnastique rythmique pour Appia, que l'acteur parviendra à se dégager de la figuration, et à se rapprocher de la légèreté de la littérature pour Aristote, de la musique pour Appia. Mais, alors que la littérature peut éventuellement se contenter de la lecture, il n'en va pas de même pour la musique : de là le rôle, marginal pour Aristote, central pour Appia, de l'acteur au théâtre.

à l'inverse d'abandonner le théâtre à la seule voix et aux seuls gestes de l'acteur. Le théâtre n'a pour vocation ni de réunir tous les arts sur un plateau, ni d'en éliminer toute expressivité à l'exception du jeu de l'acteur. Si l'acteur bride à son profit toute une partie de l'expressivité de la peinture, mais certainement aussi de la musique, de la littérature, de l'architecture, etc., il en exalte aussi la partie qui lui est la plus proche. Ce que l'acteur rend malgré tout possible, c'est ainsi une *hiérarchie* des moyens scéniques : espace scénique, lumière, peinture enfin, viennent dans cet ordre donner consistance et enrichir l'interprétation de l'acteur, à la mesure de la proximité qu'ils entretiennent avec lui [1]. On peut se passer de toiles peintes comme décors. On se passera plus difficilement de lumière, car c'est à travers ses teintes et ses changements que le corps de l'acteur prend vie. On se passera encore moins facilement de scénographie, car c'est à travers l'espace et la manière dont il est structuré que le corps de l'acteur dessine ses évolutions. Le théâtre part de l'acteur, mais parce que l'acteur est toujours au moins un corps, il ne peut devenir expressif qu'en prenant place dans un certain espace, et sous une certaine lumière. Aussi Appia ne dit-il jamais que le théâtre se résume à l'art de l'acteur, parce que l'art de l'acteur repose lui-même sur les possibilités expressives du lieu scénique et théâtral qui se trouve autour de lui. Le théâtre est tout autant un art de l'acteur qu'un art de la mise en scène. Ce n'est pas un art de l'acteur mais un art centré sur l'acteur.

En définitive, la présence de l'acteur est à la fois ce qui rend impossible l'unité par le haut du spectacle théâtral et ce qui permet son unification « organique » par le bas. Car l'acteur est un corps non seulement vivant, mais *humain*, ce qui le distingue radicalement de tous les autres éléments scéniques. Or le corps *humain* est précisément le lieu d'une indétermination profonde : que représente le corps de l'homme ? un esprit ? un animal ? une machine ? etc. Par

---

1. Voir *L'avenir du drame et de la mise en scène*, p. 337-342.

conséquent, si l'acteur ne peut jamais totalement faire corps avec les autres éléments scéniques, c'est en vérité parce qu'il ne fait pas corps avec *lui-même* : l'acteur est trop vivant pour le décor, trop figuratif pour la musique, trop verbal pour la danse, etc. Mais à l'inverse, si l'acteur n'est pas homogène à lui-même, l'acteur peut se rendre homogène à tout. Il peut ainsi faire corps avec l'ensemble du spectacle théâtral, texte, espace, lumière, voix, musique, danse, etc., qui apparaissent comme autant de potentialités du corps humain : parler, se déplacer, chanter, jouer, danser, etc.

Ce que manifeste ainsi l'acteur, c'est que le propre de l'être humain est de ne pas avoir d'essence – ce qui signifie, positivement, qu'il peut les accueillir toutes. Voilà peut-être ce qu'exprime l'hésitation entre les deux termes d'« acteur » et de « comédien » : l'« acteur » est celui qui *fait l'action*, au sens où l'entendait Aristote ; et c'est pourquoi, comme nous l'avons remarqué chez Corneille (voir *supra*, p. 33), ce terme a souvent été pris comme synonyme de « personnage ». L'acteur est donc bien au centre de l'imitation théâtrale ; mais, malgré cette position centrale, ou plutôt en vertu d'elle, il est *insituable*, toujours en dehors de lui-même, irréductible à une essence déterminée. C'est bien pourquoi il peut être confondu avec le personnage. Le terme de « comédien », justement, connote peut-être plus directement cette *duplicité* du théâtre, l'impossibilité d'y saisir *qui* véritablement fait l'action. On comprend désormais que les idéaux du théâtre non seulement ne sont pas fixés, mais qu'ils ne sont pas même *ses* idéaux. C'est que le comédien et le théâtre jouent en permanence à être autres qu'ils ne sont, qu'ils ne vivent que d'emprunts et de masques, qu'il leur est essentiel de ne pas avoir d'essence, mais simplement l'infinie diversité de possibilités que recèle et révèle le corps humain.

Merleau-Ponty disait du peintre qu'il « prête son corps au monde »[1] ; cela signifie qu'il ne voit pas ce qu'il peint depuis une

---

1. *L'œil et l'esprit*, Paris, Gallimard, 1964, p. 16.

subjectivité désincarnée et entièrement maîtresse de ce qu'elle produit, mais plutôt à même son corps, qui est lui-même pris dans les choses visibles, qui est regardé par les choses autant qu'il les regarde – bref, un corps qui n'est ni tout à fait objet, ni tout à fait sujet, qui est plutôt une « chair », c'est-à-dire, selon l'expression du dernier écrit de Merleau-Ponty, une « Visibilité tantôt errante et tantôt rassemblée »[1]... Ces formules magnifiques, qui décrivent si bien le peintre, ne pourraient-elles pas aussi valoir, et d'une manière peut-être plus suggestive encore, pour le comédien ? N'est-il pas l'artiste qui, par excellence, « prête son corps au monde », se sacrifie aux possibilités et aux ambiguïtés de sa propre matière, en renonçant à avoir une totale maîtrise subjective des apparences qu'il offre au public ? N'est-il pas lui aussi, dans sa relation avec tous les éléments hétérogènes du spectacle, dans son absence d'essence, dans la diversité infinie de ses personnages, de tous ces doubles auxquels il donne corps, une subjectivité « tantôt errante et tantôt rassemblée » ?

CONCLUSION

Ainsi, le théâtre ne joue pas avec n'importe quelle apparence sensible, mais avec celle du corps *humain*. C'est bien ce qui inquiétait Platon dès le livre III de la *République* – car le théâtre ne cesse d'interroger ce qu'est l'humain, non en général, non de manière abstraite, mais dans sa *chair*. L'idéal qu'il met en jeu est bien en définitive celui de l'humain, mais il l'incarne à travers les apparences sensibles du corps de l'humain, non pour fixer selon des normes idéales ce qu'est ou ce que doit faire l'être humain, mais au contraire pour jouer de son extrême indétermination. Il démontre la plasticité non du corps humain, mais de l'humain à travers son

---

1. M. Merleau-Ponty, *Le visible et l'invisible*, Paris, Gallimard, 1964, p. 181.

corps : qu'est-ce qui fait d'un corps un corps humain ? Qu'est-ce qui fait qu'un humain est à la fois irréductiblement un corps, et quelque chose de plus qu'un corps, à savoir une chair ? Le théâtre exploite à travers l'acteur cette possibilité qu'a seul le corps humain de n'être jamais seulement un corps mais la manifestation d'un sujet, sans pour autant nous dire *qui* est ce sujet. Voilà précisément le danger du théâtre : on ne peut faire autrement que voir quelqu'un en la personne de l'acteur, mais ce quelqu'un peut être absolument n'importe qui – voire à la limite n'importe quoi –, dans cette *mimicry* effrénée qui est l'instinct fondamental du théâtre. Bien avant que l'idée de subjectivité arrive au premier plan dans la tradition philosophique, c'est déjà ce qui conduisait Platon à critiquer le théâtre : son pouvoir de dissolution de l'âme, et à travers elle, de la Cité.

Tout vient de que le théâtre prend pour matière le corps humain, non comme un matériau ou comme un simple corps, précisément, mais comme une matière *humaine*. Contrairement à ce que souhaitait Craig, le théâtre joue non seulement avec le corps de l'acteur, mais bien avec sa chair, avec ses émotions, ses pensées, son rapport aux autres, avec ce qui fait de lui un humain. C'est pourquoi nous avons souvent réfléchi, dans cette introduction, à ce qu'était la *matière* du théâtre – notamment à partir du sens qu'Aristote a donné à cette notion : la matière, selon lui, est le principe de contingence d'un être, ce qui fait qu'il peut être autrement qu'il n'est, et comme telle, le support de ses possibilités ou *potentialités*. Et plus précisément, ce dont il s'agit au théâtre, c'est la matière *vivante* du corps humain, qui trouve *en elle-même* le principe de son mouvement. Appia retrouve cette idée en affirmant que l'unité du théâtre est *organique*. Mais la matière de l'acteur est, du point de vue de ses potentialités, justement, bien plus qu'une simple matière vivante. Elle est aussi *pensante*, *agissante* et *expressive*, et c'est à ce titre que les principes qui la mettent en mouvement, de l'intérieur, se révèlent aussi riches et divers que mystérieux : ce sont tous ces « fantômes » du théâtre, ces « doubles », ces « idoles », bref, ces « puissances » idéales ou magiques qui sont à l'horizon de la *mimèsis* théâtrale, que les différentes réflexions ici parcourues ne cessent d'approcher, sans jamais parvenir – et pour cause – à vraiment les saisir.

Le théâtre libère et révèle toutes ces possibilités, celles d'un corps proprement humain, et il le fait de la manière la plus ouverte et la moins normative qui soit : en faisant tout simplement *agir* cette matière, en faisant passer la *praxis* avant la *poièsis*. Mais à partir de là, on comprend comment le théâtre a pu être rapproché tour à tour de la littérature, de la danse, de la peinture, ou de la musique. C'est que l'humain ne s'exprime pas simplement par son corps comme support de mouvement, mais en ce qu'il agit, c'est-à-dire en ce qu'il fait preuve de réflexion, de capacité langagière et de toutes les dimensions de l'humain. Mobiliser le corps de l'homme en ce qui fait de lui un homme renvoie précisément à des capacités qui ne sont pas seulement corporelles. Le théâtre est un art de l'acteur et de l'action, mais cela signifie justement non pas que le corps de l'acteur agissant suffise au théâtre, mais que le théâtre est toujours dans le dépassement du corps de l'acteur et du mouvement, que l'acteur, pour pouvoir *agir* à proprement parler, se situe au contraire dans un environnement spatial déterminé, dans une certaine lumière, habillé d'une certaine manière, tentant de tracer une histoire, toujours à la recherche d'un sens et d'un langage articulé pour l'exprimer. Si c'est tout ce qui fait l'humain que mobilise le corps de l'acteur, alors il parlera, dansera, peindra, réfléchira, chantera, etc. Être comédien, c'est justement ne pas être artisan ou guerrier ou philosophe, mais c'est témoigner du fait que l'homme est dans sa chair capable d'une incroyable plasticité, qu'il est bien capable d'artisanat, de guerre ou de philosophie, parce qu'il est capable d'apprentissage, et qu'il reste donc à vie un enfant.

Là réside à la fois la grandeur et la pauvreté du théâtre : prisonnier d'un impossible dépassement d'apparences sensibles contingentes, multiples et hétérogènes, et dans le même temps d'une nécessaire figuration par l'acteur, le plateau du théâtre n'est qu'artifices et conventions autour d'un « pauvre acteur qui se pavane et se démène une heure sur l'estrade » [1]. Mais cette hétérogénéité et cette figuration sont les conditions mêmes d'une incarnation réussie où le théâtre expose tout ce qui fait l'effectivité d'un corps *humain* dans son rapport au monde. Et si le théâtre semble depuis un long moment déjà – peut-être depuis toujours – être en perte de vitesse, marginalisé et condamné à mourir, cela n'est sans doute pas sans rapport avec la place à la fois marginale et centrale de l'homme lui-même. Une fois parvenu à ce point, on a sans doute à la fois tout dit et rien dit : le théâtre ne fait qu'agiter le corps humain et c'est toute l'humanité qu'il vise à travers ce corps et cette agitation. Mais il ne suffit pas d'avoir dit que l'acteur était au centre du théâtre. Pour savoir ce qu'est l'humanité et comment elle s'incarne, il est temps désormais d'aller au théâtre, y faire l'humanité et la regarder se faire. Nous espérons que les textes ici réunis sauront, chacun à leur manière, nourrir chez le lecteur ce désir étrange et si proprement humain de voir notre chair révéler ses possibilités, et jouer avec elles, sur un plateau de théâtre…

Nous remercions très chaleureusement Charlotte Murgier pour sa relecture attentive et ses remarques toujours avisées. Nous remercions aussi Michel Malherbe qui nous a proposé ce projet et qui en a suivi l'élaboration.

Matthieu HAUMESSER
et Camille COMBES-LAFITTE

1. *Macbeth*, Acte V, scène 5.

PLATON
(env. 428-347 av. J.C.)

RÉPUBLIQUE

Le projet d'ensemble de la *République*, dialogue de la maturité (composé vraisemblablement autour de 380-370 av. J.C.), est de réfléchir à une refondation de la Cité sur des normes idéales de vérité, de bien et de justice. Il est remarquable que dans ce propos à l'enjeu politique, la critique de la poésie mimétique, et du théâtre en particulier, occupe une place tout à fait centrale. Elle intervient principalement dans les deux passages que nous reproduisons ici : d'abord dans le livre III, où Platon, s'interrogeant sur l'éducation des citoyens, pointe l'influence néfaste de l'imitation théâtrale, qui dissout la personnalité de celui qui s'y livre – c'est pourquoi le poète mimétique doit (sauf exception) être exclu de la Cité. Ce problème réapparaît ensuite au début du livre X : au moment de porter une vue d'ensemble sur la Cité dont il vient d'établir le projet, Socrate se félicite en particulier d'avoir exclu la poésie mimétique. Il justifie alors à nouveau cette exclusion, et lui donne un sens beaucoup plus profond : l'opposition entre le théâtre et la philosophie est l'opposition de deux parties fonda-mentales de notre âme – celle qui se porte vers les apparences, et celle qui désire le vrai. Si le poète mimétique est si dangereux, c'est parce qu'il sait flatter la première, au détriment de la seconde.

Cependant, au-delà de cette dimension critique, ce texte prend toute sa portée – et toute sa saveur – lorsqu'on garde à l'esprit que les propos qu'échangent Socrate, Adimante et Glaucon sur la poésie mimétique et le théâtre… sont eux-mêmes de la poésie mimétique et du théâtre – un dialogue écrit par Platon… Bien des passages deviennent alors beaucoup plus ambigus, et font signe vers une certaine parenté entre théâtre et philosophie. Mais Socrate, Adimante et Glaucon ne peuvent pas s'en rendre compte – parce qu'il ne sont, précisément, que des personnages…

LIVRE III

– **[392d]** [SOCRATE] Tout ce qu'énoncent conteurs ou poètes, n'est-ce pas en définitive narration d'un passé, d'un présent ou d'un futur ?

– [ADIMANTE] Que font-ils d'autre en effet, dit-il ?

– Et n'est-il pas vrai qu'ils y parviennent avec une narration simple ou bien avec une narration menée soit par imitation soit par un procédé mixte ?

– Sur ce point aussi, dit-il, j'ai à nouveau besoin d'un surcroît de clarté pour comprendre.

– Drôle de maître, dis-je, que celui dont j'ai l'air, et qui semble n'être pas clair : je vais donc, comme les gens qui ne savent pas parler, sans vue d'ensemble, mais **[e]** en isolant une partie, m'efforcer pour toi sur ce point de révéler ce que je veux dire. Alors dis-moi : tu connais les premiers vers de l'*Iliade*, où le poète raconte que Chrysès demande à Agamemnon de relâcher sa fille ? L'autre s'irrite et le premier, après cet échec, **[393a]** élève une supplique hostile aux Achéens et l'adresse à son dieu ?

– Bien sûr que oui.

– Tu sais alors que jusqu'à ces vers : « et il suppliait tous les Achéens, mais surtout les deux Atrides, commandants des armées », le poète parle en personne sans essayer de nous suggérer que le locuteur est un autre que lui ; mais après ce passage il parle **[b]** comme s'il était lui-même Chrysès et tend à nous faire croire le plus possible que ce n'est pas Homère le locuteur, mais le prêtre, en l'occurrence un vieillard. Tout le reste, ou presque, est à l'évidence fabriqué ainsi, récit des mésaventures à Ilion et de celles à Ithaque, et dans l'*Odyssée* tout entière.

– Certes, dit-il.

– Il y a donc récit à chaque discours prononcé, et dans les passages entre les discours.

– Indéniablement.

– Mais quand il prononce un discours comme s'il [c] était un autre, ne dirons-nous pas qu'alors il calque au mieux son expression sur chaque personnage dont il campe l'intervention ?

– Nous le dirons : que fait-il d'autre, en effet ?

– Or se calquer sur l'intonation ou l'allure d'autrui, c'est imiter celui qu'on calque ?

– C'est sûr.

– Eh bien dans ce cas, semble-t-il, c'est par imitation que ce poète et les autres fabriquent leur récit.

– Certes.

– Certes, mais si le poète ne se dissimulait nulle part, chez lui toute la poésie, et le récit avec, se déroulerait sans imitation. [d] Et pour que tu ne dises pas qu'à nouveau tu ne comprends pas, je vais formuler ce que cela donnerait. Si donc Homère, après avoir dit que Chrysès vint porter la rançon de sa fille et supplier les Achéens, et surtout leurs rois, parlait alors non comme s'il était devenu Chrysès mais toujours en tant qu'Homère, tu vois bien qu'il n'y aurait pas imitation, mais simple récit. Voilà à peu près ce que cela ferait (je vais le formuler sans versifier car je n'ai pas la fibre poétique) : « Après sa venue, le prêtre pria [e] qu'à eux les dieux donnent de réchapper à la prise de Troie, et qu'eux lui relâchent sa fille, moyennant rançon et par respect pour son dieu. Lorsqu'il eut dit cela, les autres pieusement consentirent ; mais Agamemnon s'emporta, lui intimant de partir sur le champ et de ne pas revenir, sous peine que son sceptre et les bandelettes du dieu ne le protègent pas ; avant d'être relâchée, sa fille, c'est à Argos, dit-il, qu'elle vieillirait, et avec lui ; et il lui ordonna de partir sans le mettre en colère s'il voulait rentrer [394a] chez lui entier. À ces mots le vieillard prit peur et partit en silence ; mais une fois loin du camp il pria et pria Apollon, convoquant ses épithètes divins, lui rappelant, lui réclamant, si jamais il avait pris grâce aux dons des temples construits ou des victimes sacrifiées, de lui faire la grâce, suppliait-il, de rendre avec ses flèches aux Achéens la monnaie des larmes versées». Voilà, dis-je; mon ami, une narration simple, sans [b] imitation, c'est cela.

– Je comprends, dit-il.

– Comprends alors, dis-je, que le procédé inverse existe aussi : c'est quand on retranche les interventions du poète entre les discours, pour ne garder que les répliques.

– Et je comprends aussi, dit-il, que c'est ainsi dans les tragédies.

– C'est très correct, dis-je, tu as compris; je crois que je vais maintenant te faire une révélation jusqu'à présent impossible : dans la poésie comme dans la fiction, il y a un art [c] qui recourt entièrement à l'imitation : c'est, comme tu dis, la tragédie, et la comédie; un autre recourt à l'énonciation personnelle du poète: on en trouverait surtout dans certains dithyrambes. Un autre enfin recourt aux deux procédés à la fois : dans la poésie épique, et bien ailleurs, si tu me comprends.

– Voilà, je perçois, dit-il, ce qu'alors tu voulais dire.

– Rappelle-toi donc aussi ce qui précédait : ce dont il faut parler, affirmions-nous, est désormais traité; mais comment il faut le dire reste encore à examiner.

– Voilà, je me rappelle.

– Voici quand même précisément ce que je disais : [d] qu'il fallait convenir si nous laisserions les poètes imiter pour nous fabriquer leurs récits ou alors parfois imiter, parfois pas, et dans les deux cas quand, ou bien ne pas imiter du tout.

– Je suppute, dit-il, que tu examines si nous admettrons tragédie et comédie dans la cité ou si là aussi ce sera non.

– Peut-être, dis-je, mais peut-être aussi plus que cela encore : car pour l'instant, à dire vrai, je ne le sais pas; mais où que notre propos, comme un souffle, porte, il faut y aller.

– Et tu le dis vraiment bien, dit-il.

– [e] À présent, Adimante, concentre-toi là-dessus : est-ce que nous avons besoin que nos gardiens soient des imitateurs ou pas?

Ou les remarques précédentes n'entraînent-elles pas aussi que chacun ne peut bien pratiquer qu'une seule pratique, pas plusieurs, et qu'à vouloir mettre la main à plusieurs on les rate toutes, si du moins on vise à faire parler de soi.

– Il n'en sera pas autrement.

– Donc pour l'imitation aussi c'est le même raisonnement : un même homme n'est pas capable d'imiter plusieurs choses aussi bien qu'une seule.

– En fait non, en effet.

– Rien ne servira de [**395a**] s'activer à des activités méritoires en même temps que d'imiter beaucoup et de faire l'imitateur ; car, entre nous, pour les deux imitations qui sont apparemment voisines l'une de l'autre, les mêmes hommes ne sont déjà pas capables de mener de front une imitation crédible : preuve en est quand ils fabriquent de la comédie et de la tragédie ; c'est bien imitations, n'est-ce pas, qu'à l'instant tu appelais ces deux pratiques ?

– Je l'avoue ; et tu dis ma foi vrai, que les mêmes n'en sont pas capables.

– Pas plus en fait que d'être à la fois rhapsode et acteur.

– C'est vrai.

– Et que les acteurs chez les auteurs comiques et tragiques ne sont pas [**b**] les mêmes non plus ; et tout cela pourtant ce sont des imitations, ou pas ?

– Ce sont des imitations.

– Et c'est de pièces plus petites encore, Adimante, que la réalité humaine me paraît composée ; ce qui rend incapable de bien imiter plusieurs choses, ou d'accomplir les choses mêmes, à partir des imitations qui prétendent s'en approcher.

– Absolument vrai, dit-il.

– Alors, si nous voulons préserver l'argument initial que nos gardiens, débarrassés de toute autre tâche, doivent être des artisans [**c**] très minutieux de la liberté de la cité et ne s'activer qu'à ce qui s'y rapporte, il faut donc qu'ils ne fassent rien d'autre et qu'ils n'imitent pas ; si néanmoins ils imitent, qu'ils imitent les qualités qui leur profitent, et ce dès l'enfance, et soient virils, nuancés, pieux, libres, et tout ce qui va avec, et qu'ils ne fassent ni ne soient habiles à imiter ce qui aliène, ni rien d'autre qui avilit, afin qu'après l'imitation ils ne prennent pas plaisir à la chose : ne ressens-tu pas [d] que les imitations, si on en poursuit tout jeune et longtemps l'habitude, se constituent en seconde nature autant pour le corps et les inflexions de la voix que pour l'état d'esprit ?

– Certes oui, dit-il.

– Non, nous ne permettrons pas, dis-je, que ceux dont nous prétendons prendre soin et à qui nous affirmons qu'ils doivent devenir hommes de bien, imitent, alors qu'ils sont des hommes, une femme, jeune ou plus âgée, qui injurie un homme, ou querelle les dieux à pleine gorge parce qu'elle se croit heureuse, ou dans le malheur passe aux plaintes [e] et aux lamentations ; et nous serons bien loin aussi de les laisser imiter une femme en souffrance, amoureuse ou en couches.

– Bien sûr que non, dit-il.

– Ni des esclaves, mâles et femelles, dans toutes leurs actions d'esclaves.

– Non plus.

– Ni évidemment des hommes mauvais, lâches et faisant le contraire de ce que nous disions tout à l'heure, qui s'insultent en public, se calomnient les uns les autres, et profèrent des obscénités, qu'ils soient ivres ou à jeun ; [396a] ni tout ce à quoi cette engeance se laisse aller, en paroles et en actes, envers elle et les autres ; et je crois qu'il ne faut pas non plus qu'ils s'accoutument à singer la folie ni en paroles ni en actes ; car s'ils doivent savoir reconnaître la folie et la méchanceté chez les hommes et les femmes, ils ne doivent faire ni imiter aucun de ces comportements.

– C'est très vrai, dit-il.

– Qu'en est-il, dis-je, des forgerons ou autres artisans, des rameurs de trières ou de leurs donneurs d'ordres, et des autres travailleurs de ce genre : doivent-ils imiter [b] leurs gestes ?

– Et en quel honneur, dit-il? Eux qui auront interdiction de prêter la moindre attention à aucun de ceux-là?

– Et le hennissement des chevaux, le mugissement des taureaux, le bruissement des rivières, le fracas de la mer, le tonnerre et tous les sons de ce genre, les imiteront-ils?

– Non : on leur a ôté, dit-il, la permission de faire les fous et de contrefaire ceux qui le sont.

– Alors, dis-je, si je comprends ce que tu dis, il y a une forme de propos et de narration qu'emprunte pour son récit l'authentique honnête [c] homme dès qu'il a à parler; et il existe une seconde forme, qui ne s'y apparente guère : c'est toujours elle que prend pour son récit l'homme né et élevé à l'opposé de l'autre.

– De quoi ont-elles donc l'air, dit-il?

– Il me semble, dis-je, qu'un homme mesuré, quand son récit en vient à tel propos, à telle action d'un honnête homme, s'en fera de bon cœur le messager, comme s'il était lui-même celui-là, sans rougir d'une telle imitation, surtout si elle reproduit une action ferme et réfléchie [d] de l'honnête homme; il sera moins souvent enclin à le faire avec un homme abattu par les maladies, les amours, l'ivrognerie ou un autre coup dur; et lorsqu'il traitera d'un homme indigne de lui, il ne mettra pas volontiers son zèle à contrefaire cet être de moindre valeur, sinon bien sûr un court instant, en train de faire quelque chose de bien; et encore en rougira-t-il, autant parce qu'il n'est pas exercé à imiter des gens pareils, que parce qu'il lui est pénible de se placer en empathie avec le genre d'hommes infé-rieur au sien : [e] car au fond il n'a pas d'estime pour cette activité, sauf à titre de distraction.

– C'est évident, dit-il.

– Il aura donc recours à une narration du genre de celles que nous décrivions tout à l'heure à propos des chants d'Homère; et ce qu'il dira se partagera entre l'une et l'autre manière, imitation et narration simple, mais avec une petite part d'imitation dans beaucoup de discours. Ou bien je parle pour ne rien dire?

– Pas du tout, dit-il, c'est bien ainsi qu'il faut que soit un tel orateur.

– Et ce sera l'inverse pour qui n'est pas [**397a**] ainsi : plus il sera vil, plus il imitera tout et croira que rien n'est indigne de lui, au point qu'il se mettra à tout imiter avec zèle même face à des foules, y compris les objets que nous évoquions tout à l'heure : tonnerre, bruit du vent, de la grêle, des essieux, des poulies, des trompettes, des flûtes, des flûtes de Pan et tous les sons des instruments, avec des cris de chiens, de moutons et d'oiseaux en supplément ; tout ce qu'il dira, crois-moi, passera par [**b**] de l'imitation, avec force voix et gestes, et le récit aura droit à la portion congrue.

– J'en ai bien peur, dit-il.

– Voilà, dis-je, les deux formes de discours que je voulais évoquer.

– En effet, dit-il.

– Or la première des deux n'implique que de petits changements : s'il donne à son propos l'harmonie et le rythme adaptés, un locuteur rigoureux peut parler en conservant une harmonie homogène et unique – car les variations sont faibles – et sur un rythme [**c**] au fond presque constant.

– Oui, dit-il, il en va exactement ainsi.

– Mais voyons : l'autre forme ne sollicite-t-elle pas le contraire, toutes les harmonies, tous les rythmes, si elle vise l'expression juste, puisque ses changements impliquent de grandes variétés de formes ?

– C'est tout à fait ainsi.

– Mais tout le monde, du poète au simple individu qui s'exprime, aboutit à l'un ou l'autre de ces types d'expression ou à un cocktail des deux.

– Nécessairement, dit-il.

– [**d**] Qu'allons-nous faire alors ? dis-je ; admettrons-nous dans la cité tous ces types, seulement un de ceux dépourvus de mélange ou celui qui provient d'un mélange ?

– Si ma voix l'emporte, dit-il, le type qui imite ce qui est décent sans faire de mélange.

– Pourtant, Adimante, le type mélangé est bien agréable ; et le plus agréable, et de loin, aux enfants, aux maîtres des enfants et au gros de la foule est le type opposé à celui que tu choisis.

– C'est le plus agréable, en effet.

– Mais peut-être, dis-je, pourrais-tu dire qu'il ne s'harmonise [e] pas avec notre régime, puisqu'il n'y a pas chez nous d'homme double, ni multiple, vu que chacun n'y accomplit qu'une activité.

– Non, en effet, il ne s'harmonise pas avec lui.

– C'est donc pour cela qu'une telle cité est la seule où nous trouverons un cordonnier qui soit cordonnier, et pas pilote en plus de la cordonnerie, un cultivateur qui soit cultivateur, et pas juge en plus de l'agriculture, un militaire qui soit militaire et pas homme d'affaires en plus de l'armée, et ainsi de suite pour tout le monde ?

– C'est vrai, dit-il.

– Alors selon toute apparence, si un homme, muni du talent [398a] d'adopter toute forme et d'imiter tout objet, nous arrivait dans la cité dans l'intention de s'exhiber avec ses poèmes, nous le saluerions à genoux comme un être sacré, merveilleux et exquis, mais nous dirions qu'il n'y a pas d'homme comme lui chez nous dans la cité et qu'il n'est pas permis qu'il y en ait, et nous l'enverrions dans une autre cité, après avoir versé la myrrhe sur sa tête et l'avoir couronné de laine ; nous, nous aurions recours à un poète ou un conteur [b] plus austère, moins plaisant, choisi pour son utilité : il nous imiterait le langage de l'homme comme il faut et s'exprimerait dans le genre de langue que nous avons instaurée pour commencer, quand nous avons entrepris d'éduquer les guerriers.

– C'est bien ainsi, dit-il, que nous ferions, si cela dépendait de nous.

– À présent, mon ami, dis-je, il y a des chances que nous ayons totalement parcouru le domaine de l'art des Muses qui touche aux discours et aux histoires : car nous avons traité ce qu'il faut dire, et comment il faut le dire.

– Je le crois moi aussi, dit-il. […]

LIVRE X

–[**595a**] [Socrate] En fait, quand je songe à la cité, les arguments abondent pour juger que nous l'avons fondée le plus solidement du monde, mais ce n'est pas le moindre que j'ai à l'esprit quand je parle de création poétique.

–[Glaucon] Peux-tu préciser ? dit-il.

–Je parle de refuser catégoriquement toute sa dimension imitative : car la nécessité de ce refus total apparaît, je crois, [**b**] d'autant plus clairement, à présent qu'ont été successivement séparés et distingués les aspects de l'âme.

–Que veux-tu dire ?

–De vous à moi (car vous n'allez pas me dénoncer aux faiseurs de tragédie ou à tous ces autres imitateurs), tout ce genre d'œuvres semble être une ruine pour l'esprit de ceux qui les écoutent, et qui n'ont pas tous pour vaccin de les connaître telles qu'elles sont profondément.

–Qu'as-tu donc à l'esprit pour parler ainsi ?

–Ce doit être dit, dis-je : oui, malgré une affection et un respect d'enfant pour Homère qui m'empêchent de parler. Car il semble [**c**] avoir été le premier maître et le guide de tous ces beaux poètes tragiques. Mais il ne faut pas honorer un homme au détriment de la vérité ; alors, comme je viens de dire, ce doit être dit.

–C'est certain, dit-il.

–Écoute bien, ou mieux : réponds-moi.

–Interroge.

–Pourrais-tu me dire ce qu'est au fond l'imitation ? Car moi-même, en fait, je ne conçois pas du tout ce qu'elle veut être.

–Ça alors, dit-il, et c'est à moi de le concevoir !

–Il n'y aurait vraiment rien d'étonnant, dis-je : bien souvent ceux qui ont la vue basse [**596a**] voient avant ceux qui ont l'œil perçant.

– Oui, dit-il, c'est ainsi ; mais en ta présence je ne saurais avoir le cœur de parler, même si quelque chose m'apparaît évident ; allons, vois toi-même.

– Si tu veux bien, nous commencerons donc ici notre examen, selon la méthode habituelle ; car nous avons l'habitude de poser une forme unique correspondant à chaque ensemble d'objets auxquels nous attribuons le même nom. Comprends-tu ?

– Je comprends.

– Hé bien, posons donc une fois encore n'importe lequel de ces ensembles. Par exemple, disons, si tu veux bien, qu'il existe beaucoup de lits [**b**] et de tables.

– Comment le nier ?

– Mais des idées qui correspondent à ces meubles, il n'y en a que deux : l'idée de lit et l'idée de table.

– Oui.

– Et nous avons aussi l'habitude de dire que les fabricants de chacun de ces meubles façonnent, l'un les lits, l'autre les tables que nous utilisons, avec l'idée en ligne de mire, et c'est pareil pour tous les autres objets ; car aucun artisan ne fabrique l'idée elle-même ; [**c**] comment le pourrait-il, en effet ?

– Aucunement.

– Alors vois donc encore comment tu appelles cet ouvrier.

– Lequel ?

– Celui qui crée toutes les choses que chaque artisan fabrique ensuite avec ses mains.

– Tu parles là d'un être vraiment [**d**] habile et admirable.

– Attends un peu et tu en diras vite plus. Car c'est lui-même, cet « artisan », qui non seulement est à même de fabriquer tout meuble mais fait aussi tout ce qui pousse de la terre, façonne tout ce qui vit, et jusqu'à lui-même ; ajoutons qu'il façonne terre, ciel, dieux, tout être dans le ciel et sous terre au royaume d'Hadès, sans exception.

– Tu parles là, dit-il, d'un bien étonnant génie.

– Tu n'y crois pas ? dis-je. Alors dis-moi : es-tu vraiment certain qu'un tel fabricant n'existe pas, ou plutôt que d'une certaine façon un créateur absolu peut exister et d'une autre façon non ? Tu ne sens donc pas que même toi tu pourrais créer tout cela, du moins d'une certaine façon ?

– Et quelle est, dit-il, cette façon ?

– Elle n'est pas compliquée, dis-je, on se la fabrique même en maints lieux et vite ; très vite en fait si tu veux bien prendre un miroir et le faire tourner partout autour de toi ; aussitôt tu créeras le soleil [e] et ce qui est au ciel, aussitôt tu créeras la terre, aussitôt tu te créeras toi-même et les autres animaux, et les meubles, et les plantes, et tout ce dont à l'instant on parlait.

– Oui, dit-il, mais des apparences, pas des choses véritablement réelles.

– Parfait, dis-je, par cette remarque tu en viens au point clé. Le peintre aussi appartient, je crois, à cette espèce de créateurs, non ?

– Incontestablement.

– Mais tu diras, je pense, qu'il ne crée pas vraiment ce qu'il fait. Pourtant, d'une certaine façon du moins, le peintre aussi crée un lit, non ?

– Oui, dit-il, une apparence de lit, lui aussi.

– Et le fabricant de lit ? Ne disais-tu pas tout à l'heure [597a] qu'il ne crée pas la forme, que nous tenons pour l'être du lit, mais un lit particulier ?

– Je le disais, en effet.

– Donc s'il ne crée pas de l'être, il ne saurait créer l'être de l'objet mais quelque chose qui relève de l'être, mais n'est pas de l'être ; et si quelqu'un affirmait que l'œuvre du facteur de lit ou de quelque autre artisan est la réalité absolue, il risquerait bien de ne pas dire vrai ?

– C'est en tout cas ce que croiraient les spécialistes d'un tel sujet.

– Et nous ne saurions nous étonner que cette œuvre n'ait pas le caractère d'évidence de la vérité.

– [b] Non, en effet.

– Veux-tu maintenant, dis-je, qu'avec ces mêmes exemples nous allions chercher cet imitateur pour découvrir ce qu'il peut être ?

– Si tu veux, dit-il.

– Ces lits existent de trois façons : l'une est celle du lit à l'état originel, dont, je crois, nous pourrions affirmer qu'il fut l'œuvre d'une divinité ; ou sinon, de qui ?

– À mon avis, de personne.

– Une autre est celle du lit du menuisier.

– Oui, dit-il.

– Et l'autre est celle du lit du peintre, n'est-ce pas ?

– Soit.

– Ainsi, peintre, facteur de lit, divinité, ils sont trois à présider à trois formes de lits.

– Oui, trois.

– Or la divinité, soit [c] qu'elle n'ait pas voulu, soit qu'une nécessité quelconque lui ait imposé de ne pas façonner plus d'un lit original, n'en a ainsi créé qu'un, et c'est celui-là qui est lit en soi : la divinité n'a pas produit deux lits de cette sorte, ou davantage, et elle n'en produira pas.

– Pourquoi donc ? dit-il.

– Parce que, dis-je, si elle en créait ne serait-ce que deux, il en paraîtrait de nouveau un dont ces deux-là tireraient leur forme, et ce serait lui le lit en soi, et pas les deux autres.

– C'est logique, dit-il.

– Cela, la divinité le savait bien, elle qui, voulant [d] être l'auteur authentique du lit authentique, et pas l'auteur d'un lit quelconque ou un quelconque faiseur de lit, l'a produit unique par nature.

– On dirait.

– Veux-tu alors que nous l'appelions créateur original de cet objet, ou quelque chose de ce genre ?

– Oui, ce serait juste, dit-il, puisque c'est bien originalement qu'elle a créé cet objet et tout le reste.

– Mais quel nom donner au menuisier ? Celui d'artisan de lit, non ?

– Oui.

– Et le peintre, l'appellerons-nous aussi artisan ou créateur de ce genre d'objet ?

– Sûrement pas.

– Alors que diras-tu qu'il est par rapport au lit ?

– Il me semble, dit-il, [e] que le terme le plus approprié pour l'appeler serait celui d'imitateur de ce dont ceux-là sont les artisans.

– Admettons, dis-je : tu nommes donc imitateur celui qui opère une troisième création à partir de la nature ?

– Exactement, dit-il.

– Ce sera aussi valable pour le faiseur de tragédies, imitateur s'il en est, puisqu'il est placé pour ainsi dire au troisième rang dans la nature après le roi et la vérité, comme tous les autres imitateurs d'ailleurs.

– Il risque bien d'en être ainsi.

– Nous voilà donc d'accord sur l'imitateur. Mais parle-moi [598a] du peintre : crois-tu qu'il choisit d'imiter l'être original de chaque chose ou les œuvres des artisans ?

– Les œuvres des artisans, dit-il.

– Comme elles sont ou comme elles paraissent ? Car tu dois faire encore cette distinction.

– Comment veux-tu que je fasse ? dit-il.

– Comme ceci : est-ce qu'un lit diffère de lui-même selon qu'on l'observe de côté, de face ou d'un autre angle, ou, sans être en rien différent, change d'apparence ? Et n'est-ce pas pareil pour les autres choses ?

– Oui, dit-il : l'apparence change, mais rien ne diffère.

– Examine maintenant [b] ceci : pour quel objectif la peinture a-t-elle été créée, relativement à chaque chose : pour imiter ce qui est, tel qu'il est, ou ce qui paraît, tel qu'il paraît ? Est-elle imitation d'apparence ou de vérité ?

– D'apparence, dit-il.

– L'imitation est donc bien loin du vrai ; il semble qu'elle s'applique à tout mais n'atteint qu'une parcelle de chaque chose : son aspect visible. Ainsi le peintre, affirmons-nous, nous peindra un cordonnier, un charpentier, les autres artisans, sans rien [c] entendre à leur art ; et cependant, si c'est un bon peintre, sa peinture d'un charpentier, montrée de loin, abusera enfants et gens sans cervelle en leur faisant croire que c'est vraiment un charpentier.

– Aucun doute.

– Eh bien, mon ami, voici, je crois, ce qu'il faut penser de tout cela : quand quelqu'un vient nous dire qu'il a rencontré un homme sachant tous les métiers dans les moindres détails connus de chacun, sachant mieux [d] que n'importe qui la moindre chose, il faut répondre à ce monsieur qu'il est un homme naïf, et qu'il est sans doute tombé sur un charlatan ou un imitateur qui l'a abusé au point de lui sembler omniscient, parce que lui-même ne sait pas séparer le savoir du manque de savoir et de l'imitation.

– C'est très vrai, dit-il.

– Alors, dis-je, il faut examiner à présent la tragédie et Homère, qui en est le patron, puisque nous entendons certains dire que les gens comme lui connaissent tous les arts [e], toute la palette des qualités et des défauts humains, et même le secret des dieux ; car le bon poète, s'il veut que sa création soit réussie dans son domaine, se doit de créer en toute conscience, ou sinon il n'est pas à même de créer. Il faut donc examiner si ces individus-là, en tombant sur ces imitateurs-ci, n'ont pas été abusés, et si, à la vue [599a] de leurs œuvres, ils ne s'aperçoivent pas qu'elles sont triplement séparées de l'être, et aisées à créer sans connaître la vérité – car ils créent des illusions, non des êtres –, ou s'ils ont raison et si les bons poètes savent vraiment ce dont le grand nombre croit qu'ils parlent bien.

– C'est tout à fait, dit-il, la question qu'il faut résoudre.

– Crois-tu vraiment que si quelqu'un pouvait créer l'un et l'autre, l'objet de l'imitation et l'image, il se laisserait sérieusement aller à confectionner des images et mettrait cette activité au centre [b] absolu de sa vie ?

– Il me semble que non.

– À mon avis, s'il connaissait à fond les choses qu'il imite, il mettrait beaucoup plus son sérieux à faire des choses que des imitations, il essaierait de léguer en témoignage de lui quantité de belles réalités et préférerait être loué plutôt que laudateur.

– Je le crois, dit-il; car l'estime et le profit seraient d'un tout autre ordre. […]

– [601d] Pour chaque chose il y a trois arts : celui de s'en servir, celui de la créer, celui de l'imiter.

– Oui.

– Et par quoi valent perfection, beauté et rectitude de chaque matériel, animal ou action, sinon par l'usage pour lequel l'art ou la nature a créé chacun ?

– En effet.

– Alors il faut absolument que celui qui se sert de chacun d'eux soit un parfait expert, et communique au fabricant la bonne et la mauvaise méthode pour les créer utiles à l'usage : par exemple un flûtiste renseigne un facteur de flûtes sur les flûtes qui lui servent [e] à jouer de la flûte; il indique comment il doit les fabriquer et l'autre le sert.

– Absolument.

– Celui qui sait est donc le conseiller en bonne ou mauvaise qualité de flûtes, et c'est en se fiant à lui que l'autre les fabriquera ?

– Oui.

– Alors, pour le même objet, le fabricant aura une idée juste de sa bonne ou mauvaise qualité s'il fréquente le connaisseur et s'astreint à écouter [602a] l'avis venant du connaisseur, mais c'est celui qui a l'usage qui aura la science.

– Tout à fait.

– Et l'imitateur, aura-t-il parce qu'il s'en sert la science des choses qu'il peint, de leur beauté, de leur justesse éventuelles, ou seulement une idée correcte de comment il faut les peindre, soumise à la fréquentation du connaisseur et à ses prescriptions ?

– Ni l'une ni l'autre.

– Ainsi l'imitateur n'aura ni connaissance ni opinion correcte de la beauté ou des défauts des choses qu'il imite.

– Il semble que non.

– Il a tout pour plaire, l'artiste imitatif, avec son savoir sur les choses qu'il crée !

– Pas vraiment.

– Mais [b] il imitera quand même, sans savoir ce qui rend chaque chose médiocre ou valable ; et c'est probablement d'après ce qui paraît beau à la multitude, qui ne sait rien, qu'il fera son imitation.

– Que pourrait-il faire d'autre, en effet ?

– Nous voilà d'évidence en parfait accord là-dessus : l'imitateur n'a pas la moindre idée de ce qu'il imite et l'imitation est un enfantillage inconséquent ; ceux qui touchent à la poésie tragique en ïambes et en vers épiques sont tous des imitateurs invétérés.

– Certainement.

– [c] Mais, par Zeus, dis-je, cette activité d'imiter a à voir avec le troisième degré d'éloignement de la vérité, non ?

– Si.

– Et sur quelle part de l'ensemble humain se trouve-t-elle exercer le pouvoir qu'elle exerce ?

– De quoi veux-tu parler ?

– De ceci : la même grandeur, vue de près ou de loin, ne nous paraît pas égale.

– Non, en effet.

– Et les mêmes objets, observés dans l'eau ou dehors, ont l'air tordu ou droit, ou bien creux ou bombé à cause d'une autre illusion d'optique relative aux couleurs, et tout cela [d] est une évidente source de trouble dans notre âme ; exploitant précisément cette faiblesse de notre nature, la peinture et ses trompe-l'œil n'ont rien à envier à la magie, à l'instar des numéros d'adresse et de bien d'autres inventions de ce genre.

– C'est vrai.

– Et pour en guérir, la mesure, le calcul et la pesée n'ont-ils pas paru d'excellents baumes, propres à remplacer en nous l'emprise de l'apparence, qui rend plus grand ou plus petit, plus nombreux ou plus lourd, par le règne du jugement fondé sur le nombre, le mètre et le poids?

– On n'en peut douter, en effet.

– [e] Mais voilà une tâche qui relève de la faculté de juger, qui est dans l'âme !

– Elle en relève bien, en effet.

– Or, il est fréquent que simultanément pour les mêmes choses des éléments contradictoires apparaissent à cette faculté, censée par la mesure communiquer la grandeur, la petitesse ou l'égalité des objets les uns par rapport aux autres.

– Oui.

– Nous avons bien affirmé qu'il était impossible au même d'avoir simultanément des opinions contraires sur les mêmes choses?

– Et nous avons bien eu raison de l'affirmer.

– [603a] L'élément de l'âme qui donne une opinion nettement à l'écart des mesures ne saurait être le même que celui qui opère selon les mesures.

– Non, en effet.

– Mais l'élément qui se fie à la mesure et au raisonnement serait assurément ce que l'âme a de meilleur.

– Assurément.

– L'élément qui s'oppose nettement à lui ferait partie de ce qui est défaillant en nous.

– Nécessairement.

– C'est bien parce que je voulais qu'on en convienne que je disais que la peinture, et la pratique de l'imitation en général, accomplit une œuvre éloignée de la vérité, et qu'en fréquentant la part de nous éloignée de la raison [b] elle n'est compagne et amie de rien de sain ni de vrai.

– Tout à fait, dit-il.

– Défectueux, s'unissant à du défaillant, l'art d'imiter engendre alors des défauts.

– Semble-t-il.

– Est-ce seulement l'art lié à la vue, dis-je, ou également l'art lié à l'ouïe, que nous nommons poésie ?

– Celui-là également, semble-t-il.

– Eh bien, dis-je, ne nous fions pas seulement à ce qui se révèle à partir de la peinture, allons aussi sur ce domaine de la [c] pensée que fréquente la poésie imitative, et voyons son défaut ou son mérite.

– Oui, il le faut.

– Posons donc ainsi le problème : cet art imitatif imite des hommes contraints ou désireux d'accomplir des actions, après l'action croyant avoir réussi ou échoué, et éprouvant souffrance ou joie pendant chaque acte. Y a-t-il autre chose en plus de cela ?

– Non, il n'y a rien.

– Est-ce qu'un homme garde dans toutes ces situations un état d'esprit identique ? [d] Ou est-ce que, de même qu'il éprouvait une dissension dans sa vision et avait en lui des opinions contradictoires simultanément sur les mêmes objets, de même il éprouve aussi dans ses actes une dissension, et il se livre un combat à lui-même ? Mais je me rappelle que nous n'avons nullement besoin désormais de nous mettre d'accord là-dessus ; car nous sommes suffisamment tombés d'accord sur tout cela dans nos précédents propos, en disant que notre âme est grosse de mille contradictions de ce genre qui s'y présentent en même temps.

– C'est juste, dit-il.

– C'est en effet juste, dis-je ; mais à présent [e] je crois nécessaire de développer un point qu'alors nous avons omis.

– Lequel, dit-il ?

– Quand c'est un homme de valeur qui a été frappé par le malheur de perdre un enfant ou l'être auquel il tient le plus, nous disions qu'il le supporterait moins difficilement que les autres.

– Oui, tout à fait.

– Maintenant examinons ceci : est-ce qu'il ne sera nullement éprouvé, ce qui est impossible, ou est-ce qu'il se modérera un peu face à sa peine ?

– C'est plutôt ainsi, dit-il, qu'est le vrai.

– [604a] Parle-moi maintenant de lui : crois-tu qu'il combattra et affrontera sa peine quand il sera vu par ses pairs ou quand il sera isolé et seul face à lui-même ?

– C'est quand il sera vu, dit-il, qu'il changera beaucoup.

– Installé seul, je crois qu'il osera beaucoup de gémissements qu'il rougirait qu'on entende, et qu'il fera beaucoup de gestes qu'il ne laisserait personne le voir accomplir.

– C'est cela, dit-il.

– Or ce qui lui commande de faire face, c'est la raison et la loi, et ce qui l'attire [b] vers les peines, c'est la souffrance elle-même ?

– C'est vrai.

– Mais quand pour la même chose l'homme est poussé simultanément en des sens opposés, nous affirmons qu'il y a nécessairement en lui deux éléments.

– Comment ne pas l'affirmer ?

– Or l'un des deux est résolu à obéir à la loi, où que la loi l'amène, non ?

– Comment cela ?

– La loi dit qu'il est très bon de rester le plus calme possible dans les malheurs et de ne pas s'emporter, puisqu'en pareilles circonstances le bon et le mauvais ne sont pas clairs, qu'une mauvaise réaction ne fait en rien aller de l'avant, qu'aucune affaire humaine ne [c] mérite un grand zèle et que ce qui doit au plus vite nous seconder dans ces matières est entravé par notre peine.

– De quoi, dit-il, parles-tu ?

– De la réaction à l'égard du passé, dis-je ; comme au jeu de dés, on se refait d'un mauvais coup par un autre lancer, en suivant la voie que la raison choisit comme la meilleure, sans crier en vain, comme des enfants, si l'on prend un coup, en tenant sa blessure, mais en accoutumant toujours son âme à hâter le plus possible [d] la guérison et à redresser ce qui est tombé et qui est malade, en effaçant le gémissement par l'art de guérir.

– Oui, ce serait la façon la plus correcte de faire face aux coups du sort.

– Or c'est le meilleur de nous qui veut suivre ce raisonnement.

– Évidemment.

– En revanche, ce qui conduit à se rappeler la souffrance et à se lamenter insatiablement, ne le dirons-nous pas déraisonnable, paresseux et ami de la lâcheté ?

– Nous le dirons.

– Or ce qui permet nombre d'imitations variées, [e] c'est la partie irascible, tandis que le tempérament sensé et tranquille, étant toujours presque égal à lui-même, n'est ni facile à imiter, ni aisé à concevoir si on l'imite, surtout pour un public d'hommes de toutes sortes réunis dans des théâtres : car cette imitation procède d'une façon de sentir qui leur est étrangère.

– [605a] Absolument.

– Il est bien évident que le poète imitateur n'est pas naturellement porté vers cette partie de l'âme et que son savoir-faire n'est pas attaché à satisfaire celle-ci, s'il vise les applaudissements de la foule ; il est au contraire porté vers le caractère irascible et changeant, qui s'imite facilement.

– C'est évident.

– Il serait donc juste de nous attaquer désormais à lui et de le mettre dos à dos avec le peintre : car il lui ressemble par la faiblesse de ses créations relativement à la vérité ; et, par sa fréquentation, non pas de la meilleure partie de l'âme, mais de l'autre, [b] qui est faible elle aussi, par là également il s'apparente à lui. Et ainsi, désormais, c'est avec justice que nous ne l'accepterions pas dans une cité destinée à recevoir de bonnes lois, parce qu'il réveille cet élément de l'âme, le nourrit, le renforce et en détruit la part raisonnable, comme dans une cité lorsqu'en renforçant la puissance des méchants on trahit la cité et cause la perte des gens les plus aimables; c'est pareil pour le poète imitateur : nous dirons qu'il implante un mauvais régime dans l'âme unique de chacun, parce qu'il flatte ce qui n'est pas réfléchi chez elle, qui ne reconnaît pas les choses plus grandes [c] et plus petites mais considère les mêmes choses tantôt grandes tantôt petites; et parce qu'il fait des images d'images et se tient tout à fait loin de la vérité.

– Oui, tout à fait.

– Pourtant nous n'avons pas encore formulé la plus grande accusation contre la poésie. C'est en effet sa capacité à nuire aussi aux honnêtes gens, qui en épargne très peu, qui est en fait vraiment terrible.

– Cela ne manquera pas, si du moins c'est là son effet.

– Écoute et examine. Quand en effet les meilleurs d'entre nous prêtent l'oreille à Homère, ou à un autre faiseur de tragédies, [d] en train d'imiter quelque héros dans la douleur qui débite une longue tirade entrecoupée de gémissements, ou d'autres qui chantent en se cognant la poitrine, tu sais que nous aimons cela, que nous nous laissons aller à le suivre avec sympathie et que nous louons sérieusement comme un bon poète celui qui sait le plus nous placer dans de telles dispositions.

– Je le sais ; comment ne pas le savoir ?

– Mais quand un deuil personnel arrive à l'un de nous, tu sais pertinemment qu'à l'inverse de cette attitude nous essayons de faire bonne figure, autant que possible en gardant calme et contenance, [e] convaincus que c'est là une attitude d'homme, tandis que l'autre, celle que nous louions tout à l'heure, est celle d'une femme.

– Je le sais pertinemment, dit-il.

– Est-il donc bien beau, dis-je, de faire un éloge fondé non sur le dégoût mais sur le plaisir et l'admiration éprouvés à voir un homme agissant d'une façon qu'on jugerait indigne de soi-même ?

– Non, par Zeus, cela ne semble pas bien raisonnable.

– **[606a]** Oui, dis-je, surtout si tu examines la chose de la façon suivante.

– Laquelle ?

– Si tu te mets dans l'esprit que la tendance contenue de force tout à l'heure, au milieu des malheurs personnels, celle qui a faim de pleurs et de lamentations complaisantes jusqu'à en être pleine, étant par nature faite pour désirer ces comportements-là, c'est précisément la tendance que les poètes comblent et satisfont ; tandis que l'élément qui est par nature le meilleur de nous, n'ayant pas été suffisamment éduqué par la raison et l'habitude, relâche la surveillance de cette tendance pleurnicheuse, sous prétexte qu'il assiste au spectacle des souffrances [b] d'autrui et qu'il n'y a rien de honteux pour lui, si quelqu'un d'autre, se prétendant homme de bien, affiche une douleur déplacée, à le louer et le prendre en pitié ; il pense au contraire en tirer un profit, le plaisir, dont il n'admettrait pas de se priver en dédaignant le poème tout entier. Car il est donné à bien peu de gens, je crois, de partager la conclusion que la jouissance qu'on en retire passe nécessairement d'autrui à nous-même : car après avoir nourri et fortifié auprès de lui la tendance à l'apitoiement, il n'est pas facile de la contenir quand on éprouve soi-même des souffrances.

– C'est très vrai, [c] dit-il.

– Or n'est-ce pas aussi le même raisonnement pour ce qui fait rire ? À l'égard des pitreries que tu rougirais de faire toi-même pour faire rire, mais que tu apprécies beaucoup d'écouter dans une imitation comique ou dans un cadre privé sans en haïr le côté délétère, ne fais-tu pas la même chose que pour les motifs d'apitoiement ? En effet, après avoir, par la raison, réprimé d'abord en toi-même la part qui voulait faire rire, par crainte de passer pour un pitre, voici qu'alors tu t'y laisses aller, et, après lui avoir ainsi rendu sa jeune vigueur, souvent tu ne te rends pas compte dans le privé que tu t'es laissé aller à faire le comique.

– Certainement, dit-il.

– [d] Et à l'égard des choses d'Aphrodite, de l'agressivité et de tout ce qui touche dans l'âme aux désirs, aux peines et aux plaisirs, choses qui nous suivent, affirmons-nous, dans chaque action, l'imitation poétique ne produit-elle pas aussi les mêmes dégâts sur nous ? Car elle nourrit ces penchants en les irriguant alors qu'il faudrait les assécher, et elle en fait nos maîtres alors qu'ils devraient être maîtrisés pour que nous devenions meilleurs et plus heureux, au lieu de pires et plus malheureux.

– Je n'ai rien d'autre à ajouter, dit-il.

– Par conséquent, Glaucon, dis-je, quand [e] tu rencontreras des inconditionnels d'Homère qui prétendent que ce poète a éduqué la Grèce et que pour l'organisation et l'apprentissage des affaires humaines il est digne qu'on le choisisse, qu'on l'apprenne et qu'on règle toute sa vie selon ce poète, [607a] il faudra les embrasser cordialement comme étant les meilleurs hommes qu'ils peuvent être, et concéder qu'Homère est le plus poétique et le premier des faiseurs de tragédies, tout en sachant qu'il ne faut accepter dans la cité que des hymnes aux dieux et des éloges aux gens de bien pour toute poésie ; en revanche si tu acceptes la Muse plaisante, en vers lyriques ou épiques, plaisir et chagrin régneront sur ta cité, au lieu de la loi et du raisonnement que la communauté tient à chaque circonstance pour le meilleur.

– C'est très vrai, dit-il.

– [b] Nous voilà donc d'accord, dis-je, après ce rappel sur la poésie, pour soutenir que nous avons eu bien raison lorsque nous l'avons chassée de la cité, vu ce qu'elle est : la raison en effet nous commandait de le faire. Mais disons encore à la poésie, pour qu'elle n'aille pas nous accuser d'être borné et inculte, qu'il y a un vieux contentieux entre philosophie et création poétique : en effet, « la chienne glapissante aboyant sur son maître », « grand en élucubrations de fous », « la clique [c] des sages plus forte que Zeus », « ceux qui se creusent la tête » parce qu'au fond, « ils n'en ont pas », et mille autre citations*, témoignent de leur vieil antagonisme. Qu'il

---

* Nous ignorons l'origine de ces citations poétiques.

soit pourtant dit que de notre côté, si la poésie créée pour le plaisir, si l'imitation, pouvaient avancer quelque raison pour prétendre qu'il faut qu'elle ait sa place dans une cité dotée de bonnes lois, nous serions heureux de l'accueillir, tant nous sommes conscients d'être nous-mêmes sous son charme. Quoi qu'il en soit, ce qui paraît vrai, il est impie de le trahir.

Traduction Nicolas PUYUELO

imiter, ou, ce qui revient au même, une égale aptitude à toutes sortes de caractères et de rôles.

Nulle sensibilité !

Nulle. Je n'ai pas encore bien enchaîné mes raisons, et vous me permettrez de vous les exposer comme elles me viendront, dans le désordre de l'ouvrage même de votre ami.

Si le comédien était sensible, de bonne foi lui serait-il permis de jouer deux fois de suite un même rôle avec la même chaleur et le même succès ? Très chaud à la première représentation, il serait épuisé et froid comme un marbre à la troisième. Au lieu qu'imitateur attentif et disciple réfléchi de la nature, la première fois qu'il se présentera sur la scène sous le nom d'Auguste, de Cinna, d'Orosmane, d'Agamemnon, de Mahomet, copiste rigoureux de lui-même ou de ses études, et observateur continu de nos sensations, son jeu, loin de s'affaiblir, se fortifiera des réflexions nouvelles qu'il aura recueillies ; il s'exaltera ou se tempérera, et vous en serez de plus en plus satisfait. S'il est lui quand il joue, comment cessera-t-il d'être lui ? S'il veut cesser d'être lui, comment saisira-t-il le point juste auquel il faut qu'il se place et s'arrête ?

Ce qui me confirme dans mon opinion, c'est l'inégalité des acteurs qui jouent d'âme. Ne vous attendez de leur part à aucune unité ; leur jeu est alternativement fort et faible, chaud et froid, plat et sublime. Ils manqueront demain l'endroit où ils auront excellé aujourd'hui ; en revanche, ils excelleront dans celui qu'ils auront manqué la veille. Au lieu que le comédien qui jouera de réflexion, d'étude de la nature humaine, d'imitation constante d'après quelque modèle idéal, d'imagination, de mémoire, sera un, le même à toutes les représentations, toujours également parfait : tout a été mesuré, combiné, appris, ordonné dans sa tête ; il n'y a dans sa déclamation ni monotonie, ni dissonance. La chaleur a son progrès, ses élans, ses rémissions, son commencement, son milieu, son extrême. Ce sont les mêmes accents, les mêmes positions, les mêmes mouvements; s'il y a quelque différence d'une représentation à l'autre, c'est ordinairement à l'avantage de la dernière. Il ne sera pas journalier : c'est une glace toujours disposée à montrer les objets et à les montrer avec la même précision, la même force et la même vérité. Ainsi que le poète, il va sans cesse puiser dans le fonds inépuisable de la nature, au lieu qu'il aurait bientôt vu le terme de sa propre richesse.

Quel jeu plus parfait que celui de la Clairon*? Cependant suivez-la, étudiez-la, et vous serez convaincu qu'à la sixième représentation elle sait par cœur tous les détails de son jeu comme tous les mots de son rôle. Sans doute elle s'est fait un modèle auquel elle a d'abord cherché à se conformer; sans doute elle a conçu ce modèle le plus haut, le plus grand, le plus parfait qu'il lui a été possible; mais ce modèle qu'elle a emprunté de l'histoire, ou que son imagination a créé comme un grand fantôme, ce n'est pas elle; si ce modèle n'était que de sa hauteur, que son action serait faible et petite! Quand, à force de travail, elle a approché de cette idée le plus près qu'elle a pu, tout est fini; se tenir ferme là, c'est une pure affaire d'exercice et de mémoire. Si vous assistiez à ses études, combien de fois vous lui diriez : *Vous y êtes!*... combien de fois elle vous répondrait : *Vous vous trompez!*... C'est comme Le Quesnoy, à qui son ami saisissait le bras, et criait : *Arrêtez! le mieux est l'ennemi du bien : vous allez tout gâter...* Vous voyez ce que j'ai fait, répliquait l'artiste haletant au connaisseur émerveillé; mais vous ne voyez pas ce que j'ai là, et ce que je poursuis.

Je ne doute point que la Clairon n'éprouve le tourment du Quesnoy dans ses premières tentatives; mais la lutte passée, lorsqu'elle s'est une fois élevée à la hauteur de son fantôme, elle se possède, elle se répète sans émotion. Comme il nous arrive quelquefois dans le rêve, sa tête touche aux nues, ses mains vont chercher les deux confins de l'horizon; elle est l'âme d'un grand

---

* Claire-Joseph Leris de la Tude, dite Mlle Clairon (1723-1803), actrice à la Comédie Italienne puis à la Comédie Française.

mannequin qui l'enveloppe; ses essais l'ont fixé sur elle. Noncha-
lamment étendue sur une chaise longue, les bras croisés, les yeux
fermés, immobile, elle peut, en suivant son rêve de mémoire,
s'entendre, se voir, se juger et juger les impressions qu'elle
excitera. Dans ce moment elle est double: la petite Clairon et la
grande Agrippine.

LE SECOND

Rien, à vous entendre, ne ressemblerait tant à un comédien sur
la scène ou dans ses études, que les enfants qui, la nuit, contrefont
les revenants sur les cimetières, en élevant au-dessus de leurs têtes
un grand drap blanc au bout d'une perche, et faisant sortir de
dessous ce catafalque une voix lugubre qui effraie les passants.

LE PREMIER

Vous avez raison. Il n'en est pas de la Dumesnil ainsi que de la
Clairon. Elle monte sur les planches sans savoir ce qu'elle dira; la
moitié du temps elle ne sait ce qu'elle dit, mais il vient un moment
sublime. Et pourquoi l'acteur différerait-il du poète, du peintre, de
l'orateur, du musicien? Ce n'est pas dans la fureur du premier jet
que les traits caractéristiques se présentent, c'est dans des moments
tranquilles et froids, dans des moments tout à fait inattendus. On ne
sait d'où ces traits viennent; ils tiennent de l'inspiration. C'est
lorsque, suspendus entre la nature et leur ébauche ces génies portent
alternativement un œil attentif sur l'une et l'autre; les beautés d'inspiration, les traits fortuits qu'ils répandent dans leurs ouvrages, et
dont l'apparition subite les étonne eux-mêmes, sont d'un effet
et d'un succès bien autrement assurés que ce qu'ils ont jeté de
boutade. C'est au sang-froid à tempérer le délire de l'enthousiasme.

Ce n'est pas l'homme violent qui est hors de lui-même qui
dispose de nous; c'est un avantage réservé à l'homme qui se
possède. Les grands poètes dramatiques surtout sont spectateurs
assidus de ce qui se passe autour d'eux dans le monde physique et
dans le monde moral.

LE SECOND

Qui n'est qu'un.

LE PREMIER

Ils saisissent tout ce qui les frappe ; ils en font des recueils. C'est de ces recueils formés en eux, à leur insu, que tant de phénomènes rares passent dans leurs ouvrages. Les hommes chauds, violents, sensibles, sont en scène ; ils donnent le spectacle, mais ils n'en jouissent pas. C'est d'après eux que l'homme de génie fait sa copie. Les grand poètes, les grands acteurs, et peut-être en général tous les grands imitateurs de la nature, quels qu'ils soient, doués d'une belle imagination, d'un grand jugement, d'un tact fin, d'un goût très sûr, sont les êtres les moins sensibles. Ils sont également propres à trop de choses ; ils sont trop occupés à regarder, à reconnaître et à imiter, pour être vivement affectés au dedans d'eux-mêmes. Je les vois sans cesse le portefeuille sur les genoux et le crayon à la main.

Nous sentons, nous ; eux, ils observent, étudient et peignent. Le dirai-je ? Pourquoi non ? La sensibilité n'est guère la qualité d'un grand génie. Il aimera la justice ; mais il exercera cette vertu sans en recueillir la douceur. Ce n'est pas son cœur, c'est sa tête qui fait tout. À la moindre circonstance inopinée, l'homme sensible la perd ; il ne sera ni un grand roi, ni grand ministre, ni un grand capitaine, ni un grand avocat, ni un grand médecin. Remplissez la salle du spectacle de ces pleureurs-là, mais ne m'en placez aucun sur la scène. Voyez les femmes ; elles nous surpassent certaine-ment, et de fort loin, en sensibilité : quelle comparaison d'elles à nous dans les instants de la passion ! Mais autant nous le leur cédons quand elles agissent, autant elles restent au-dessous de nous quand elles imitent. La sensibilité n'est jamais sans faiblesse d'organi-sation. La larme qui s'échappe de l'homme vraiment homme nous touche plus que tous les pleurs d'une femme. Dans la grande comé-die, la comédie du monde, celle à laquelle j'en reviens toujours, toutes les âmes chaudes occupent le théâtre ; tous les hommes de génie sont au parterre. Les premiers s'appellent des fous ; les seconds, qui s'occupent à copier leurs folies, s'appellent des sages.

C'est l'œil du sage qui saisit le ridicule de tant de personnages divers, qui le peint, et qui vous fait rire et de ces fâcheux originaux dont vous avez été la victime, et de vous-même. C'est lui qui vous observait, et qui traçait la copie comique et du fâcheux et de votre supplice.

Ces vérités seraient démontrées que les grands comédiens n'en conviendraient pas; c'est leur secret. Les acteurs médiocres ou novices sont faits pour les rejeter, et l'on pourrait dire de quelques autres qu'ils croient sentir, comme on a dit du superstitieux, qu'il croit croire; et que sans la foi pour celui-ci, et sans la sensibilité pour celui-là, il n'y a point de salut.

Mais quoi? dira-t-on, ces accents si plaintifs, si douloureux, que cette mère arrache du fond de ses entrailles, et dont les miennes sont si violemment secouées, ce n'est pas le sentiment actuel qui les produit, ce n'est pas le désespoir qui les inspire? Nullement; et la preuve, c'est qu'ils sont mesurés; qu'ils font partie d'un système de déclamation; que plus bas ou plus aigus de la vingtième partie d'un quart de ton, ils sont faux; qu'ils sont soumis à une loi d'unité; qu'ils sont, comme dans l'harmonie, préparés et sauvés; qu'ils ne satisfont à toutes les conditions requises que par une longue étude; qu'ils concourent à la solution d'un problème proposé; que pour être poussés juste, ils ont été répétés cent fois, et que malgré ces fréquentes répétitions, on les manque encore; c'est qu'avant de dire:

Zaïre, vous pleurez!

ou,

Vous y serez, ma fille,

l'acteur s'est longtemps écouté lui-même; c'est qu'il s'écoute au moment où il vous trouble, et que tout son talent consiste non pas à sentir, comme vous le supposez, mais à rendre si scrupuleusement les signes extérieurs du sentiment, que vous vous y trompiez. Les cris de sa douleur sont notés dans son oreille. Les gestes de son désespoir sont de mémoire, et ont été préparés devant une glace. Il sait le moment précis où il tirera son mouchoir et où les larmes couleront; attendez-les à ce mot, à cette syllabe, ni plus tôt ni plus tard. Ce tremblement de la voix, ces mots suspendus, ces sons étouffés ou traînés, ce frémissement des membres, ce vacillement des genoux, ces évanouissements, ces fureurs, pure imitation, leçon recordée d'avance, grimace pathétique, singerie sublime dont l'acteur garde le souvenir longtemps après l'avoir étudiée, dont il avait la conscience présente au moment où il l'exécutait, qui lui laisse, heureusement pour le poète, pour le spectateur et pour lui, toute la liberté de son esprit, et qui ne lui ôte, ainsi que les autres exercices, que la force du corps. Le socque ou le cothurne déposé, sa voix est éteinte, il éprouve une extrême fatigue, il va changer de linge ou se coucher; mais il ne lui reste ni trouble, ni douleur, ni mélancolie, ni affaissement d'âme. C'est vous qui remportez toutes ces impressions. L'acteur est las, et vous triste; c'est qu'il s'est démené sans rien sentir, et que vous avez senti sans vous démener. S'il en était autrement, la condition du comédien serait la plus malheureuse des conditions; mais il n'est pas le personnage, il le joue et le joue si bien que vous le prenez pour tel : l'illusion n'est que pour vous; il sait bien, lui, qu'il ne l'est pas.

Des sensibilités diverses, qui se concertent entre elles pour obtenir le plus grand effet possible, qui se diapasonnent, qui s'affaiblissent, qui se fortifient, qui se nuancent pour former un tout qui soit un, cela me fait rire. J'insiste donc, et je dis : « C'est l'extrême sensibilité qui fait les acteurs médiocres; c'est la sensibilité médiocre qui fait la multitude des mauvais acteurs; et c'est le manque absolu de sensibilité qui prépare les acteurs sublimes ». Les larmes du comédien descendent de son cerveau; celles de l'homme sensible montent de son cœur : ce sont les entrailles qui troublent sans mesure la tête de l'homme sensible; c'est la tête du comédien qui porte quelquefois un trouble passager dans ses entrailles; il pleure comme un prêtre incrédule qui prêche la Passion; comme un séducteur aux genoux d'une femme qu'il n'aime pas, mais qu'il veut tromper; comme un gueux dans la rue ou à la porte d'une église, qui vous injurie lorsqu'il désespère de vous toucher; ou comme une courtisane qui ne sent rien, mais qui se pâme entre vos bras.

Avez-vous jamais réfléchi à la différence des larmes excitées par un événement tragique et des larmes excitées par un récit pathétique? On entend raconter une belle chose : peu à peu la tête s'embarrasse, les entrailles s'émeuvent, et les larmes coulent. Au contraire, à l'aspect d'un accident tragique, l'objet, la sensation et l'effet se touchent; en un instant, les entrailles s'émeuvent, on pousse un cri, la tête se perd, et les larmes coulent; celles-ci viennent subitement; les autres sont amenées. Voilà l'avantage d'un coup de théâtre naturel et vrai sur une scène éloquente, il opère brusquement ce que la scène fait attendre; mais l'illusion en est beaucoup plus difficile à produire; un incident faux, mal rendu, la détruit. Les accents s'imitent mieux que les mouvements, mais les mouvements frappent plus violemment. Voilà le fondement d'une loi à laquelle je ne crois pas qu'il y ait d'exception, c'est de dénouer par une action et non par un récit, sous peine d'être froid.

Eh bien, n'avez-vous rien à m'objecter? Je vous entends; vous faites un récit en société; vos entrailles s'émeuvent, votre voix s'entrecoupe, vous pleurez. Vous avez, dites-vous, senti et très vivement senti. J'en conviens; mais y êtes-vous préparé? Non. Parliez-vous en vers? Non. Cependant vous entraîniez, vous étonniez, vous touchiez, vous produisiez un grand effet. Il est vrai. Mais portez au théâtre votre ton familier, votre expression simple, votre maintien domestique, votre geste naturel, et vous verrez combien vous serez pauvre et faible. Vous aurez beau verser des pleurs, vous serez ridicule, on rira. Ce ne sera pas une tragédie, ce sera une parade tragique que vous jouerez. Croyez-vous que les scènes de Corneille, de Racine, de Voltaire, même de Shakespeare, puissent se débiter avec votre voix de conversation et le ton du coin de votre âtre? Pas plus que l'histoire du coin de votre âtre avec l'emphase et l'ouverture de bouche du théâtre.

LE SECOND

C'est que peut-être Racine et Corneille, tout grands hommes qu'ils étaient, n'ont rien fait qui vaille. […]

LE PREMIER

Mais une expérience que vous aurez cent fois répétée, c'est qu'à la fin de votre récit, au milieu du trouble et de l'émotion que vous avez jetés dans votre petit auditoire de salon, il survient un nouveau personnage dont il faut satisfaire la curiosité. Vous ne le pouvez plus, votre âme est épuisée, il ne vous reste ni sensibilité, ni chaleur, ni larmes. Pourquoi l'acteur n'éprouve-t-il pas le même affaissement ? C'est qu'il y a bien de la différence de l'intérêt qu'il prend à un conte fait à plaisir et de l'intérêt que vous inspire le malheur de votre voisin. Etes-vous Cinna ? Avez-vous jamais été Cléopâtre, Mérope, Agrippine ? Que vous importent ces gens-là ? La Cléopâtre, la Mérope, l'Agrippine, le Cinna du théâtre, sont-ils même des personnages historiques ? Non. Ce sont les fantômes imaginaires de la poésie ; je dis trop : ce sont des spectres de la façon particulière de tel ou tel poète. Laissez ces espèces d'hippogriffes sur la scène avec leurs mouvements, leur allure et leurs cris ; ils figureraient mal dans l'histoire : ils feraient éclater de rire dans un cercle ou une autre assemblée de la société. On se demanderait à l'oreille : Est-ce qu'il est en délire ? D'où vient ce Don Quichotte-là ? Où fait-on de ces contes-là ! Quelle est la planète où l'on parle ainsi ? […]

Réfléchissez un moment sur ce qu'on appelle au théâtre *être vrai*. Est-ce y montrer les choses comme elles sont en nature ? Aucunement. Le vrai en ce sens ne serait que le commun. Qu'est-ce donc que le vrai de la scène ? C'est la conformité des actions, des discours, de la figure, de la voix, du mouvement, du geste, avec un modèle idéal imaginé par le poète, et souvent exagéré par le comédien. Voilà le merveilleux. Ce modèle n'influe pas seulement sur le ton ; il modifie jusqu'à la démarche, jusqu'au maintien. De là vient que le comédien dans la rue ou sur la scène sont deux personnages si différents, qu'on a peine à les reconnaître. La première fois que je vis Mlle Clairon chez elle, je m'écriai tout naturellement : « *Ah! mademoiselle, je vous croyais de toute la tête plus grande* ».

Une femme malheureuse, et vraiment malheureuse, pleure et ne vous touche point : il y a pis, c'est qu'un trait léger qui la défigure vous fait rire ; c'est qu'un accent qui lui est propre dissone à votre oreille et vous blesse ; c'est qu'un mouvement qui lui est habituel vous montre sa douleur ignoble et maussade ; c'est que les passions outrées sont presque toutes sujettes à des grimaces que l'artiste sans goût copie servilement, mais que le grand artiste évite. Nous voulons qu'au plus fort des tourments l'homme garde le caractère d'homme, la dignité de son espèce. Quel est l'effet de cet effort héroïque ? De distraire de la douleur et de la tempérer. Nous voulons que cette femme tombe avec décence, avec mollesse, et que ce héros meure comme le gladiateur ancien, au milieu de l'arène, aux applaudissements du cirque, avec grâce, avec noblesse, dans une attitude élégante et pittoresque. Qui est-ce qui remplira notre attente ? Sera-ce l'athlète que la douleur subjugue et que la sensibilité décompose ? Ou l'athlète académisé qui se possède et pratique les leçons de la gymnastique en rendant le dernier soupir ? Le gladiateur ancien comme un grand comédien, un grand comédien ainsi que le gladiateur ancien, ne meurent pas comme on meurt sur un lit, mais sont tenus de nous jouer une autre mort pour nous plaire, et le spectateur délicat sentirait que la vérité nue, l'action dénuée de tout apprêt serait mesquine et contrasterait avec la poésie du reste.

Ce n'est pas que la pure nature n'ait ses moments sublimes ; mais je pense que s'il est quelqu'un sûr de saisir et de conserver leur sublimité, c'est celui qui les aura pressentis d'imagination ou de génie, et qui les rendra de sang-froid.

Cependant je ne nierais pas qu'il n'y eût une sorte de mobilité d'entrailles acquise ou factice ; mais si vous m'en demandez mon avis je la crois presque aussi dangereuse que la sensibilité naturelle. Elle doit conduire peu à peu l'acteur à la manière et à la monotonie. C'est un élément contraire à la diversité des fonctions d'un grand comédien ; il est souvent obligé de s'en dépouiller, et cette abnégation de soi n'est possible qu'à une tête de fer. Encore vaudrait-il mieux, pour la facilité et le succès des études, l'universalité du talent et la perfection du jeu, n'avoir point à faire cette incompréhensible distraction de soi d'avec soi, dont l'extrême difficulté bornant chaque comédien à un seul rôle, condamne les troupes à être très nombreuses, ou presque toutes les pièces à être mal jouées, à moins que l'on ne renverse l'ordre des choses, et que les pièces ne se fassent pour les acteurs, qui, ce me semble, devraient tout au contraire être faits pour les pièces.

LE SECOND

Mais si une foule d'hommes attroupés dans la rue par quelque catastrophe viennent à déployer subitement, et chacun à sa manière, leur sensibilité naturelle, sans s'être concertés, ils créeront un spectacle merveilleux, mille modèles précieux pour la sculpture, la peinture, la musique et la poésie.

LE PREMIER

Il est vrai. Mais ce spectacle serait-il à comparer avec celui qui résulterait d'un accord bien entendu, de cette harmonie que l'artiste y introduira lorsqu'il le transportera du carrefour sur la scène ou sur la toile ? Si vous le prétendez, quelle est donc, vous répliquerai-je, cette magie de l'art si vantée, puisqu'elle se réduit à gâter ce que la brute nature et un arrangement fortuit avaient mieux fait qu'elle ? Niez-vous qu'on n'embellisse la nature ? N'avez-vous jamais loué une femme en disant qu'elle était belle comme une *Vierge* de Raphaël ? À la vue d'un beau paysage, ne vous êtes-vous pas écrié qu'il était romanesque ? D'ailleurs vous me parlez d'une chose réelle, et moi je vous parle d'une imitation ; vous me parlez d'un instant fugitif de la nature, et moi je vous parle d'un ouvrage de l'art, projeté, suivi, qui a ses progrès et sa durée. Prenez chacun de ses acteurs, faites varier la scène dans la rue comme au théâtre, et montrez-moi vos personnages successivement, isolés, deux à deux, trois à trois ; abandonnez-les à leurs propres mouvements ; qu'ils soient maîtres absolus de leurs actions, et vous verrez l'étrange cacophonie qui en résultera. Pour obvier à ce défaut, les faites-vous répéter ensemble ? Adieu leur sensibilité naturelle, et tant mieux. […]

Entre tous ceux qui ont exercé l'utile et belle profession de comédiens ou de prédicateurs laïques, un des hommes les plus honnêtes, un des hommes qui en avaient le plus la physionomie, le ton et le maintien, le frère du *Diable boiteux*, de *Gilblas*, du *Bachelier de Salamanque*, Montménil…

LE SECOND

Le fils de Le Sage, père commun de toute cette plaisante famille…

LE PREMIER

Faisait avec un égal succès Ariste dans *la Pupille*, Tartuffe dans la comédie de ce nom, Mascarille dans *les Fourberies de Scapin*, l'avocat ou M. Guillaume dans la farce de *Patelin*.

LE SECOND

Je l'ai vu.

LE PREMIER

Et à votre grand étonnement, il avait le masque de ces différents visages. Ce n'était pas naturellement, car Nature ne lui avait donné que le sien ; il tenait donc les autres de l'art.

Est-ce qu'il y a une sensibilité artificielle ? Mais soit factice, soit innée, la sensibilité n'a pas lieu dans tous les rôles. Quelle est donc la qualité acquise ou naturelle qui constitue le grand acteur dans l'Avare, le Joueur, le Flatteur, le Grondeur, le Médecin malgré lui, l'être le moins sensible et le plus immoral que la poésie ait encore imaginé, le Bourgeois Gentilhomme, le Malade et le Cocu imaginaires ; dans Néron, Mithridate, Atrée, Phocas, Sertorius, et tant d'autres caractères tragiques ou comiques, où la sensibilité est diamétralement opposée à l'esprit du rôle ? La facilité de connaître et de copier toutes les natures. Croyez-moi, ne multiplions pas les causes lorsqu'une suffit à tous les phénomènes.

Tantôt le poète a senti plus fortement que le comédien, tantôt, et plus souvent peut-être, le comédien a conçu plus fortement que le poète; et rien n'est plus dans la vérité que cette exclamation de Voltaire, entendant la Clairon dans une de ses pièces : *Est-ce bien moi qui ai fait cela ?* Est-ce que la Clairon en sait plus que Voltaire ? Dans ce moment du moins son modèle idéal, en déclamant, était bien au-delà du modèle idéal que le poète s'était fait en écrivant, mais ce modèle idéal n'était pas elle. Quel était donc son talent ? Celui d'imaginer un grand fantôme et de le copier de génie. Elle imitait le mouvement, les actions, les gestes, toute l'expression d'un être fort au-dessus d'elle. Elle avait trouvé ce qu'Eschine récitant une oraison de Démosthène ne put jamais rendre, le mugissement de la bête. Il disait à ses disciples : « Si cela vous affecte si fort, qu'aurait-ce donc été, *si audivissetis bestiam mugientem* ? ». Le poète avait engendré l'animal terrible, la Clairon le faisait mugir.

Ce serait un singulier abus des mots que d'appeler sensibilité cette facilité de rendre toutes natures, même les natures féroces. La sensibilité, selon la seule acception qu'on ait donnée jusqu'à présent à ce terme, est, ce me semble, cette disposition compagne de la faiblesse des organes, suite de la mobilité du diaphragme, de la vivacité de l'imagination, de la délicatesse des nerfs, qui incline à compatir, à frissonner, à admirer, à craindre, à se troubler, à pleurer, à s'évanouir, à secourir, à fuir, à crier, à perdre la raison, à exagérer, à mépriser, à dédaigner, à n'avoir aucune idée précise du vrai, du bon et du beau, à être injuste, à être fou. Multipliez les âmes sensibles, et vous multiplierez en même proportion les bonnes et les mauvaises actions en tout genre, les éloges et les blâmes outrés.

Poètes, travaillez-vous pour une nation délicate, vaporeuse et sensible; renfermez-vous dans les harmonieuses, tendres et touchantes élégies de Racine; elle se sauverait des boucheries de Shakespeare : ces âmes faibles sont incapables de supporter des secousses violentes. Gardez-vous bien de leur présenter des images trop fortes. Montrez-leur, si vous voulez,

> Le fils tout dégouttant du meurtre de son père,
> Et sa tête à la main demandant son salaire[*];

mais n'allez pas au-delà. Si vous osiez leur dire avec Homère : « Où vas-tu, malheureux ? Tu ne sais donc pas que c'est à moi que le ciel envoie les enfants des pères infortunés ; tu ne recevras point les derniers embrassements de ta mère ; déjà je te vois étendu sur la terre, déjà je vois les oiseaux de proie, rassemblés autour de ton cadavre, t'arracher les yeux de la tête en battant les ailes de joie » ; toutes nos femmes s'écrieraient en détournant la tête : « Ah ! L'horreur !... ». Ce serait bien pis si ce discours, prononcé par un grand comédien, était encore fortifié de sa véritable déclamation. […]

---

[*] Corneille, *Cinna*, Acte I, scène 3.

EDWARD GORDON CRAIG
(1872-1966)

DE L'ART DU THÉÂTRE

Metteur en scène, scénographe et théoricien, Edward Gordon Craig combat l'idée que l'art du théâtre serait avant tout un art de l'acteur. Radicalisant les réflexions de Platon ou de Diderot, il soutient que l'acteur, par lui-même, ne peut s'abstraire de ses émotions, les maîtriser, et qu'il lui est pour cette raison impossible de viser des idéaux. En cela, l'acteur n'est pas un véritable artiste. C'est cette thèse que Craig défend dans les deux textes ici présentés, extraits d'un ouvrage significativement appelé *De l'Art du Théâtre* (1911). Dans le premier, il adopte un ton très provocateur, pour proposer tout simplement de supprimer les acteurs, et de les remplacer par des « Sur-marionnettes ». Dans le second, il montre que le véritable artiste, au théâtre, ne peut être que le metteur en scène : lui seul est capable d'avoir une vue d'ensemble du spectacle, de ses différents aspects (le jeu des acteurs, mais aussi les costumes, la décoration, les lumières, etc.). Craig se réfère souvent à Platon et à sa critique de la poésie mimétique : il entend en tirer les leçons, non pas pour condamner le théâtre, mais pour l'extraire de la tyrannie des émotions, et le soumettre à la visée réfléchie d'idéaux, qui seule en fera un art véritable. Ces textes ont contribué à faire du metteur en scène une figure centrale du théâtre contemporain – et, dans la pratique, Craig a lui-même initié plusieurs révolutions dans l'approche des différents éléments du spectacle (notamment en refusant les décors trop réalistes, ou en repensant l'utilisation de l'éclairage).

L'ACTEUR ET LA SUR-MARIONNETTE[*]

> « *Pour que le théâtre soit sauvé, il faut qu'il soit détruit ; que tous les acteurs et actrices meurent de la peste... ils rendent l'art impossible* ».
> *Eleonora Duse*

L'on a de tout temps discuté la question de savoir si la profession dramatique est bien un art, si l'acteur est proprement un artiste, ou quelque chose de tout différent. Il n'y a guère d'indices que les Maîtres de la Pensée se soient inquiétés de cette question, mais s'ils l'avaient jugée digne d'examen, ils y eussent sans doute apporté la même méthode qu'à l'étude des autres arts tels que la Musique et la Poésie, l'Architecture, la Sculpture et la Peinture.

D'autre part, ce même sujet a donné lieu dans certains milieux à de vives discussions ; ceux qui y prirent part n'étaient ni acteurs, ni même professionnels du Théâtre ; ils firent preuve d'autant d'emportement dans la discussion que d'ignorance du sujet. Ceux qui nient que le Jeu de l'acteur soit un art, et l'acteur un artiste présentent des arguments si déraisonnables, si personnels dans leur haine de l'acteur que c'est pourquoi sans doute les acteurs ont dédaigné d'entrer dans le débat.

Aussi chaque saison voit-elle recommencer la campagne périodique menée contre l'acteur et sa brillante profession ; campagne qui ordinairement se termine par la retraite de l'ennemi. C'est en général d'hommes de lettres et de bourgeois que se compose l'ennemi. Sous prétexte que toute leur vie ils sont allés au Théâtre, ou que de leur vie ils n'y ont mis le pied, ils partent en guerre pour des raisons d'eux seuls connues. De saison en saison, j'ai vu se renouveler leurs attaques qui semblent n'avoir d'autres mobiles que l'humeur, l'inimitié personnelle ou la vanité. Il ne saurait y

---

[*] Première publication dans *The Mask,* vol. I, 1908, n°2, p. 3-15.

avoir d'attaques de ce genre dirigées contre l'Acteur et sa vocation. Et je n'ai nulle intention de me livrer à pareille tentative, mais je voudrais simplement vous exposer ce qui me paraît être l'enchaînement logique de faits curieux et en dehors de toute discussion.

Le Jeu de l'Acteur ne constitue pas un Art; et c'est à tort qu'on donne à l'acteur le nom d'artiste. Car tout ce qui est accidentel est contraire à l'Art. L'Art est l'antithèse du Chaos, qui n'est autre chose qu'une avalanche d'accidents. L'Art ne se développe que selon un plan ordonné. Il ressort donc clairement que pour créer une œuvre d'Art, nous ne pouvons nous servir que de matériaux dont nous usions avec certitude. Or, l'homme n'est pas de ceux-là. Toute sa nature tend à l'indépendance; toute sa personne montre à l'évidence qu'elle ne saurait être employée comme « *Matière* » théâtrale.

Du fait même que le théâtre moderne se sert de la personne du comédien comme d'instrument de son art, tout ce qu'on y crée revêt un caractère accidentel. Les gestes de l'acteur, l'expression de son visage, le son de sa voix, tout cela est à la merci de ses émotions : souffles qui toujours environnent l'Artiste et mènent son esquif sans le faire verser. Mais l'acteur, lui, est *possédé* par son émotion ; elle enchaîne ses membres, dispose de lui à son gré. Il est son esclave, il se meut comme perdu en un rêve, comme en démence, vacillant çà et là. Son visage et ses membres, s'ils n'échappent pas à tout contrôle, résistent bien faiblement au torrent de la passion intérieure et manquent de le trahir à tout instant. Inutile d'essayer de se raisonner. Les sages recommandations de Hamlet aux comédiens[1] (celles du rêveur, soit dit en passant, et non du logicien), s'en vont en fumée. Les membres se refusent à obéir à la pensée dès que l'émotion s'enflamme, alors que la pensée ne cesse d'alimenter le foyer des émotions. Et il en est de l'expression du visage comme des mouvements du corps : la pensée lutte et parvient momentanément à diriger le regard, à modeler les muscles du visage à son gré ;

---

1. *Hamlet*, III, 2.

mais soudain la pensée, qui s'était pour un temps rendue maîtresse de l'expression, est balayée par l'émotion, qui s'échauffe au travail de cette même pensée. En un éclair, avant que la pensée proteste, la passion brûlante s'est emparée de l'expression de l'acteur. Elle se nuance, change, la passion la tourmente, la harcèle du front à la bouche de l'acteur ; le voilà, entièrement dominé par l'émotion ; il s'y abandonne : « Fais de moi ce que tu voudras ! » l'expression de son visage s'égare de plus en plus – hélas – « rien ne sort de rien ».

De même pour la voix. L'émotion la brise, l'enchaîne au complot des sensations contre la pensée. Elle travaille la voix de l'acteur au point qu'il donne l'impression d'émotions en conflit. Rien ne sert de dire que l'émotion est l'inspiration des Dieux, et que c'est précisément ce que l'Artiste, dans tout autre Art, essaie de rendre ; en premier lieu, ce n'est pas exact, et quand même ce le serait, maintes émotions fugitives, fortuites, n'ont aucune valeur artistique. C'est ainsi, nous l'avons vu, que la pensée de l'acteur est dominée par son émotion, laquelle réussit à détruire ce que la pensée voulait créer ; et l'émotion triomphant, l'accident succède à l'accident. Et nous en venons à ceci : que l'émotion, créatrice de toutes choses à l'origine, est ensuite destructrice. Or, l'Art n'admet pas l'accident. Si bien que ce que l'acteur nous présente n'est point une œuvre d'art, mais une série d'aveux involontaires.

À l'origine, le corps humain ne servait pas d'instrument à l'Art du Théâtre. L'on ne considérait pas les émotions humaines comme un spectacle propre à être donné à la foule. Le combat d'un tigre et d'un éléphant dans l'arène convenait mieux lorsqu'il s'agissait de procurer des émotions violentes. La lutte acharnée des deux animaux offrait toutes les sensations que nous pouvons trouver au théâtre moderne, et les offrait sans mélange. Un tel spectacle n'était pas plus brutal ; il était plus délicat, plus humain ; car rien ne saurait être plus révoltant que de voir des hommes et des femmes lâchés sur une estrade et qui exhibent au public ce que l'Artiste refuse de montrer sinon voilé sous une forme de son invention.

[…] Aussi assistons-nous aujourd'hui à ce spectacle étrange d'un homme exprimant les pensées d'un autre sous la forme où cet autre les a conçues, tandis qu'il exhibe sa propre personne en public. Il fait cela parce que sa vanité y trouve son compte – et que la vanité ne raisonne pas. Mais tant que durera le monde, la nature de l'homme luttera pour l'affranchissement et se révoltera qu'on fasse d'elle l'esclave ou le porte-parole d'un autre homme. Tout cela est fort grave : rien ne sert de l'écarter, de prétendre que l'acteur n'est point le porte-parole d'un autre, de soutenir qu'il anime du souffle de la vie les œuvres mortes de l'auteur. Alors même que ce serait vrai (et ce ne peut être), alors même que l'acteur n'aurait à rendre que des idées conçues par lui, sa nature n'en serait pas moins enchaînée ; son corps serait l'esclave de sa pensée et c'est à quoi un corps sain se refuse, comme je vous l'ai fait prévoir. C'est pourquoi le corps de l'homme est *par sa nature même* impropre à servir d'instrument à un Art. Je me rends compte de ce que cette assertion a d'absolu, et comme elle vise des hommes et des femmes contemporains qui, en tant que groupe, ont droit à notre éternelle reconnaissance, je me hâte de m'expliquer, de peur d'en blesser quelques-uns. Je sais fort bien que ce que j'ai dit ne fera point partir tous les acteurs de tous les théâtres du globe et ne les chassera point en de tristes monastères où ils passeront le reste de leur vie à rire et s'entretenir de l'Art du Théâtre en fait de conversation amusante.

Comme je l'ai écrit par ailleurs, le Théâtre continuera de croître, et les acteurs pendant un certain nombre d'années encore retarderont son développement. Mais j'aperçois une issue par où ils pourront échapper à leur servitude actuelle. Ils recréeront une manière de jouer nouvelle consistant en grande partie en gestes symboliques.

De nos jours l'acteur s'applique à *personnifier* un caractère et à l'interpréter ; demain il essaiera de le *représenter* et de l'interpréter ; au jour prochain il en *créera* un lui-même. Ainsi renaîtra le style.

Aujourd'hui, l'acteur personnifiant un caractère a l'air d'avertir le public : « Regardez-moi ! Je vais être un tel, je ferai telle chose ».

Puis il se met à *imiter* aussi exactement que possible ce qu'il a annoncé qu'il allait *indiquer*. Mettons qu'il soit Roméo. Il explique à l'auditoire qu'il est amoureux et le montre en embrassant Juliette.

Et voilà ce qu'on appelle faire œuvre d'art, ce qu'on dit être une manière intelligente de suggérer une idée. Ma foi, cela fait penser à un peintre qui tracerait sur un mur l'image d'un quadrupède à grandes oreilles et puis écrirait « âne » dessous. Les grandes oreilles l'indiquaient du reste, sans qu'il ait eu besoin de rien écrire ; un écolier n'eût pas fait autrement. La différence entre l'écolier et l'artiste est que celui-ci au moyen des seuls traits et des contours évoque aussitôt l'image de l'âne ; et si c'est un grand artiste il évoquera l'idée de l'espèce entière des ânes, *l'esprit* de la chose.

L'acteur enregistre la vie à la manière d'un appareil de photographie et il essaie d'en donner un cliché photographique. Il ne soupçonne pas que son art puisse en être un comme la Musique. Il s'efforce uniquement de reproduire la nature ; il pense rarement à inventer d'après elle ; il ne songe jamais *à créer*. Le mieux qu'il sache faire s'il veut rendre la poésie d'un baiser, l'ardeur d'une lutte ou le calme de la mort, est de copier servilement, photographiquement la réalité. Il donne un baiser, il lutte, il retombe et mime la mort. À la réflexion, tout cela ne vous semble-t-il pas vraiment absurde ? N'est-ce pas un pauvre Art et une piètre intelligence qui ne peuvent communiquer l'essence d'une idée au public, mais ne savent que montrer une gauche copie, un fac-similé de la chose elle-même ? C'est faire œuvre d'imitateur et non d'artiste.

C'est avoisiner le ventriloque[*]. On dit communément de l'acteur « qu'il est bien entré dans son rôle » – mieux vaudrait pouvoir en dire qu'il est tout à fait en dehors.

– « Quoi ! » s'écrie l'acteur au sang vif et aux yeux étincelants : « Il n'y aura donc ni chair ni vie dans votre Art du Théâtre ! ». Tout dépend de ce que vous entendez par *vie* quand vous vous servez de

---

[*] Ici, Craig renvoie en note au livre III de la *République* : il cite longuement le passage où Platon exclut le poète mimétique de la *Cité* (voir *supra*, p. 101).

ce mot relativement à l'idée d'Art. Pour le peintre, le mot de vie représente quelque chose de très différent de la réalité; pour les autres artistes le mot vie a un sens tout idéal; et ce sont les seuls, acteurs, ventriloques et naturalistes, pour qui mettre de la vie dans leur œuvre signifie fournir une imitation matérielle, grossière, immédiate de la réalité.

Si quelque acteur lit ces lignes, ne puis-je faire éclater à ses yeux toute l'absurdité de cette idée fausse, de cette croyance qu'il doit tendre à copier, à imiter matériellement la réalité? Supposons que cet acteur se trouve là en effet et que j'invite un peintre et un musicien à se joindre à nous. Je suis las de paraître toujours attaquer l'acteur pour des motifs vulgaires. Je n'ai parlé comme j'ai fait que par amour du Théâtre, parce que je suis convaincu que d'ici peu un développement extraordinaire va soulever et ranimer ce qui y dépérit, et que l'acteur contribuera de toutes ses forces à cette renaissance. Beaucoup de gens, dans le monde du Théâtre, se méprennent sur l'attitude que j'y ai prise. Ils n'y voient qu'une attitude personnelle, la mienne; celle d'un dissident égaré, d'un pessimiste qui maugrée, de quelqu'un qui, lassé d'une chose, tente de la briser. C'est pourquoi laissons la parole aux autres artistes. Laissons l'acteur plaider sa cause de son mieux et écouter ce que d'autres pourront lui dire en fait d'art. Nous voici donc tous quatre assis, l'acteur, le peintre, le musicien et moi-même. Trois parlent, et moi, qui représente un art distinct des leurs, je me tais.

[…] – « Est-ce vrai », demande le peintre, « qu'avant de pouvoir interpréter convenablement un rôle, il faut ressentir toutes les émotions du personnage que vous représentez? » – « Oui et non, cela dépend de ce que vous voulez dire, répond l'acteur. Il faut d'abord nous mettre en état de comprendre, d'éprouver, et aussi d'analyser les émotions de notre personnage. Nous le mesurons avant d'entrer en lutte; nous puisons dans le texte tout ce que nous pouvons y trouver, puis nous évoquons tous les sentiments qui sont vraisemblables chez ce personnage. Après les avoir soigneusement groupés et choisis, nous nous exerçons à rendre ces sentiments intelligibles au public; et pour ce, moins nous aurons d'émotion personnelle, plus nous serons maître de notre expression et de nos gestes ».

Le peintre se lève avec un mouvement d'impatience et marche de long en large. Il s'attendait à ce que l'émotion n'eût aucune part dans l'interprétation et que son ami lui dît qu'il usait de sa voix, de son visage, de ses gestes, comme il ferait d'un instrument. Le musicien s'absorbe. « Mais », reprend le peintre, « n'y a-t-il jamais eu d'artiste qui ait discipliné son corps de telle sorte que celui-ci répondît exactement aux mouvements de sa pensée, sans laisser poindre une émotion? Sans doute y en eut-il un parmi des milliers? ».

– « Non! », affirme l'acteur, « jamais! Il n'y a jamais eu d'acteur capable d'asservir absolument son corps à son esprit. Edmund Kean, en Angleterre, Salvini en Italie, Rachel, Eleonora Duse*, je les évoque tous, et je vous répète qu'il n'y eut jamais d'acteur ou d'actrice comme ceux dont vous parlez ». Et le peintre : « Vous convenez donc que ce serait la perfection? » – « Naturellement; d'ailleurs c'est tout à fait impossible et ça le sera toujours! », s'écrie l'acteur avec un secret soulagement.

« Cela revient à dire qu'il n'y a jamais eu d'acteur parfait, d'acteur qui n'ait gâté son rôle deux, six, vingt fois par soirée? Qu'il n'y a pas eu et qu'il n'y aura jamais d'interprétation pour ainsi dire parfaite? ». Aussitôt l'acteur de demander : « Mais y eut-il jamais en peinture, en architecture, en musique, d'œuvre qu'on puisse appeler parfaite? ».

– « Certainement; les lois qui régissent nos arts respectifs rendent la chose possible. Un tableau, par exemple », dit le peintre, « peut se composer de quelques lignes à peine. Mais si simple soit-il, il peut être parfait. C'est-à-dire que je puis librement choisir et la

---

*Edmund Kean (1787-1833), comédien anglais; Tommaso Salvini (1829-1915), comédien italien; Rachel, pseudonyme d'Eliza Félix (1821-1858), comédienne française; Eleonora Duse (1859-1924), comédienne italienne.

matière avec laquelle je tracerai ces lignes et celle sur laquelle je les grouperai ; je suis libre de les modifier à ma guise, – libre encore de choisir le moment où, sans hâte, sans fièvre, sans nervosité, je les composerai – les voici à leur place. Elles dépendent de ma seule volonté que je contrôle entièrement. Elles seront à mon gré droites ou courbes, et il n'y a pas à craindre que ma main les trace courbes si je les veux droites. L'œuvre achevée ne subira plus que les changements du temps, qui finira par la détruire ». – « Voilà qui est curieux à penser », répond l'acteur, « je voudrais qu'il en fût de même dans notre profession ».

– « Oui, c'est curieux en effet, et c'est même ce qui à mes yeux fait la différence entre la résultante de l'Intelligence et la résultante du Hasard. La première donne une œuvre d'art, la seconde n'est qu'une œuvre de circonstance. Qu'une production de l'Intelligence atteigne sa forme parfaite et c'est une œuvre d'art pur. Et c'est pourquoi j'ai toujours soutenu, bien que je puisse me tromper, que votre profession n'est pas de nature artistique, chacune de vos réalisations étant sujette à être modifiée par l'émotion. Votre pensée est trahie par votre corps, qui à maintes reprises a triomphé de l'Intelligence jusqu'à la bannir de la scène. Certains acteurs semblent dire : Que sert d'avoir de belles, d'heureuses idées, si mon corps, qui échappe à mon contrôle, doit les déformer ? Rejetons toute pensée, et que mon corps décide de moi et de la pièce. Et il y a de la sagesse dans cette manière de voir. Cet acteur-là du moins n'oscille pas entre deux influences qui luttent en lui. Il ne s'effraie pas de ce qui pourra advenir. Il se jette dans la mêlée, comme un homme, comme un fou, – oubliant tout savoir, toute prudence, toute raison ; voilà le public mis en belle humeur et c'est ce qu'il voulait pour son argent. Mais nous visons autre chose que cette belle humeur, n'est-ce pas ? Et, bien que nous acclamions l'acteur à la brillante personnalité, n'oublions pas que c'est lui, l'homme, que nous applaudissons et non ce qu'il joue ou la manière dont il le joue ; et que cela n'a rien à voir avec l'art, le calcul, la composition ». […] – « Hélas ! » soupire l'acteur, « voici que vous voulez me prouver que nous ne pouvons pas nous considérer comme des artistes. Vous m'arrachez mon plus beau rêve, et ne me donnez rien à la place ». – « Ce n'est pas à moi de vous le donner, – c'est vous qui trouverez. Sans doute l'Art du Théâtre, comme tous les Arts véritables, s'appuie sur des lois qu'il faut découvrir, et qui, lorsque vous les connaîtrez, vous satisferont pleinement ? » – « Recherche qui vous mènerait droit à un mur. » – « Sautez-le ! » – « Il est trop haut ! » – « Escaladez-le alors. » – « Et où cela nous mènerait-il ? » – « Plus loin, au delà ! » – « Paroles en l'air que tout cela. » – « Hé ! c'est justement en l'air qu'il faudrait prendre son essor ; au-dessus des cimes, en plein ciel ; d'autres vous suivraient si vous donniez l'exemple. Mais vous découvrirez les principes de votre Art quelque jour, et quel avenir admirable s'ouvrira désormais devant vous ! Au fond, je vous envie. Il m'arrive parfois de souhaiter que la photographie eût été connue avant la peinture afin que la génération actuelle ait eu l'immense joie de la dépasser, de montrer qu'en soi la photographie était une bonne chose, mais qu'il y a mieux. » – « Selon vous », reprend l'acteur, « notre Art équivaut donc à la photographie ? » – « Non pas, il est loin d'être aussi exact. Mais tandis que nous bavardions, le musicien s'est de plus en plus absorbé dans son mutisme. Nos arts auprès du sien ne sont que hochets, amusements, billevesées ». Assertion que le musicien compromet aussitôt en disant une gaucherie. – « Par exemple ! voilà qui ne me paraît pas fort, pour le représentant du seul art qui soit au monde ! » s'exclame l'acteur. Tous de rire, y compris le musicien qui rit d'un air timide et contraint.

– « Mon bon vieux, c'est justement parce qu'il est un musicien ! Il n'est rien en dehors de la musique. Il est même un peu borné lorsqu'il ne parle pas à l'aide des sons, des notes et des temps. Il ignore presque notre langue, il ignore presque le monde, et plus il est grand dans son art, plus c'est frappant ; c'est même assez mauvais signe chez un compositeur que d'être intelligent. Quant au musicien intellectuel comme… mais chut ! ne prononçons pas ce nom illustre. Quel acteur il aurait fait celui-là ! Quelle personnalité ! Toute sa vie, la scène l'a tenté. Il aurait fait un parfait comédien, –

tandis qu'il est devenu compositeur ou même auteur dramatique. En tout cas, ç'a été un triomphe, un triomphe de personnalité. » – « Mais un triomphe pour l'Art également ? » demande le musicien – « Pour quel Art ? » – « Oh ! pour tous les arts réunis », répond le musicien avec une candeur sereine. – « Mais comment voulez-vous que ce soit possible ? Comment les arts réunis composeraient-ils un art ? Une parade, certes, un théâtre, mais non pas un art. Seules les choses lentement unies par une loi naturelle, peuvent au cours des ans ou des siècles, prétendre à un nom nouveau pour le résultat de leur fusion ; et ce n'est qu'ainsi que peut naître un art. Notre vieille mère Nature ne veut point être forcée ; si d'aventure, elle ferme les yeux, elle ne tarde pas à se venger. Il en est de même pour les Arts : on ne saurait les mêler les uns aux autres, puis venir proclamer qu'on a créé un art nouveau. Si vous découvrez quelque jour dans la Nature un mode nouveau dont l'homme n'ait jamais usé pour exprimer sa pensée, sachez que vous serez à la veille de créer un nouvel Art ; car vous aurez découvert les éléments mêmes de cet Art. Commencez vos recherches. Le Théâtre, tel que je le comprends, n'a pas encore trouvé ce mode d'expression ». Là s'arrête leur entretien. J'incline à l'opinion du peintre : bien loin de rivaliser de zèle avec le photographe, je m'efforcerai d'atteindre à quelque chose de totalement opposé à la vie tangible, réelle, telle que nous la voyons.

Cette vie de chair et de sang, si séduisante qu'elle soit, n'est pas pour moi un champ d'investigation ou un objet à rendre au monde, même codifié. Je chercherai plutôt à entrevoir cet esprit que nous appelons Mort – à invoquer les belles créatures du monde imaginaire, ces êtres morts que l'on dit froids et qui, souvent, me semblent plus chauds et plus vivants que ce qui se proclame Vie. Les ombres – les esprits – ont pour moi une beauté et une vitalité bien supérieures à celles des hommes et des femmes ; cités d'hommes et de femmes imprégnées de bassesse, créatures inhumaines, humanité opaque, glacée, dure. Car, en scrutant la vie trop longuement, ne risque-t-on pas, au lieu de la beauté, du mystère ou du tragique, de trouver l'ennui, le mélodrame et la sottise, une conspiration contre la vitalité – contre ce qui chauffe au rouge et ce qui chauffe à blanc ? Or, il est impossible de tirer une quelconque inspiration de ces choses dépourvues du soleil de la vie. Elle surgit, au contraire, de cette vie mystérieuse, joyeuse et splendidement achevée qu'on appelle Mort, vie d'ombre et de formes inconnues où tout n'est pas ténèbres et brouillard, mais couleurs et lumière vives, formes nettes, peuplées de figures étranges, farouches et solennelles, gracieuses et calmes, entraînées dans un mouvement merveilleusement harmonieux. Tout ceci dépasse la simple réalité. […]

Tout porte à croire que la vérité se fera jour bientôt. Supprimez l'arbre authentique que vous aviez mis sur la scène, supprimez le ton naturel, le geste naturel et vous en viendrez à supprimer l'acteur également. C'est ce qui arrivera un jour, et j'aime à voir certains Directeurs de théâtre envisager cette idée d'ores et déjà. Supprimez l'acteur et vous enlèverez à un grossier réalisme les moyens de fleurir à la scène. Il n'y aura plus de personnage vivant pour confondre en notre esprit l'art et la réalité ; plus de personnage vivant où les faiblesses et les frissons de la chair soient visibles.

L'acteur disparaîtra ; à sa place nous verrons un personnage inanimé – qui portera si vous voulez le nom de « Sur- Marionnette », – jusqu'à ce qu'il ait conquis un nom plus glorieux.

On a déjà beaucoup écrit sur la marionnette et de fort bons ouvrages. Elle a même inspiré plusieurs œuvres.

De nos jours, la marionnette traverse une ère de disgrâce, – bien des gens la considèrent comme une sorte de pantin d'un ordre supérieur, dérivé de la poupée. Mais ils font erreur. La marionnette est la descendante des antiques idoles de pierre des temples, elle est l'image dégénérée d'un Dieu. Amie de l'enfance, elle sait encore choisir et attirer ses disciples.

Que l'un de vous dessine une marionnette, il fera d'elle une figurine figée et grotesque. C'est qu'il prend pour une placidité imbécile et une anguleuse difformité ce qui est la gravité du masque et l'immobilité du corps. Car même nos marionnettes modernes sont des êtres extraordinaires. Les applaudissements éclatent en tonnerre ou se perdent isolés, la marionnette ne s'en émeut point; ses gestes ne se précipitent et ne se confondent pas; qu'on la couvre de fleurs et de louanges, l'héroïne conserve un visage impassible. Il y a plus qu'un trait de génie dans la personnalité qui se déploie : elle est pour moi le dernier vestige de l'Art noble et beau d'une civilisation passée. Mais comme l'art s'avilit entre des mains grossières, de même les marionnettes ne sont plus que des grotesques, que de vulgaires histrions. Elles imitent à leur mesure les acteurs du Théâtre. Si les pupazzi entrent en scène, c'est pour tomber à la renverse; ils ne boivent que pour trébucher, ils n'aiment que pour donner à rire. Ils ont oublié les enseignements maternels du Sphinx. Leur corps raide a perdu la grâce hiératique de jadis; leurs yeux écarquillés ne semblent plus nous regarder. Le pantin exhibe sa ficelle, et se carre dans sa sagesse de bois. Il ne se souvient plus que son Art doit, lui aussi, porter le même cachet de sobriété que nous rencontrons dans les œuvres d'autres artistes, et que l'art le plus accompli est celui qui cache le métier et oublie l'artisan.

[…] Qui sait? peut-être la marionnette redeviendra-t-elle quelque jour le médium fidèle de la belle pensée de l'artiste ? Et le jour approche qui nous ramènera le pupazzi, créature symbolique façonnée par le génie de l'artiste, et où nous retrouverons « la noble convention » dont parle l'historien grec ? Nous ne serons plus alors à la merci de ces aveux de faiblesse qui trahissent sans cesse les acteurs et éveillent à leur tour chez les spectateurs des faiblesses pareilles. Dans ce but, il faut nous appliquer à reconstruire ces images, et non contents des pupazzi, il nous faut créer une « Surmarionnette ».

Celle-ci ne rivalisera pas avec la vie, mais ira au-delà; elle ne figurera pas le corps de chair et d'os, mais le corps en état d'extase, et tandis qu'émanera d'elle un esprit vivant, elle se revêtira d'une beauté de mort. Ce mot de *mort* vient naturellement sous la plume par rapprochement avec le mot de vie dont se réclament sans cesse les réalistes. D'aucuns y verront peut-être, à tort, une affectation de ma part, ceux-là surtout qui ne ressentent pas la puissance et la joie mystérieuse des œuvres d'art sereines.

[…] La plupart des gens sourient dès que je leur parle de marionnettes ou de pupazzi. Ils pensent aussitôt à leurs ficelles, à leurs bras raides, à leurs gestes saccadés ; ils me disent : « Ce sont de drôles de petits poupards ». Mais rappelez-vous que ces mêmes pupazzi sont les descendants d'une noble et grande famille d'idoles, d'idoles faites en vérité « à l'image d'un Dieu », et qu'il y a bien des siècles ces figurines avaient des mouvements harmonieux et non saccadés, nul besoin de ficelles ou de fils de fer, et ne parlaient point par la voix nasillarde du montreur de Guignol. […] Que non ! La marionnette fit jadis plus grande figure que vous-même.

[…] Vous n'eussiez point ri à voir son modèle dans la gloire, aux temps où il représentait le symbole de l'homme, aux fêtes de la Création, où il était l'image qui nous ravissait d'admiration. Insulter sa mémoire serait railler notre propre chute, railler les croyances et les images que nous avons brisées.

[…] Or, voici comment fut troublée la sereine atmosphère entourant cet être étrangement parfait : les annales content qu'à quelque temps de là, il alla s'établir sur la côte extrême-orientale et que deux femmes vinrent le contempler.

À la cérémonie à laquelle elles assistèrent, l'idole rayonna d'une si vivante splendeur en même temps que d'une si divine simplicité, que les mille âmes réunies à cette fête furent ravies d'une extase aussi lucide qu'enivrante – seules ces deux femmes ne goûtèrent que l'ivresse.

L'idole ne les vit point, son regard était fixé sur les cieux, mais elle fit naître en ces deux femmes un désir trop grand pour être assouvi : celui d'être le symbole de ce qu'il y a de divin dans d'homme. Aussitôt conçu, aussitôt mis à exécution : elles se parèrent de leur mieux de vêtements (pareils à ceux de l'idole, disaient-elles) ; firent des gestes qu'elles croyaient pareils aux siens, et persuadées qu'elles susciteraient le même émerveillement dans l'esprit des spectateurs, elles se construisirent un temple (tout pareil ! – tout pareil !) – et pensèrent répondre au désir de la foule par cette méchante parodie.

Ainsi parlent les annales ; et c'est la première relation d'Orient où il soit question de l'Acteur. Il est né de la sotte vanité de deux femmes qui ne purent voir le symbole de la divinité sans souhaiter d'y avoir leur part ; leur parodie tourna à leur avantage. À cinquante ou cent ans de là, on trouvait la même en tous lieux du pays.

« Mauvaise herbe est tôt venue », dit l'adage. Cette savane d'herbes folles qu'est le Théâtre moderne poussa bien vite. La divine marionnette eut de moins en moins d'adorateurs, et les deux femmes eurent toute la vogue. Le déclin de la marionnette et le succès des deux femmes s'exhibant à sa place, marquèrent l'arrivée du sombre Chaos et, à sa suite, de la personnalité déchaînée.

Vous comprenez maintenant ce qui m'a fait aimer et apprécier ce que de nos jours on nomme « marionnette » – ce qui m'a fait détester ce qu'on nomme « le réalisme dans l'Art » ? Je souhaite ardemment le retour de cette image au Théâtre, de cette Sur-marionnette. Que ce symbole revienne, et sitôt apparu il gagnera si bien les cœurs, que nous verrons renaître l'antique joie des cérémonies, la célébration de la Création, l'hymne à la vie, la divine et heureuse invocation à la Mort.

PREMIER DIALOGUE ENTRE UN HOMME DU MÉTIER ET UN AMATEUR DE THÉÂTRE*

LE RÉGISSEUR. Maintenant que nous avons parcouru ensemble tout le Théâtre, que je vous ai montré sa construction générale, la scène, la machinerie des décors, les appareils d'éclairage et le reste, et que vous avez vu le mécanisme du Théâtre, asseyons-nous un

---

* Première publication à Londres (T.N. Foulis) et à Berlin/Leipzig (Seemann) en 1905.

moment dans la salle et parlons de son art. Dites-moi, savez-vous ce que c'est que l'Art du Théâtre ?

L'AMATEUR DE THÉÂTRE. Il me semble que c'est l'art dramatique, l'interprétation des acteurs ?

LE RÉGISSEUR. La partie vaut donc le tout ?

L'AMATEUR DE THÉÂTRE. Non, bien sûr. Mais voulez-vous dire que c'est en la pièce que consiste l'Art du Théâtre ?

LE RÉGISSEUR. La pièce est une œuvre littéraire. Comment un art en serait-il un autre en même temps ?

L'AMATEUR DE THÉÂTRE. Si cet art ne consiste point dans le jeu des acteurs, ni dans la pièce, faut-il conclure que c'est dans la mise en scène ou la danse ? Ce n'est pas là votre pensée ?

LE RÉGISSEUR. Non. L'art du théâtre n'est ni le jeu des acteurs, ni la pièce, ni la mise en scène, ni la danse ; il est formé des éléments qui les composent : du geste qui est l'âme du jeu ; des mots qui sont le corps de la pièce ; des lignes et des couleurs qui sont l'existence même du décor ; du rythme qui est l'essence de la danse.

L'AMATEUR DE THÉÂTRE. Et du geste, des mots, des lignes et des couleurs, du rythme – lequel est le plus essentiel à cet Art ?

LE RÉGISSEUR. L'un n'importe pas plus que l'autre. De même qu'une couleur n'est pas plus qu'une autre utile au peintre, un son plus qu'un autre employé par le musicien. Toutefois le geste est peut-être le plus important : il est à l'Art du Théâtre ce que le dessin est à la peinture, la mélodie à la musique. L'Art du Théâtre est né du geste – du mouvement – de la danse.

L'AMATEUR DE THÉÂTRE. J'avais toujours pensé qu'il était né du discours, et que le Poète avait présidé à sa destinée.

LE RÉGISSEUR. C'est l'opinion courante, mais veuillez réfléchir un instant. L'imagination du poète s'exprime en paroles harmonieuses ; il récite ou chante ces paroles et s'en tient là. Ce poème, dit ou chanté, s'adresse à nos oreilles et, par là, à notre imagination. Nous ne gagnerons rien à ce que le poète joigne le geste au récit ou au chant ; bien au contraire, cela ne fera que nous troubler.

L'AMATEUR DE THÉÂTRE. Oui, je me rends compte que le geste ne peut rien ajouter à un parfait poème lyrique, sans causer une désharmonie. Mais est-ce applicable également à la poésie dramatique ?

LE RÉGISSEUR. Sans aucun doute. Rappelez-vous qu'il s'agit du poème dramatique, et non du drame. Ce sont deux choses différentes. Le premier est écrit pour être lu, le second doit être vu, joué à la scène. Le geste est nécessaire au drame, inutile au poème. Le geste et la poésie n'ont rien à voir ensemble. Et de même qu'il ne faut point confondre le poète dramatique avec le dramaturge. L'un écrit pour le lecteur, ou l'auditeur –l'autre pour le public d'un théâtre. Savez-vous qui fut le père du dramaturge ?

L'AMATEUR DE THÉÂTRE. Le poète dramatique, je pense ?

LE RÉGISSEUR. Erreur. Ce fut le danseur. Et au lieu de se servir de mots seulement à la manière du poète lyrique, le dramaturge forgea sa première pièce à l'aide du geste, des mots, de la ligne, de la couleur et du rythme en s'adressant en même temps à nos yeux et à nos oreilles par un jeu adroit de ces cinq facteurs.

L'AMATEUR DE THÉÂTRE. Quelle différence y a-t-il entre les œuvres de ces premiers dramaturges, et celles des contemporains ?

LE RÉGISSEUR. Les premiers dramaturges étaient fils du théâtre, tandis que les contemporains ne le sont pas. Ceux-là savaient ce que ceux-ci ignorent encore. Ils savaient que lorsqu'ils paraissaient avec leurs camarades devant le public, celui-ci était plus désireux de voir ce qu'ils allaient faire que *d'entendre* ce qu'ils auraient à dire. Ils savaient que la vue est sans contredit le sens le plus prompt et le plus aiguisé chez l'homme. Ce qu'ils rencontraient d'abord en face d'eux c'étaient les lignes d'yeux curieux et avides. Et les spectateurs placés trop loin pour pouvoir tout entendre semblaient se rapprocher par l'intensité perçante de leurs regards. Le dramaturge s'adressait à eux tantôt en vers, tantôt en prose, toujours au moyen du mouvement, lequel s'exprime en poésie par la danse, en prose par le geste.

L'AMATEUR DE THÉÂTRE. Cela est curieux – continuez.

LE RÉGISSEUR. Jalonnons d'abord notre route. Nous avons vu que le dramaturge descend du danseur, qu'il a pour origine le théâtre, et non la poésie. Et nous venons de dire que le poète dramatique contemporain ne fait appel qu'à l'oreille de ses lecteurs. Cependant, en dépit du poète, le public de nos jours continue d'aller au théâtre comme par le passé pour y voir, et non pour y entendre quelque chose. Comprenez-moi bien : je ne veux nullement insinuer que le poète soit mauvais auteur dramatique ou qu'il ait une fâcheuse influence sur le théâtre ; ce que je veux vous faire saisir c'est que le poète n'est point du théâtre, qu'il n'en tire pas son origine, et qu'il ne peut en faire partie. Seul parmi les écrivains, le dramaturge peut, de par sa naissance, faire valoir un droit au théâtre et encore ce droit est-il fort mince. Mais allons de l'avant.

Le public vient au théâtre pour voir et non pour entendre. Qu'est-ce que cela prouve, sinon que le public d'aujourd'hui est demeuré le même que jadis ? Fait d'autant plus curieux, que les pièces et les auteurs dramatiques ont, eux, varié. Les pièces ne sont plus une harmonieuse combinaison de gestes, de paroles, de danses et d'images ; elles consistent tout en paroles, ou tout en images. Les pièces de Shakespeare, par exemple, diffèrent grandement des anciens « mystères » composés uniquement pour le théâtre. *Hamlet* n'est pas de nature à être représenté à la scène. *Hamlet* et les autres pièces shakespeariennes sont à la lecture des œuvres si vastes et si complètes qu'elles ne peuvent que perdre beaucoup à être interprétées à la scène. Le fait qu'on les jouait du temps de Shakespeare ne prouve rien. Les vraies œuvres du théâtre à cette époque, c'étaient les « Masques », les « Pageants » * –, légères et charmantes illustrations de l'Art du Théâtre. Si les drames shakespeariens avaient été composés pour être *vus*, ils nous paraîtraient incomplets à la lecture. Or, personne lisant *Hamlet* ne trouvera la pièce ennuyeuse ou incomplète, alors que plus d'un, après avoir assisté à

---

* Masques : jeux de masques prisés à la cour d'Elisabeth Ire. Pageants : Scènes mobiles sur lesquelles à la fin du Moyen-Age on représentait de courts mystères.

la représentation du drame, dira avec regret : « Non, ce n'est pas le *Hamlet* de Shakespeare ». Lorsqu'on ne peut rien ajouter à une œuvre d'art, elle est « achevée », complète. Or, la pièce de *Hamlet* était « achevée » lorsque Shakespeare en eut tracé le dernier vers. Vouloir y joindre le geste, le décor, les costumes et la danse, c'est suggérer qu'elle est incomplète et a besoin d'être perfectionnée.

L'AMATEUR DE THÉÂTRE. Est-ce à dire qu'on ne devrait jamais jouer *Hamlet* ?

LE RÉGISSEUR. À quoi bon l'affirmer ! On continuera de le jouer d'ici quelque temps encore, et le devoir de ses interprètes sera de faire de leur mieux. Mais viendra le jour où le théâtre n'aura plus de pièces à représenter et créera des œuvres propres à son Art.

L'AMATEUR DE THÉÂTRE. Et ces œuvres paraîtront incomplètes à la lecture ou à la récitation ?

LE RÉGISSEUR. Certes, elles seront incomplètes partout ailleurs qu'à la scène, insuffisantes partout où leur manquerait l'action, la couleur, la ligne, l'harmonie du mouvement et du décor.

L'AMATEUR DE THÉÂTRE. Cela me surprend un peu.

LE RÉGISSEUR. C'est peut-être que cela vous paraît assez nouveau ; dites-moi ce qui vous surprend davantage.

L'AMATEUR DE THÉÂTRE. L'idée même que je n'avais jamais réfléchi en quoi consistait l'Art du Théâtre. Pour la plupart d'entre nous ce n'est qu'un divertissement.

LE RÉGISSEUR. Pour vous également ?

L'AMATEUR DE THÉÂTRE. Pour moi, le théâtre a toujours eu l'attrait irrésistible d'un divertissement et d'un exercice intellectuel. Le spectacle m'amuse toujours – l'interprétation des acteurs m'a éclairé souvent.

LE RÉGISSEUR. En somme, vous y trouvez une sorte de plaisir incomplet ?

L'AMATEUR DE THÉÂTRE. Je me souviens de pièces qui m'ont donné grande satisfaction.

LE RÉGISSEUR. Si quelque chose d'aussi médiocre a pu vous contenter, c'est peut-être que vous vous attendiez à pire et que vous avez trouvé un peu mieux que vous n'espériez. Bien des gens qui s'en vont au théâtre aujourd'hui s'attendent à s'y ennuyer, C'est tout naturel : ils y ont vu si souvent des choses fastidieuses. Lorsque vous me dites qu'un théâtre moderne a pu vous donner satisfaction, vous me prouvez que non seulement l'Art, mais une partie du public a dégénéré. Mais que cela ne vous décourage pas. J'ai connu quelqu'un dont la vie était si occupée qu'il ne pouvait entendre d'autre musique que celle des orgues de barbarie dans la rue, c'était pour lui l'idéal de la musique ; cependant on peut en trouver de meilleure… Si vous aviez vu une véritable œuvre d'art théâtrale, vous ne pourriez plus supporter ce qu'aujourd'hui on vous donne à leur place. Et si vous ne voyez pas d'œuvre d'art à la scène, ce n'est pas ma faute que le public n'en réclame ; ou qu'il n'y ait au théâtre d'excellents artisans capables d'en exécuter ; ce qui manque c'est *l'artiste* qui les crée, *l'artiste du théâtre* entendons-nous, et non le poète, le peintre ou le musicien. Les nombreux et excellents artistes que je viens de citer ne peuvent rien changer à cet état de choses. Ils sont tenus de fournir ce que les directeurs de théâtre leur demandent, et ils le font de bon cœur. L'avènement de l'artiste dans le monde du théâtre changera tout cela. Il groupera, lentement mais sûrement, ces ouvriers d'élite autour de lui et animera d'un souffle nouveau l'Art du Théâtre.

L'AMATEUR DE THÉÂTRE. Mais les autres ?

LE RÉGISSEUR. Vous voulez dire ceux dont le théâtre moderne regorge ; ces artisans qui n'ont ni métier ni talent ? Ils ont une excuse, c'est qu'ils ne se doutent pas de leur incapacité. Ils pèchent non par ignorance, mais par inconscience. Le jour où ces mêmes hommes se rendraient compte qu'ils ont un métier et qu'il s'agit d'en faire l'apprentissage – et je ne pense pas ici aux machinistes, aux électriciens, aux costumiers, peintres en décors, etc., ni aux acteurs qui excellent chacun dans leur partie, mais aux régisseurs – le jour où les régisseurs se prépareraient à leur métier, lequel consiste à interpréter les œuvres du dramaturge, peu à peu, par un développement progressif, ils regagneraient le terrain perdu par le théâtre et rétabliraient l'Art du Théâtre dans son foyer, par leur génie créateur.

L'AMATEUR DE THÉÂTRE. Le régisseur passe avant les acteurs, selon vous?

LE RÉGISSEUR. Oui, le régisseur est à l'acteur ce que le chef d'orchestre est aux musiciens, ou l'éditeur à l'imprimeur.

L'AMATEUR DE THÉÂTRE. Et vous tenez le régisseur pour un artisan et non pas un artiste?

LE RÉGISSEUR. Lorsqu'il interprète les œuvres du dramaturge à l'aide de ses acteurs, décorateurs et autres artisans, il est lui-même maître-artisan. Lorsque, à son tour, il saura combiner la ligne, la couleur, les mouvements et le rythme, il deviendra artiste. Ce jour-là, nous n'aurons plus besoin du dramaturge. Notre art sera indépendant.

L'AMATEUR DE THÉÂTRE. La renaissance de l'Art du Théâtre est donc étroitement liée à celle du régisseur?

LE RÉGISSEUR. Sans aucun doute. Avez-vous pu croire un seul instant que je méprisais le régisseur? Je ne méprise que l'homme qui ne sait pas son métier de régisseur.

L'AMATEUR DE THÉÂTRE. À savoir?

LE RÉGISSEUR. En quoi son métier consiste? À interpréter la pièce du dramaturge; et pour ce, il promet en recevant la pièce des mains de l'auteur, de l'interpréter fidèlement selon le texte (je ne parle ici que des régisseurs d'élite). Puis il la lit, et à la première lecture toute la couleur, la tonalité, le mouvement et le rythme qui devront caractériser la pièce, surgissent nettement en son esprit. Quant aux indications scéniques dont l'auteur larde son texte, il ne s'y arrête point, car étant maître en sa partie, elles ne lui sont d'aucune utilité.

L'AMATEUR DE THÉÂTRE. Comment? Je ne vous comprends pas très bien. Vous prétendez que lorsqu'un auteur a pris la peine de décrire le décor où se mouvront ses personnages, le régisseur ne doit tenir aucun compte de ses indications et, somme toute, les négliger?

LE RÉGISSEUR. Peu importe qu'il les néglige ou non. Ce qu'il faut, c'est que sa mise en scène s'harmonise avec les vers ou la prose du texte, avec sa beauté, avec son sentiment. Quel que soit le tableau que le dramaturge veuille nous mettre sous les yeux, il nous renseignera sur le décor par le dialogue même de ses personnages. […] Shakespeare, le plus grand poète des temps modernes, a jugé les indications scéniques inutiles, insipides. Et, à coup sûr, Shakespeare comprenait quelle est la tâche du metteur en scène et qu'elle comporte notamment, entre autres choses, la composition des décors.

L'AMATEUR DE THÉÂTRE. Vous alliez justement me décrire en quoi consiste cette tâche ?

LE RÉGISSEUR. J'y viens. Je vous ai dit que le régisseur lisait soigneusement la pièce, en recevait une première impression, et commençait de voir la couleur, le rythme, le mouvement de l'œuvre s'ébaucher devant lui. Puis, laissant là son texte, pendant un certain temps, il combine en son esprit les couleurs que la pièce y a évoquées : il fait sa palette, si je puis dire. Aussi lorsqu'il reprend son texte pour la seconde fois, se sent-il environné d'une atmosphère dont il s'agit de contrôler si elle est appropriée. Après cette seconde lecture, il verra certaines impressions assez précises déjà s'accentuer clairement, définitivement, alors que d'autres, plus vagues, s'effaceront. Il notera les premières et commencera peut-être, dès ce moment, d'esquisser certains des décors et des idées qui se présentent à son esprit, mais il est plus probable, qu'avant de rien entreprendre, il relira la pièce une dizaine de fois.

L'AMATEUR DE THÉÂTRE. Je croyais que le metteur en scène confiait le soin de composer les décors au peintre décorateur ?

LE RÉGISSEUR. Il commet cette faute, en général.

L'AMATEUR DE THÉÂTRE. En quoi est-ce une faute ?

LE RÉGISSEUR. En ceci : A écrit une pièce que B promet d'interpréter fidèlement ; or, rien de plus délicat, de plus fugitif à rendre que le ton, l'esprit d'une pièce. Le moyen de lui garder son unité, sera-ce de confier la tâche tout entière au seul B, ou de la diviser entre lui et divers collaborateurs, C et D, lesquels voient les choses sous un jour différent ?

L'AMATEUR DE THÉÂTRE. Il va de soi qu'il vaut mieux en charger B, mais pourra-t-il, à lui seul, faire la besogne de trois personnes ?

LE RÉGISSEUR. C'est cependant le seul moyen d'obtenir l'unité indispensable à toute œuvre d'art. Et notez bien qu'il ne va pas exécuter quelque belle maquette, quelque reconstitution historique avec portes et fenêtres en suffisance et artistiquement distribuées ; mais il choisira certaines couleurs qui lui paraissent s'harmoniser avec le ton de la pièce, et en écartera délibérément d'autres qui seraient discordantes. Puis il choisira quelque objet qui formera le centre de sa maquette, – tels qu'un portique, une fontaine, un balcon, un lit, autour duquel il groupera tous les objets dont il est question dans la pièce et qui doivent être visibles. Peu à peu, il fera entrer chacun des personnages, et composera successivement leurs gestes, leurs costumes. Il commettra quelques erreurs dans son projet ; dans ce cas, il faudra y renoncer et corriger la faute, quitte à recommencer tout le projet ou à en créer un *nouveau*, s'il y a lieu. De toutes façons il faut que la maquette s'élabore lentement, harmonieusement, de telle sorte qu'elle nous réjouisse la vue. Tandis qu'il compose ainsi cette harmonie visuelle, le metteur en scène subit également l'influence de la musique, du vers ou de la prose, et du sens général, de l'esprit, de la pièce. Tout étant ainsi préparé, la besogne matérielle pourra commencer.

L'AMATEUR DE THÉÂTRE. Laquelle voulez-vous dire ? M'est avis que le régisseur en a déjà fait pas mal pour sa part.

LE RÉGISSEUR. Peut-être bien ; mais les difficultés ne font que de naître… J'entends par besogne matérielle celle qui exige du métier, comme l'exécution des décors ou la confection des costumes.

L'AMATEUR DE THÉÂTRE. Vous ne prétendez pas, cependant, que le metteur en scène en personne brosse les décors, coupe et couse les costumes lui-même ?

LE RÉGISSEUR. Non, je ne prétends pas qu'il le fasse chaque fois, ni pour chaque pièce qu'il monte – mais qu'il y ait travaillé une fois ou deux durant son apprentissage, qu'il ait la pratique du métier, suffisamment, pour pouvoir diriger lui-même ses ouvriers spécialistes chacun dans sa partie. Lorsque l'exécution des décors et costumes sera commencée, les rôles seront distribués aux divers acteurs qui les apprendront avant qu'une seule répétition ait eu lieu. (Ce n'est pas la coutume, comme vous vous en doutez bien, mais ce que ferait le régisseur idéal dont je vous parle). Dans l'intervalle, costumes et décors seraient presque achevés. Je ne vous détaillerai pas la besogne intéressante, mais ardue, qu'il faut accomplir pour en arriver là, mais sachez que les décors plantés sur la scène, et les acteurs revêtus de leurs costumes, il reste encore de grandes difficultés à vaincre.

L'AMATEUR DE THÉÂTRE. La tâche du metteur en scène n'est pas encore finie ? Les acteurs ne feront pas le reste ?

LE RÉGISSEUR. Vous voulez dire que c'est l'ère la plus intéressante de son travail qui commence. Les décors et les acteurs costumés forment devant lui un tableau. Il ne garde sur le « plateau » que les quelques personnages qui ouvrent le dialogue et se met en devoir de les éclairer.

L'AMATEUR DE THÉÂTRE. N'est-ce pas l'affaire du chef électricien et de son équipe ?

LE RÉGISSEUR. En ce qui concerne le mécanisme de l'éclairage ; mais c'est le régisseur qui en règle l'emploi. Et comme ce dernier est un homme intelligent et compétent, il a imaginé un dispositif d'éclairage spécial pour cette pièce, de même qu'il a imaginé des décors et des costumes spéciaux. S'il n'attachait pas d'importance à « l'harmonie » de la pièce, il laisserait le soin de l'éclairage au premier venu.

L'AMATEUR DE THÉÂTRE. Est-ce à dire qu'il a observé la nature de si près, qu'il puisse indiquer aux machinistes comment rendre le rayonnement plus ou moins oblique du soleil, ou le degré d'intensité du clair de lune baignant les murs d'une salle ?

LE RÉGISSEUR. Non pas. Car mon régisseur n'a jamais cherché à reproduire les jeux de lumière de la Nature. Il ne cherche pas à *reproduire* la Nature, mais à *suggérer* certains de ses phénomènes. Le régisseur peut essayer d'être un artiste, mais ne saurait prétendre aux honneurs célestes ; et ce serait prendre des airs omnipotents que de vouloir enchaîner la Nature, qui ne se laisse point faire.

L'AMATEUR DE THÉÂTRE. Dans ce cas, de quoi s'inspire-t-il et qui est-ce qui le guide dans sa manière d'éclairer décors et costumes ?

LE RÉGISSEUR. Mais justement les décors et les costumes, le rythme du texte, le sens de la pièce ; toutes choses qui peu à peu se sont fondues en un ensemble harmonieux ; il est tout naturel que cela se continue et que le régisseur soit le seul capable de maintenir cette harmonie qu'il a d'abord créée.

[…] Ayant passé en revue les différents travaux du régisseur : composition des décors, des costumes, de l'éclairage – nous arrivons au plus intéressant : à la mise en scène des personnages, à la composition de tous leurs mouvements et tous leurs discours. Il vous a paru surprenant qu'on ne laisse pas les acteurs régler eux-mêmes leur jeu, c'est-à-dire leurs paroles et leurs gestes. Mais réfléchissez un instant à la nature de ce travail. Voudriez-vous compromettre tout à coup l'ensemble harmonieux qui s'est formé peu à peu, en y mêlant un élément de hasard ?

L'AMATEUR DE THÉÂTRE. Que voulez-vous dire ? en quoi l'acteur compromet-il cet ensemble ?

LE RÉGISSEUR. Remarquez qu'il le fait *inconsciemment* ! Je ne veux pas dire un seul instant qu'il souhaite être en désaccord avec ce qui l'environne, non pas ; mais il l'est cependant, à son insu. Un petit nombre d'acteurs sont guidés par un sens très sûr de cette harmonie, d'autres ne le possèdent pas du tout, mais ceux-là même dont l'instinct est le plus juste ne peuvent s'intégrer dans l'ensemble, s'y fondre harmonieusement qu'en suivant les instructions du régisseur.

L'AMATEUR DE THÉÂTRE. Les principaux protagonistes eux-mêmes ne seront donc pas libres de se mouvoir et de jouer à leur guise ? Selon leur instinct et leur raison ?

LE RÉGISSEUR. Non pas. Ce sont eux les premiers, qui suivront les instructions du régisseur, car ils sont la plupart du temps le centre, le cœur même de cette harmonieuse composition.

L'AMATEUR DE THÉÂTRE. Est-ce qu'ils comprennent et partagent cette opinion ?

LE RÉGISSEUR. Sans doute, mais ceux-là seuls la partagent, qui se rendent compte que c'est la pièce, l'interprétation juste et vraie de la pièce, la chose essentielle au théâtre moderne. Voulez-vous un exemple ? Mettons qu'il s'agisse de représenter *Roméo et Juliette*. Nous avons étudié la pièce ; décors, costumes, éclairage, tout est prêt, les répétitions commencent. Nous sommes épouvantés par le tumulte furieux des citoyens de Vérone qui se battent, se couvrent d'injures et s'entre-tuent ; nous sommes saisis d'horreur qu'en cette claire cité de roses, de chants et d'amour, couve une haine monstrueuse prête à éclater au seuil même des églises, en pleine fête de mai, sous les fenêtres d'une enfant qui vient de naître ; sitôt après alors que nous nous souvenons encore de la laideur tordant les visages de Montague et de Capulet, voici venir, le long de la route, Roméo, qui sera sous peu l'amant et l'aimé de Juliette. Aussi l'acteur qui devra personnifier Roméo devra-t-il se mouvoir comme une partie, un fragment de la composition d'ensemble qui a, je vous l'ai dit, une forme définie. Il devra se présenter devant nous d'une façon déterminée, passer en un certain point de la scène, dans une certaine lumière, la tête tournée dans un certain angle, tout le corps en harmonie avec la pièce et non (comme cela arrive souvent) avec ses pensées personnelles, lesquelles tranchent avec la pièce. Car si belles soient-elles, elles peuvent ne pas s'accorder avec le tout homogène, l'ensemble si soigneusement composé par le metteur en scène.

L'AMATEUR DE THÉÂTRE. Le metteur en scène réglera tous les jeux de scène de l'interprète de Roméo, alors même que le rôle serait confié à un acteur remarquable ?

LE RÉGISSEUR. Absolument ; et plus l'intelligence et le goût de l'acteur seront développés, plus il sera facile de les contrôler. Je vous parle en ce moment d'un théâtre où tous les acteurs sont gens cultivés et le metteur en scène un homme d'un talent exceptionnel.

L'AMATEUR DE THÉÂTRE. Voulez-vous donc réduire ces acteurs intelligents à l'état de marionnettes ?

LE RÉGISSEUR. Vous me demandez cela du même ton indigné que prendrait un acteur qui doute de ses moyens. Une marionnette n'est aujourd'hui qu'une poupée convenant d'ailleurs parfaitement au guignol, et il nous faut mieux qu'une poupée au théâtre. Mais c'est bien le sentiment de certains acteurs à l'égard du metteur en scène : ils ont l'impression qu'ils ne sont que marionnettes dont il tire les ficelles, ils s'en montrent blessés comme d'une offense personnelle.

L'AMATEUR DE THÉÂTRE. Je comprends cela.

LE RÉGISSEUR. Mais ne comprenez-vous pas aussi qu'ils devraient souhaiter d'être dirigés dans leur interprétation ? Pensez un instant aux relations hiérarchiques des hommes à bord d'un bateau et vous saisirez mieux comment j'envisage celles qui unissent entre eux les gens du théâtre. Qui est-ce qui dirige le bateau ?

L'AMATEUR DE THÉÂTRE. L'homme au gouvernail – le timonier…

LE RÉGISSEUR. Lequel obéit à l'officier de navigation, qui est lui-même sous les ordres du capitaine, n'est-il pas vrai ? Et doit-on obéissance à aucun ordre qui n'ait été donné par le capitaine, ou pour lui ?

L'AMATEUR DE THÉÂTRE. Non pas.

LE RÉGISSEUR. Et sans capitaine, le bateau peut-il faire route en sécurité ?

L'AMATEUR DE THÉÂTRE. C'est rare.

LE RÉGISSEUR. L'équipage obéit-il au capitaine et à ses officiers et le fait-il de plein gré ?

L'AMATEUR DE THÉÂTRE. Sans doute.

LE RÉGISSEUR. N'est-ce pas là ce qu'on appelle la discipline, c'est-à-dire la soumission entière et volontaire à la règle et aux principes, dont le premier est l'obéissance ? Vous verrez sans peine l'analogie avec un théâtre où travaillent des centaines de personnes, ce qui nécessite un même genre de gouvernement. Vous comprendrez aisément que le plus léger indice de désobéissance y serait désastreux. On a pu prévoir les mutineries dans la marine, mais non pas au théâtre. La marine a eu soin de déclarer en termes clairs et péremptoires que le capitaine est tout puissant et maître absolu à son bord. Les hommes coupables de mutinerie sont jugés en conseil de guerre et frappés de peines sévères, telles que la prison ou le renvoi du service.

L'AMATEUR DE THÉÂTRE. Vous ne voudriez pourtant pas qu'on fît de même au théâtre ?

LE RÉGISSEUR. Le théâtre n'a point été créé, comme la marine, en vue de la guerre, et on ne sait pourquoi on n'y attache pas la même importance à la discipline, alors qu'elle est indispensable à tout service, de quelque ordre qu'il soit. Mais ce que je tiens à vous montrer, c'est que tant qu'on ne comprendra pas que la discipline au théâtre consiste en l'obéissance volontaire, absolue, au directeur de la scène – équivalent du capitaine – on ne pourra rien entreprendre de grand. [...] Ce qu'on n'a pas encore pleinement compris au théâtre, c'est *la valeur d'un haut idéal artistique et d'un directeur qui le sert fidèlement.* [...]

L'AMATEUR DE THÉÂTRE. Donc, si je vous entends bien, personne n'aurait le droit de diriger la scène sinon le régisseur – pas même l'auteur dramatique ?

LE RÉGISSEUR. Dans le cas seulement où celui-ci aura étudié, et connaîtra la pratique des divers métiers du théâtre, c'est-à-dire l'interprétation, l'exécution des décors et costumes, l'éclairage et la danse. Pas autrement. Les auteurs dramatiques qui n'eurent pas le théâtre pour berceau ignorent en général ces différents métiers. Goethe, qui toute sa vie garda un jeune et vif amour pour le théâtre, fut, à beaucoup d'égards, un des plus grands metteurs en scène. Mais en s'attachant au théâtre de Weimar, il omit ce dont le grand musicien qui lui succéda sut se souvenir. Goethe admit qu'il y eût dans le théâtre une autorité supérieure à la sienne : celle du possesseur du théâtre. Wagner, lui, eut soin de s'emparer de la maison, et y régna en maître, comme un baron féodal dans son château fort.

L'AMATEUR DE THÉÂTRE. Est-ce là ce qui fit l'insuccès de Goethe, directeur de théâtre ?

LE RÉGISSEUR. Bien certainement ; s'il avait eu les clefs du théâtre dans sa poche, la Grande Première n'eût point rendu le théâtre et elle-même à jamais ridicules – Weimar ne porterait pas la tradition de la plus grave erreur qu'on ait pu commettre au théâtre.

L'AMATEUR DE THÉÂTRE. À voir la plupart des annales théâtrales, il ne me semble pas qu'on ait une grande considération pour l'artiste, à la scène ?

LE RÉGISSEUR. Il serait facile de dresser un réquisitoire contre le théâtre et son ignorance de l'Art. Mais on ne frappe pas un être accablé, sinon dans l'espoir que ce coup ne le remette debout. Et notre théâtre d'Occident est bien bas. L'Orient possède encore un théâtre. Le nôtre tire à sa fin. Mais j'attends une Renaissance.

L'AMATEUR DE THÉÂTRE. Et qu'est-ce qui l'amènera ?

LE RÉGISSEUR. L'avènement d'un homme réunissant en sa personne toutes les qualités qui font un maître du théâtre, et la rénovation du théâtre en tant qu'instrument. Lorsque celle-ci sera accomplie, lorsque le théâtre sera un chef-d'œuvre de mécanisme, qu'il aura inventé sa technique particulière, il engendrera sans effort son art propre, un art *créateur*. Ce serait trop long d'exposer ici en détail, comment ce métier, se développant peu à peu, se transformera en un Art indépendant et créateur. Déjà parmi les artisans du théâtre, les uns travaillent à sa construction, d'autres modifient les décors, d'autres encore le jeu des acteurs. Et ces efforts doivent valoir quelque chose. Mais ce qu'il faut comprendre avant tout, c'est que le résultat obtenu sera mince ou nul, tant qu'on essaiera de réformer l'un ou l'autre des métiers du théâtre, sans essayer simultanément dans le même théâtre de les réformer tous. Toute la *renaissance de l'Art du Théâtre dépend de la mesure dans laquelle on comprendra cela*. L'Art du Théâtre comporte tant de métiers divers, qu'il faut bien saisir dès le début que c'est une réforme *totale* et non *partielle* qui est nécessaire ; chaque métier étant en relation directe avec chacun des autres métiers, on ne peut donc rien attendre d'une réforme intermittente, inégale ; seule une progression systématique sera effective. C'est pourquoi la réforme de l'Art du Théâtre ne peut être réalisée que par ceux-là seuls qui ont étudié et pratiqué les divers métiers du théâtre.

L'AMATEUR DE THÉÂTRE. C'est-à-dire par votre régisseur idéal.

LE RÉGISSEUR. Précisément. Vous vous souvenez qu'au début de notre conversation je vous ai dit que la Renaissance du Théâtre avait pour point de départ la Renaissance du Régisseur. Le jour où celui-ci comprendrait l'adaptation véritable des acteurs, des décors, des costumes, des éclairages et de la danse, et saurait, à l'aide de ces divers moyens, composer l'interprétation, il acquerrait peu à peu la maîtrise du mouvement, de la ligne, de la couleur, des sons, des mots qui en découlent naturellement, et ce jour-là l'Art du Théâtre reprendrait sa place, et serait un art indépendant et créateur, non plus un métier d'interprétation.

L'AMATEUR DE THÉÂTRE. Je vois bien où vous tendez, mais que sera la scène privée du poète ?

LE RÉGISSEUR. Que lui manquerait-il le jour où le poète n'écrirait plus pour le Théâtre ?

L'AMATEUR DE THÉÂTRE. La pièce.

LE RÉGISSEUR. En êtes-vous bien sûr ? Il n'y aurait plus de pièce au sens où vous l'entendez aujourd'hui.

L'AMATEUR DE THÉÂTRE. Encore faudra-t-il, cependant, qu'il y ait quelque chose si vous voulez montrer quelque chose au public ?

LE RÉGISSEUR. Assurément, et c'est fort juste. Mais où vous vous trompez c'est en croyant que de toute nécessité ce quelque chose doit être fait de mots. Une idée n'est-elle point quelque chose ?

L'AMATEUR DE THÉÂTRE. Mais il lui manque la forme.

LE RÉGISSEUR. L'artiste ne peut-il prêter à l'idée telle forme de son choix ? Serait-ce un crime affreux si l'artiste du théâtre usait d'un autre moyen d'expression que le poète ?

L'AMATEUR DE THÉÂTRE. Non.

LE RÉGISSEUR. Ainsi, pour donner une forme à l'idée, libre à nous d'emprunter ou d'inventer les matériaux que nous voudrons, à condition qu'ils n'aient pas de meilleur usage par ailleurs ?

L'AMATEUR DE THÉÂTRE. Certainement.

LE RÉGISSEUR. Suivez donc attentivement ce que je vais vous dire et méditez-le une fois rentré chez vous. Puisque vous m'avez accordé tout ce que je demandais, voici de quels éléments l'artiste du théâtre futur composera ses chefs-d'œuvre : avec le *mouvement*, le *décor*, la *voix*. N'est-ce pas tout simple ?

J'entends par *mouvement*, le geste et la danse qui sont la prose et la poésie du mouvement.

J'entends par *décor*, tout ce que l'on voit, aussi bien les costumes, les éclairages, que les décors proprement dits.

J'entends par *voix*, les paroles dites ou chantées en opposition aux paroles écrites ; car les paroles écrites pour être *lues* et celles écrites pour être parlées sont de deux ordres entièrement distincts.

Je suis heureux de voir que, bien que je ne fasse que redire ici ce que j'énonçai au début de notre conversation, vous en paraissez maintenant beaucoup moins surpris.

BERTOLT BRECHT
(1898-1956)

PETIT ORGANON POUR LE THÉÂTRE

Dans cet ouvrage, publié en 1948, Brecht résume en un petit nombre de préceptes sa conception du théâtre. Dans une perspective marxiste, il considère l'œuvre dramatique comme une *production*, c'est-à-dire comme une histoire sur laquelle le spectateur, tout comme l'auteur, le metteur en scène ou le comédien, peut adopter un point de vue maîtrisé, réfléchi et critique – d'où l'importance de la notion de «distanciation». Brecht s'oppose ainsi diamétralement à toute vision du théâtre fondée sur l'illusion dramatique et l'identification. Il ne s'agit pas pour autant de transformer le théâtre en une «foire à la morale» ou en une technique d'enseigne-ment (§ 3) : dans le propos de Brecht, la distanciation conserve toujours pour finalité le plaisir du spectateur, ses émotions, et cette exigence passe clairement avant toute norme morale ou tout contenu didactique. Si la distanciation intellectualise le spectacle, ce n'est qu'en tant qu'elle médiatise, complexifie et enrichit un plaisir qui reste fondamentalement sensible (§ 6).

1

Le *théâtre* consiste à fabriquer des reproductions vivantes d'événements, rapportés ou inventés, qui opposent des hommes, et cela aux fins de divertissement. C'est en tout cas ce que nous

entendons dans ce qui suit quand nous parlons de théâtre, de
l'ancien ou du nouveau. […]

3

Depuis toujours, l'affaire du théâtre, comme d'ailleurs de tous
les autres arts, est de divertir les gens. Cette affaire lui confère
toujours sa dignité particulière ; il n'a besoin d'aucune autre justification que l'amusement, mais de celui-ci absolument. En aucune
façon on ne pourrait le hisser à un niveau plus élevé si on en faisait,
par exemple, une foire à la morale ; il lui faudrait alors plutôt veiller
à ne pas être précisément abaissé, ce qui se produirait aussitôt s'il ne
rendait réjouissant l'élément moral, et à vrai dire réjouissant pour
les sens – ce qui ne peut d'ailleurs que profiter à l'élément moral.
Même d'enseigner, on ne devrait pas le lui demander, en tout cas
rien de plus utile que la manière d'éprouver la jouissance de se
mouvoir, sur le plan physique ou intellectuel. Le théâtre doit, en
effet, pouvoir rester quelque chose de tout à fait superflu, ce qui
signifie alors, il est vrai, que l'on vit effectivement pour le superflu.
Rien n'a moins besoin de défenseurs que les réjouissances.

4

Ainsi, ce que les Anciens font faire, selon Aristote, à leur
tragédie, ne peut être qualifié de plus élevé ni de plus bas que de
divertir les gens. Quand on dit que le théâtre est issu du cultuel, on
dit, sans plus, que c'est en s'en dégageant qu'il est devenu théâtre ;
des mystères il n'a certes pas repris la mission cultuelle, mais le
plaisir qu'on y prenait, purement et simplement. Et cette catharsis
d'Aristote, purification par la crainte et la pitié, ou de la crainte et
de la pitié, est une purgation qui n'est pas seulement organisée de
manière plaisante, mais très expressément pour donner du plaisir.

En réclamant davantage du théâtre ou en lui accordant davantage, on ne fait que viser soi-même trop bas. […]

6

En revanche, il existe des réjouissances faibles (simples) et fortes (complexes) que le théâtre peut procurer. Ces dernières, auxquelles nous avons affaire dans les grandes œuvres dramatiques, atteignent leur intensification comme l'acte sexuel, par exemple, l'atteint dans l'amour; elles sont plus ramifiées, plus riches en médiations, plus contradictoires et plus riches de conséquences. […]

12

Et il faut que notre jouissance au théâtre soit devenue plus faible que ne l'était celle des Anciens, même si notre genre de vie en commun ressemble encore assez au leur pour que cette jouissance soit même possible. Nous prenons possession des œuvres anciennes au moyen d'une procédure relativement nouvelle, à savoir l'identification, à laquelle elles ne se prêtent guère. Ainsi, la plus grande partie de notre jouissance se nourrit à d'autres sources qu'à celles qui doivent nécessairement s'être si puissamment ouvertes à nos devanciers. Nous nous rabattons alors sur des beautés de langue, sur l'élégance avec laquelle la fable est conduite, sur des passages qui nous arrachent des idées indépendantes du texte, bref, sur ce qui dans les œuvres anciennes est hors-d'œuvre. Ce sont là précisément les moyens poétiques et théâtraux qui cachent les discordances de l'histoire. Nos théâtres n'ont absolument plus la capacité ou l'envie de raconter encore clairement ces histoires, même celles, pas si anciennes, du grand Shakespeare, c'est-à-dire de rendre croyable l'enchaînement des événements. Or la fable est, selon Aristote – et sur ce point nous pensons de même –, l'âme du drame. De plus en plus nous sommes gênés par la grossièreté et le négligé des reproductions de la vie en commun des hommes, et cela non seulement dans les œuvres anciennes, mais aussi dans des œuvres contemporaines, lorsqu'elles sont faites selon des recettes anciennes. Toute notre manière de jouir devient anachronique.

13

Ce sont les discordances dans les reproductions d'événements opposant des hommes qui affaiblissent notre jouissance au théâtre. La raison : nous avons, face à ce qui est reproduit, une autre attitude que nos devanciers.

14

Lorsque, en effet, nous nous mettons en quête d'un divertissement de nature immédiate, d'un plaisir ample, continu, que notre théâtre pourrait nous procurer avec des reproductions de la vie en commun des hommes, nous devons nous considérer comme les enfants d'une ère scientifique. Notre vie en commun d'hommes – et cela veut dire : notre vie – est déterminée dans une mesure toute nouvelle par les sciences. […]

20

[…] L'art et la science ont ceci de commun que tous deux sont là pour rendre aux hommes la vie plus légère, l'une pourvoit à leur subsistance, l'autre à leur divertissement. Dans les temps qui viennent, l'art tirera le divertissement de la nouvelle activité productive, laquelle peut si bien améliorer notre subsistance, et qui elle-même, pour peu qu'elle ne fût pas entravée, pourrait être la plus grande de toutes les réjouissances.

21

Si nous entendons maintenant nous adonner à cette grande passion de produire, à quoi donc devront ressembler nos reproductions de la vie en commun des hommes ? Quelle est, face à la nature et face à la société, l'attitude productive que nous, les enfants d'une ère scientifique, entendons adopter dans notre théâtre pour notre plaisir ?

22

Cette attitude est une attitude critique. S'agissant d'un fleuve, elle consiste à régulariser le fleuve ; s'agissant d'un arbre fruitier, à greffer l'arbre fruitier ; s'agissant de la locomotion, à construire des véhicules terrestres et aériens : s'agissant de la société, à chambarder la société. Nos reproductions de la vie en commun des hommes, nous les faisons pour les dompteurs de fleuve, arboriculteurs, constructeurs de véhicules et chambardeurs de sociétés, que nous invitons dans nos théâtres et à qui nous demandons de ne pas oublier, chez nous, leurs joyeux intérêts, afin que nous livrions le monde à leurs cerveaux et à leurs cœurs pour qu'ils le transforment à leur guise. [...]

42

Le mode de jeu qui, entre la première et la deuxième guerre mondiale, a été mis à l'épreuve au Schiffbauerdammtheater de Berlin pour fabriquer de telles reproductions, repose sur l'*effet de distanciation*. Une reproduction qui distancie est une reproduction qui, certes, fait reconnaître l'objet, mais qui le fait en même temps paraître étranger. Les théâtres antique et médiéval distanciaient leurs personnages avec des masques humains et animaux, le théâtre asiatique utilise aujourd'hui encore des effets de distanciation musicaux et pantomimiques. Ces effets empêchaient indéniablement l'identification, pourtant, cette technique reposait non pas moins mais plutôt davantage sur une base de suggestion hypnotique que celle avec laquelle on obtient l'identification. Les objectifs sociaux de ces anciens effets étaient totalement différents des nôtres. [...]

47

Pour produire des effets de distanciation, le comédien dut se garder de tout ce qu'il avait appris pour être en état de causer l'identification du public avec ses compositions. Ne visant pas à mettre son public en transes, il ne doit pas se mettre lui-même en transes. Ses muscles doivent rester décontractés, car comme on le sait, tourner par exemple la tête en tendant les muscles du cou attirera « magiquement » les regards, et même parfois la tête des spectateurs, ce qui ne peut qu'affaiblir toute spéculation ou émotion relative à ce geste. Que sa diction soit exempte de tout ronron de curé et de ces cadences qui bercent le spectateur si bien que le sens se perd. Même lorsqu'il représente des possédés, il ne doit pas faire l'effet d'être lui-même possédé ; sinon, comment les spectateurs pourraient-ils découvrir ce qui possède les possédés ? [...]

Traduction Jean TAILLEUR

ARISTOTE
(env. 385-322 av. J.C.)

POÉTIQUE

La *Poétique* est un texte fondateur pour toute la tradition du théâtre occidental : bien des textes réunis dans le présent volume s'y réfèrent explicitement (d'Aubignac, Corneille, Hegel, Nietzsche, Brecht) ou implicitement. De fait, peu d'œuvres philosophiques ont suscité autant de commentaires. Certes, cette postérité exégétique tient en partie à l'obscurité dans laquelle Aristote a laissé certaines notions, comme celle de *catharsis* ; mais elle tient aussi et d'abord à la fécondité de sa réflexion sur l'imitation théâtrale. En effet, il aborde cette idée de manière beaucoup plus positive que Platon, en comprenant la *mimèsis* non pas comme illusion, mais au contraire comme une expression du désir humain d'approcher les idéaux du vrai et du bien. En outre, il conçoit ces idéaux, non pas, à la manière de Platon, comme des réalités transcendantes, mais comme devant être saisis à même les actions humaines, avec toute la part d'apparence et de contingence que cela implique. C'est cela qui fait la force de l'imitation théâtrale : elle nous présente non pas le vrai, mais le vraisemblable – ce qui *peut* être vrai – ; non pas le bien, mais la crainte et la pitié éprouvées à l'égard de l'homme qui semble subir injustement le mal – et cet homme ne doit être, selon Aristote, ni trop mauvais, ni trop vertueux, mais « moyen », bref, humain… Le poète imite donc bien des idéaux, mais en les saisissant à partir de l'action humaine. C'est pourquoi Aristote donne tant d'importance à la notion d'histoire ou d'intrigue, car c'est par l'agencement des actions que le poète peut produire cette idéalisation immanente de l'action, et lui donner une forme qui, par sa vraisemblance, par la pitié et la crainte qu'elle suscite, fait signe vers l'idéal.

1

[**1447a**] Parlons de la création poétique elle-même et de ses formes, du pouvoir que chacune possède, de la manière dont il faut disposer les histoires si l'on veut que la poésie soit belle, puis de la quantité et de la nature de ses parties, ainsi que de tous les autres sujets qui relèvent de la même recherche, en commençant selon l'ordre naturel, premièrement par les premiers.

En fait, l'épopée, la poésie tragique ainsi que la comédie, la poésie dithyrambique et, pour l'essentiel, l'art de la flûte et celui de la cithare, se trouvent être tous, dans l'ensemble, des imitations. Mais ils diffèrent les uns des autres en trois points : en effet, ils imitent soit avec des moyens différents, soit des choses différentes, soit différemment, c'est-à-dire d'une manière qui n'est pas la même.

En effet, de même que certains imitent de nombreuses choses, en les copiant avec des couleurs et des dessins (les uns par savoir-faire, les autres par habitude), et que d'autres le font avec leur voix, de même en va-t-il dans les arts déjà mentionnés : tous font l'imitation avec du rythme, du langage et de l'harmonie, en les utilisant séparément ou mélangés ; par exemple, c'est du seul usage de l'harmonie et du rythme que procèdent l'art de la flûte et celui de la cithare, et certains autres qui se trouvent avoir le même pouvoir, comme l'art de jouer des syrinx ; tandis que c'est avec le rythme même et sans harmonie que les danseurs [imitent] : car ceux-ci également, par leurs chorégraphies, imitent caractères, émotions et actions.

[**1447b**] Mais l'art qui recourt seulement aux discours en prose ou en vers, soit en les mélangeant les uns aux autres, soit en n'utilisant qu'un genre de mètre, se trouve jusqu'à présent dépourvu de nom. En effet, nous n'avons rien pour nommer ensemble les mimes de Sophron et de Xénarque, et les dialogues socratiques, et pas davantage s'il s'agit d'une imitation faite en trimètres, en vers élégiaques ou dans les quelques autres mètres apparentés ; et pourtant, les gens, associant l'acte de faire au nom du vers, nomment les uns faiseurs d'élégies, les autres faiseurs d'épopées, les proclamant poètes, non pas selon un usage commun de l'imitation, mais du vers.

On a en effet coutume de les appeler ainsi même s'ils exposent en vers un point de médecine ou de physique ; mais rien n'est commun à Homère et Empédocle, sauf le vers : c'est pourquoi il est juste d'appeler l'un poète, et l'autre physicien plutôt que poète. Pareillement, si quelqu'un faisait l'imitation en mêlant tous les mètres, à la façon dont Chérémon fit le *Centaure*, rhapsodie qui mêle tous les mètres, il faudrait aussi le proclamer poète.

C'est de cette manière qu'il faut établir les distinctions sur ces sujets. Il y a, d'autre part, des arts qui emploient tous les moyens déjà mentionnés, je veux dire par exemple le rythme, le chant et le vers, comme la poésie dithyrambique, celle des nomes*, la tragédie et la comédie ; ils diffèrent cependant en ce que les uns les emploient tous à la fois, et les autres tour à tour. Voilà donc les différences que je pose entre les arts, dans les moyens de faire l'imitation.

2

[**1448a**] Puisque ceux qui imitent imitent des gens qui agissent, et que ceux-ci sont nécessairement gens de valeur ou gens de peu (en effet, les caractères, presque toujours, se rattachent à ces seules catégories ; car c'est la méchanceté et la vertu qui distinguent les caractères de tous), ils [imitent] en fait des gens soit meilleurs, soit pires, soit tels que nous, comme le font les peintres : Polygnote, en effet, représentait des gens plus forts, Pauson plus faibles et Dionysios pareils. À l'évidence, chacune des imitations évoquées comportera aussi ces différences, et sera autre en ce sens qu'elle imitera de cette manière d'autres objets.

---

* Poème chanté à structure définie.

Et en effet dans la danse, le jeu de la flûte et celui de la cithare, il peut y avoir ces différences, comme d'ailleurs pour la prose et pour le vers dénué d'accompagnement musical : par exemple Homère imite des gens meilleurs, Cléophon des gens pareils, Hégémon de Thasos, le premier qui a fait des parodies, et Nicocharès, l'auteur de la *Poltroniade*, des gens pires. C'est pareil pour les dithyrambes et pour les nomes : on pourrait imiter comme Timothée et Philoxène le firent dans leurs *Cyclopes*.

La même différence sépare la tragédie de la comédie : car l'une entend imiter des gens pires et l'autre des gens meilleurs que ceux de la réalité présente.

3

Il y a encore entre ces arts une troisième différence, dans la manière d'imiter chacun de ces objets. Car, par les mêmes moyens et pour les mêmes objets, il est possible d'imiter soit en racontant (tantôt en devenant quelqu'un d'autre, comme fait Homère, tantôt en restant le même et sans se transformer), soit en faisant de tous les personnages des imitateurs, qui agissent comme s'ils étaient vraiment en situation d'agir.

Voici donc les trois différences que comporte l'imitation, comme nous l'avons dit en commençant : différence dans les moyens, [différence d'objets,] et différence de manière. Ainsi, d'un côté, on peut considérer Sophocle comme le même genre d'imitateur qu'Homère, car tous deux imitent des gens de valeur ; mais d'un autre côté, il est du genre d'Aristophane : tous deux imitent en effet des gens en train d'agir dans l'action dramatique.

De là vient également que certains appellent leurs œuvres des drames, parce qu'ils imitent des gens dont les actes fabriquent le

drame*. C'est aussi pour cela que les Doriens revendiquent la tragédie et la comédie (les Mégariens, la comédie : ceux d'ici au motif
qu'elle serait née au temps où il y avait chez eux la démocratie, et
ceux venant de Sicile car c'est de là-bas que venait le poète
Épicharme, qui est de beaucoup antérieur à Chionidès et à Magnès ;
certains Doriens du Péloponnèse revendiquent la tragédie), et ils le
font en prenant les noms comme indice. Ils disent en effet qu'ils
appellent « kômai » les faubourgs, tandis que les Athéniens disent
dèmes, et que les comédiens tirent leur nom non pas du verbe
« kômazein » (railler), mais de ce que, rejetés avec mépris hors de la
ville, ils erraient dans les faubourgs (les « kômai ») ; ils [1448b]
ajoutent que faire se dit chez eux « drân », tandis que les Athéniens
disent « prattein ».

Voilà ce qu'il y avait à dire sur le nombre et la nature des
différences que comporte l'imitation.

4

Il semble y avoir eu globalement deux causes à l'origine de l'art
poétique, et celles-ci semblent naturelles. Le fait d'imiter est, en
effet, inhérent à la nature humaine dès l'enfance (et, en ce point,
nous différons des autres animaux : nous sommes les plus enclins
à imiter, et nous nous faisons nos premières connaissances par
imitation), et les imitations sont une source de plaisir pour tous.

Preuve en est ce qui arrive en réalité : les choses dont la vue
même nous est pénible, nous prenons plaisir à en contempler
l'exacte représentation, comme les formes des plus viles bêtes et
des cadavres.

La cause en est qu'apprendre n'est pas très agréable pour les
seuls philosophes, mais pour les autres hommes pareillement,

* Le nom « drama » signifie action.

même si c'est dans une moindre mesure. En effet, si on prend plaisir à voir des représentations, c'est parce qu'il se trouve qu'en contemplant on apprend et raisonne sur chaque chose, au point, par exemple, de dire : ceci représente cela ; et si d'aventure on ne l'a pas vu avant, ce n'est pas l'imitation qui produira le plaisir, mais plutôt la finesse d'exécution, la couleur ou une autre cause de ce genre.

Comme imiter est dans notre nature, ainsi que l'harmonie et le rythme (car les mètres font partie des rythmes, à l'évidence), ceux qui au départ avaient le plus d'aptitudes naturelles pour ces choses ont, par une lente progression, fait naître la poésie à partir de leurs improvisations.

Et c'est selon leurs tempéraments individuels que s'est divisée la poésie : en effet, les plus graves mimaient les belles actions et celles des gens de valeur correspondante, et ceux qui étaient plus vulgaires, celles des hommes médiocres, en faisant d'abord des blâmes, comme les autres des hymnes et des éloges.

Des prédécesseurs d'Homère nous ne pouvons citer aucun poème équivalent ; mais il est probable qu'ils ont été nombreux à en faire. À partir d'Homère, en revanche, on peut en citer : comme son *Margitès*, et les œuvres de ce type, dans lesquelles le mètre ïambique donna toute sa mesure (car on l'appelle ïambe encore aujourd'hui), parce que c'est dans ce mètre qu'on s'échangeait « ïambiquement » [*] des injures. Et parmi les anciens, il y eut des poètes héroïques et des poètes ïambiques.

Cependant, autant Homère était surtout poète dans les choses sérieuses (car il est unique, non seulement par la beauté de ce qu'il créa, mais aussi par la nature d'imitations dramatiques de ce qu'il fit), autant il fut le premier à indiquer les bases de la comédie, en faisant non pas un blâme mais une œuvre dramatique avec le

---

* Le mot grec viendrait d'un verbe qui signifie « lancer » ou « jeter » et qui servait entre autres à exprimer l'échange d'injures, le fait de s'adresser ou de se jeter à la face des insultes.

ridicule : car le *Margitès* est aux comédies [**1449a**] ce que l'*Iliade* et l'*Odyssée* sont aux tragédies.

Dès l'apparition de la tragédie et de la comédie, chaque poète s'est attaché à la création poétique qui correspondait à son naturel propre : les uns devinrent auteurs de comédies au lieu de poètes ïambiques, les autres compositeurs de tragédies au lieu de poètes épiques, parce que ces productions-ci étaient plus grandes et plus estimées que celles-là.

Pour ce qui est d'examiner si la tragédie a désormais acquis, dans ses formes, un niveau d'accomplissement suffisant ou non, et de le juger en soi ou par rapport aux représentations théâtrales, c'est un autre propos.

Ainsi, la tragédie, initialement apparue par l'improvisation (elle comme la comédie : l'une à partir des initiateurs du dithyrambe, l'autre à partir des créateurs des chants phalliques, qui demeurent en usage aujourd'hui encore dans bon nombre de cités), la tragédie, donc, s'accrut peu à peu des progrès qu'on tirait de tout ce qui se révélait d'elle, et, après maints changements accomplis, elle cessa de changer, puisqu'elle avait acquis sa nature propre.

Eschyle le premier amena le nombre des acteurs de un à deux, il diminua la place du chœur et confia au dialogue le premier rôle ; Sophocle fit jouer trois acteurs et peindre la scène. De plus, du point de vue de sa majesté, partie de petites histoires et d'un langage comique, qu'elle devait à son origine satyrique, elle acquit tardivement la respectabilité, et son mètre, de tétramètre, devint ïambique : car, primitivement, on usait du tétramètre, vu que la poésie était satyrique et plus proche de la danse, mais, une fois survenu l'échange parlé, la nature trouva elle-même le mètre approprié ; car le mètre dans lequel on peut surtout parler, c'est l'ïambe. Et en voici la preuve : nous formulons de très nombreux ïambes dans les dialogues que nous échangeons, mais peu souvent des hexamètres, et seulement quand nous nous écartons du langage courant.

Il y a encore le nombre des épisodes et les autres modifications dont chaque épisode, dit-on, a été paré ; tenons-les donc pour traités : car ce serait sans doute une tâche considérable de les parcourir un par un.

5

Comme nous le disions, la comédie imite des êtres inférieurs, non pas bien sûr en tout genre de vice, mais en fonction de ce qui fait rire, élément qui relève de la laideur. Ce qui fait rire est, en effet, un défaut et une laideur, sans douleur ni destruction : ainsi, par exemple, le masque comique est laid et difforme mais n'exprime pas de douleur.

Or, si les transformations de la tragédie, et les hommes grâce à qui elles advinrent, ne nous ont pas échappé, la comédie, en revanche, parce que, dès l'origine, elle ne fut pas prise au sérieux, nous échappe : en effet, l'archonte ne fournit que tardivement un chœur de comédiens ; **[1449b]** c'était auparavant des volontaires. Et c'est depuis qu'elle a acquis certains traits caractéristiques qu'on se souvient de ceux qu'on appelle poètes comiques.

Qui a apporté les masques, les prologues, l'accroissement du nombre des acteurs et toutes les choses de ce genre, cela reste ignoré ; mais la fabrication des histoires est un apport d'Épicharme et de Phormis. Elle vint, au début, de Sicile, puis, parmi les Athéniens, Cratès, le premier, abandonnant la forme ïambique, commença à créer des sujets généraux et des histoires.

Assurément, en tant qu'elle est une imitation en langue versifiée d'hommes de mérite, l'épopée va de pair avec la tragédie ; mais, du fait que l'une comporte un mètre unique et une narration, par là elles diffèrent. Et puis il y a l'étendue : [car], alors que l'autre s'efforce, autant que possible, de se dérouler à l'intérieur d'une seule période du soleil, ou de ne la dépasser qu'un peu, l'épopée est dépourvue de limite temporelle, et, en ce point aussi, il y a une différence. […]

6

Nous parlerons plus loin de l'art d'imiter en hexamètres et de la comédie ; parlons de la tragédie, en dégageant de ce qui a été dit la définition de ce qu'elle est en elle-même. La tragédie est donc l'imitation d'une action sérieuse et complète, pourvue d'une certaine étendue, faite dans un langage aromatisé, dont chaque ingrédient formel est utilisé à part dans les parties qui la composent ; menée par des personnages en acte, et non à travers une narration, elle opère, par la pitié et la crainte, la purgation des troubles qui produisent de telles émotions. Par « langage aromatisé », j'entends celui qui contient rythme, harmonie et chant ; par « ingrédient formel utilisé à part », j'entends le fait que certaines parties sont seulement exécutées avec des mètres, tandis que d'autres le sont avec du chant.

Puisque ce sont des personnages en train d'agir qui élaborent l'imitation, on pourrait d'abord avoir, nécessairement, comme partie de la tragédie, l'ordonnancement du spectacle, puis la musique et l'expression : c'est en effet par ces moyens qu'on élabore l'imitation. J'entends par « expression » l'assemblage même des mètres, et « musique » dit très clairement ce que cela veut dire. Puisqu'il s'agit de l'imitation d'une action et qu'elle est accomplie par des gens en train d'agir, lesquels sont nécessairement tels ou tels selon leur caractère ou leur pensée (ce sont en effet les critères grâce auxquels nous affirmons que les actions sont telles ou telles), [1450a] il y a deux causes naturelles des actions, la pensée et le caractère, et c'est au long de ces actions également que tous réussissent ou échouent. Or, l'imitation d'une action, c'est l'histoire, car j'appelle ici « histoire » l'assemblage des faits, « caractères », les caractéristiques à partir desquelles nous affirmons que ceux qui sont en train d'agir sont tels ou tels, et « pensée », l'ensemble des propos dans lesquels ils avancent quelque démonstration ou révèlent une opinion.

Il est donc nécessaire que la tragédie comporte en tout six éléments, qui déterminent les spécificités de chaque tragédie : ce sont l'histoire, les caractères, l'expression, la pensée, le spectacle et le chant. Car les moyens par lesquels on imite constituent deux éléments, comment on imite, un, ce qu'on imite, trois, et puis c'est tout. Ces éléments formels, [tous], [ou peu s'en faut], les ont pour ainsi dire employés : en effet, tout poème tragique contient en soi pareillement des côtés spectaculaires, le traitement des caractères, une histoire, du chant et de la pensée.

Le plus important de ces éléments est l'assemblage des faits : car la tragédie est une imitation, non pas des hommes, mais des actions et du cours de la vie, du bonheur [et du malheur ; or, bonheur] et malheur sont dans l'action, et l'objectif est une action, non une manière d'être. Et si les hommes sont tels ou tels d'après leur caractère, c'est d'après leurs actions qu'ils sont heureux ou le contraire. Aussi ce n'est pas pour imiter les caractères que les personnages agissent ; les caractères, ils les reçoivent, en même temps et par surcroît, en raison de leurs actions. C'est ainsi que les actes et l'histoire sont la fin de la tragédie ; or la fin est le plus important de tout.

De plus, sans action, il n'y aurait pas de tragédie, tandis que sans caractères, il y en aurait encore. En effet, il existe des tragédies dépourvues de caractères : ce sont celles de la plupart des auteurs modernes ; et, absolument parlant, beaucoup de poètes sont dans ce cas ; comme c'est aussi le cas, chez les peintres, de Zeuxis, qui pâtit face à Polygnote ; car Polygnote est un bon peintre de caractères, tandis que la peinture de Zeuxis ne contient aucun caractère.

De plus, si l'on pose en enfilade des tirades psychologiques, même exprimées et pensées impeccablement, on ne créera pas ce qui constituait la tâche du tragique, alors qu'on le créera bien davantage avec une tragédie plus défaillante dans ces passages, mais pourvue d'une histoire et d'un assemblage de faits. En outre, les moyens majeurs par lesquels la tragédie conduit nos âmes sont des parties de l'histoire : à savoir, les péripéties et les reconnaissances.

Une preuve encore : même ceux qui débutent en poésie sont capables de subtilité dans l'expression et les caractères, avant de pouvoir assembler les faits ; c'est aussi le cas des premiers poètes, presque sans exception.

Donc, le principe, et pour ainsi dire l'âme, de la tragédie, c'est l'histoire et en deuxième il y a les caractères (car, c'est à peu près pareil que pour la peinture : si l'on étalait pêle-mêle [1450b] les plus beaux pigments, on ne charmerait pas autant qu'en dessinant une image à blanc). Il s'agit d'imiter une action et, à cause de cela, surtout les hommes en train d'agir.

En troisième lieu, il y a la pensée. C'est la faculté d'énoncer les tenants et les aboutissants, tâche qui, pour les discours, relève de la politique et de la rhétorique : en effet, les anciens poètes faisaient parler leurs personnages en citoyens, ceux d'aujourd'hui en rhéteurs.

Le caractère est ce qui permet d'éclairer la décision quand, dans les situations peu claires, on fait un choix ou qu'on s'esquive (c'est pourquoi il n'y a pas de caractère dans les discours où celui qui parle ne décide ou n'esquive absolument rien). Et il y a pensée quand on démontre qu'une chose est ou n'est pas, ou bien, en général, quand on fait apparaître quelque affirmation.

En quatrième position, parmi les éléments relevant du langage, il y a l'expression : j'appelle donc « expression », comme on l'a dit précédemment, la communication du sens par l'emploi des mots, dont la dynamique est identique dans les textes en vers et dans la prose.

Pour le reste, il y a [en cinquième lieu] la musique, qui est l'aromate majeur. Quant au spectacle, s'il est un guide efficace pour nos âmes de spectateurs, il ne relève pas du tout de l'art et n'est en rien propre à la poétique : car le pouvoir de la tragédie demeure, même s'il n'y a ni concours ni acteurs. En outre, pour la réalisation des spectacles, l'art du décorateur prévaut sur celui des poètes.

7

Ces distinctions étant faites, disons après cela comment il faut mettre ensemble les faits, puisque c'est le premier et le plus important élément de la tragédie.

Il est pour nous établi que la tragédie est l'imitation d'une action achevée et complète, ayant une certaine étendue : car un objet peut être complet sans avoir aucune étendue. Complet signifie qui a un début, un milieu et une fin. Un début, c'est ce qui, précisément, n'est pas par nécessité après autre chose, mais après quoi il est naturel qu'autre chose existe ou arrive ; une fin, c'est, au contraire, ce qui, précisément, existe naturellement après autre chose, soit par nécessité, soit la plupart du temps, et après quoi il n'y a rien d'autre ; un milieu, c'est ce qui, précisément aussi, est après autre chose, et après lequel il y a encore autre chose.

Les histoires bien assemblées ne doivent donc ni commencer ni finir arbitrairement, mais recourir aux principes dont on a parlé.

Il y a plus : le bel objet, qu'il s'agisse d'un animal ou de tout autre chose composée de parties, doit non seulement comporter des parties ordonnées, mais aussi posséder une étendue qui ne soit pas arbitraire ; car la beauté réside dans l'étendue et l'ordonnancement : c'est pour cela qu'un animal ne saurait être beau, ni s'il est tout petit (car la vision est presque anéantie, exercée pendant un temps imperceptible), ni s'il est très grand (car la vision n'est pas totale, et, au contraire, on échoue à contempler le détail [**1451a**] et l'ensemble qui excède le champ de la vision ; par exemple, si un animal mesurait dix mille stades…) ; par conséquent, de même qu'il faut aux corps et aux animaux la bonne étendue pour qu'on les voit entiers, de même, il faut aux histoires la bonne longueur pour qu'on les retienne.

Cependant, la délimitation de la longueur, dans le cadre des concours et en fonction de la capacité d'attention, ne relève pas de l'art : car s'il fallait faire concourir cent tragédies, on le ferait à la clepsydre, comme c'est arrivé parfois, dit-on, jadis. En revanche, il

y a la délimitation qui répond à la nature même du sujet : plus elle
est longue, tant que la clarté suit, plus il y a de place pour la beauté ;
cependant, pour donner une limite simple, c'est l'étendue au cours
de laquelle, avec vraisemblance et nécessité, il arrive qu'une
succession d'événements produise une transformation en bonheur
du malheur, ou du bonheur en malheur ; c'est cette étendue, dis-je,
qui est la délimitation suffisante.

                                    8

        L'histoire ne tire pas son unité, comme certains le croient, de ne
s'attacher qu'à un personnage ; car il arrive à une personne un
nombre incalculable de choses, dont certaines n'offrent aucune
unité. Et, de la même façon, un individu accomplit beaucoup
d'actions dont aucune ne comporte d'unité d'action. C'est pourquoi,
semble-t-il, tous les poètes se fourvoient, qui ont composé une
Héraclide, une *Théséide* ou des poèmes de la sorte : ils croient en
effet que, puisque Héraclès était unique, il s'ensuit également que
son histoire aura de l'unité.
        Mais Homère, de même qu'il se distingue ailleurs, semble là
aussi avoir bien vu, grâce à son art ou son génie : car, en faisant
l'*Odyssée*, il ne s'est pas occupé de tous les événements arrivés à
Ulysse, comme la blessure reçue sur le Parnasse, et la feinte folie
lors de la réunion de l'armée, événements que la nécessité et la vraisemblance rendaient exclusifs l'un de l'autre ; au contraire, c'est
autour, comme nous disons, d'une action unique qu'il a composé
l'*Odyssée*, et pareillement l'*Iliade*.
        Il faut donc que, de même que l'unité de l'imitation vient de
l'imitation d'une chose unique, comme pour les autres arts
imitatifs, de même aussi l'histoire, puisqu'elle est imitation d'une
action, traite une seule action et qu'elle forme un tout, et que les
parties des faits soient composées de telle sorte que, si l'on déplace
ou qu'on enlève une partie, l'ensemble diffère et soit bouleversé :

car ce qu'on ajoute ou retranche, sans que cela se voit en rien, n'est en rien une partie de l'ensemble.

9

Il est clair, d'après ce que nous avons dit, que ce n'est pas dire ce qui s'est passé qui constitue la tâche du poète, mais ce qui pourrait se passer, les choses possibles, selon la vraisemblance ou la nécessité. Car l'historien et le poète [**1451b**] ne diffèrent pas parce qu'ils s'expriment en vers ou sans vers (on pourrait en effet mettre en vers l'œuvre d'Hérodote et ce ne serait pas moins de l'histoire, avec des vers ou sans vers); mais leur différence réside dans ce que l'un dit ce qui s'est passé, l'autre ce qui pourrait se passer. C'est pourquoi la poésie est un art plus philosophique et plus profond que l'histoire : la poésie, en effet, parle plutôt des choses générales, l'histoire des choses particulières. Le général, c'est le genre de choses qu'il arrive à tel genre d'homme de dire ou de faire, selon la vraisemblance ou la nécessité, et c'est l'objectif que recherche la poésie, même si elle donne des noms aux personnages ; le particulier, c'est ce qu'a fait Alcibiade ou les épreuves qu'il a traversées.

Pour la comédie, cela fut d'emblée évident : c'est en effet après avoir composé l'histoire au moyen d'actions vraisemblables que les poètes comiques disposent les noms des personnages, pris au hasard, contrairement aux poètes ïambiques, qui consacrent leurs créations à des individus particuliers.

Pour la tragédie, les poètes s'attachent à des noms de personnages qui existent déjà ; la cause en est que le possible est persuasif ; or, ce qui n'est pas arrivé, nous ne croyons pas encore que c'est possible, tandis que ce qui est arrivé, il est clair que c'est possible : car cela ne serait pas arrivé si ce n'était pas possible.

Néanmoins, dans certaines tragédies, il n'y a qu'un ou deux noms connus, alors que les autres sont inventés, tandis que dans certaines autres il n'y en a aucun, comme dans l'*Anthée* d'Agathon :

dans cette œuvre, en effet, autant les faits que les noms sont inventés, et cela ne procure nullement moins de plaisir.

Ainsi donc, il ne faut pas chercher absolument à s'en tenir aux histoires livrées par la tradition, et sur lesquelles il existe des tragédies. Cet effort est même en effet ridicule, puisque même ce qui est connu n'est connu que de quelques uns, mais procure pourtant du plaisir à tous.

Il est donc évident, d'après cela, que le poète doit davantage être poète en histoires qu'en vers, et ce d'autant plus qu'il est poète en raison de l'imitation, et qu'il imite les actions. Et certes, même s'il lui arrive de créer avec des événements réels, il n'en demeure pas moins poète : car rien n'empêche certains de ces événements de s'être produits comme s'ils étaient arrivés selon la vraisemblance et le possible ; et cette raison fait que le poète est bien le créateur de ces faits.

Parmi les histoires et les actions simples, celles remplies d'épisodes sont les pires. Je dis « histoire remplie d'épisodes » quand les épisodes ne vont pas les uns avec les autres vraisembla-blement ou nécessairement. Quand de mauvais poètes fabriquent des actions de cette espèce, elles sont ainsi à cause d'eux ; quand ce sont de bons poètes qui les font, c'est à cause des acteurs qu'elles sont ainsi : puisqu'en faisant des pièces pour les concours ils font traîner l'histoire au-delà du possible, ils sont en effet souvent contraints de distordre la succession des faits.

[1452a] De plus, non seulement l'imitation est celle d'une action complète, mais elle est aussi imitation de faits qui suscitent crainte et pitié, et ces faits surviennent surtout [et davantage] quand ils surviennent contre notre attente, tout en venant les uns après les autres : car il y aura ainsi davantage d'étonnement que s'ils étaient survenus d'eux-mêmes ou par hasard (puisqu'il semble que, parmi les événements dus au hasard, ceux-là sont les plus étonnants, qui paraissent être survenus comme à dessein, comme par exemple la statue de Mitys à Argos, qui tua l'homme qui avait causé la mort de Mitys en tombant sur lui alors qu'il la regardait : de telles choses

ne semblent pas être arrivées par hasard); ainsi les histoires de ce genre sont nécessairement plus belles.

10

Parmi les histoires, il y en a de simples et de complexes : car les actions, dont les histoires sont les imitations, comportent aussi ces caractéristiques. J'appelle « simple » une action qui, se déroulant, comme cela a été défini, de façon suivie et unie, voit son renversement arriver sans péripétie ou sans reconnaissance ; et « complexe », celle où le renversement a lieu avec reconnaissance ou péripétie ou les deux.

Cela doit arriver à partir de l'assemblage de l'histoire elle-même, de façon à résulter des faits antérieurs, et se produire par nécessité ou bien selon la vraisemblance : car il y a une différence entre le fait que des événements arrivent les uns à cause des autres, et qu'ils arrivent les uns après les autres.

11

Suivant ce qu'on a dit, la péripétie est le changement en leur contraire des actions accomplies ; et ce, comme nous le disons, selon la vraisemblance ou nécessairement : ainsi, dans *Œdipe*, le messager vient en pensant réjouir Œdipe, et le délivrer de sa crainte concernant sa mère ; mais, en lui révélant son identité, il produit l'effet contraire ; et dans le *Lyncée*, un personnage est amené comme devant mourir, et Danaos le suit comme pour le tuer ; mais il arrive, par suite des événements accomplis, que celui-ci meurt et que l'autre est sauvé.

La reconnaissance est, comme d'ailleurs le nom le signifie, le passage de l'état d'ignorance à la connaissance, ou bien à un sentiment d'amitié ou de haine, de personnages prédisposés au bonheur ou au malheur. Et la plus belle reconnaissance, c'est quand elle arrive en même temps qu'une péripétie, comme c'est le cas de celle d'*Œdipe*.

Il y a encore d'autres sortes de reconnaissances : en effet, il est possible que ce qu'on a dit arrive à propos d'êtres inanimés, même insignifiants, et il peut y avoir reconnaissance dans le fait de savoir si quelqu'un a fait ou n'a pas fait quelque chose.

Mais la meilleure pour l'intrigue, la meilleure pour l'action, c'est celle dont nous avons parlé. En effet, une telle reconnaissance avec péripétie suscitera pitié ou crainte, et c'est l'imitation d'actions de la sorte que la tragédie admet comme son principe. [1452b] De plus, le fait d'être malheureux ou heureux surviendra à l'occasion de telles actions.

Or, quand la reconnaissance est reconnaissance de personnages, il y a celle où un seul personnage est reconnu par l'autre, c'est le cas lorsque l'identité de l'autre est évidente, et il y a celle où il faut que l'un et l'autre se reconnaissent : par exemple, Iphigénie a été reconnue d'Oreste à la suite de l'envoi de la lettre, mais il a fallu pour celui-ci une autre reconnaissance à Iphigénie.

Il y a donc en cela deux éléments dans l'histoire, péripétie et reconnaissance, et le pathétique en est un troisième. On a traité la péripétie et la reconnaissance ; quant au « pathétique », c'est une action qui détruit ou qui fait mal, comme à l'évidence les meurtres, les vives douleurs, les blessures et toutes les choses de ce genre. […]

13

Les objectifs à atteindre et les écueils à éviter en composant des histoires, ainsi que les conditions pour produire l'effet propre de la tragédie, voilà les points successifs dont il faut parler, grâce à ce qui jusqu'à présent a été dit.

Comme la plus belle tragédie requiert un assemblage non pas simple mais complexe, propice à imiter des motifs de peur et de pitié (c'est là, en effet, le propre de ce type d'imitation), il est d'abord évident qu'on ne doit montrer ni les hommes équitables passer du bonheur au malheur (car cela n'est ni effrayant ni digne de pitié, mais plutôt repoussant), ni les hommes de mauvaise qualité passer du malheur au bonheur (c'est, en effet, le cas le moins tragique de tous : car il ne suscite ni empathie, ni frayeur, ni pitié), et il ne faut pas non plus que l'homme parfaitement méchant [1453a] dégénère du bonheur dans le malheur (un tel enchaînement, en effet, pourrait susciter l'empathie, mais pas la crainte ni la pitié : car l'une concerne l'homme qui est malheureux sans le mériter – c'est la pitié –, et l'autre l'homme qui est semblable à nous – c'est la crainte –; de sorte que leur sort ne suscitera ni crainte ni pitié).

Il reste donc le cas intermédiaire des précédents. C'est celui de l'homme qui ne se distingue ni par l'excellence ni par l'équité, et qui tombe dans le malheur non par vice ni par méchanceté, mais par quelque erreur, alors qu'il est de ceux qui jouissent d'une grande réputation et d'un grand bonheur, comme Œdipe, Thyeste, et les hommes éclatants des lignées de ce genre.

La belle histoire est donc nécessairement unique plutôt que double, contrairement aux affirmations de certains; elle fait passer non du malheur au bonheur, mais au contraire du bonheur au malheur, et pas par méchanceté mais à cause d'une grande erreur, commise par un homme soit du genre de celui que je viens de dire, soit meilleur plutôt que pire.

Voici qui le prouve aussi : d'abord, en effet, les poètes racontaient les premières histoires venues, tandis qu'aujourd'hui les plus belles tragédies sont composées à propos d'un petit nombre de familles, concernant, par exemple, Alcméon, Œdipe, Oreste, Méléagre, Thyeste, Télèphe, et tous les autres, à qui il est arrivé de subir de terribles malheurs ou d'en provoquer.

Ainsi, la plus belle tragédie selon les règles de l'art résulte de cet assemblage.

C'est aussi pourquoi ils se trompent, ceux qui reprochent à Euripide de faire précisément cela dans ses tragédies et de terminer beaucoup des siennes dans le malheur. Ceci est en effet, comme je l'ai déjà dit, une solution correcte. En voici un indice très important : en effet, à la scène et dans les concours, ce sont celles de ce type qui paraissent les plus tragiques, si elles sont correctement dirigées ; et Euripide, s'il ne sait pas bien organiser les autres éléments, paraît cependant être, au fond, le plus tragique des poètes.

Secondaire est [l'assemblage] tragique que certains placent en premier : c'est celui qui comporte un assemblage double, à l'instar de l'*Odyssée*, et qui se termine d'une façon opposée pour ceux qui sont meilleurs et pour ceux qui sont plus mauvais. On le tient pour le premier à cause de la faiblesse des spectateurs : les poètes, en effet, se laissent guider par les spectateurs en créant selon leurs vœux. Ce n'est pourtant pas là le plaisir même qui provient de la tragédie, mais c'est plutôt le propre de la comédie : c'est là, en effet, même s'il y a dans l'histoire les pires ennemis, comme Oreste et Égisthe, qu'ils sortent à la fin en étant devenus amis, et que personne n'est tué par personne.

14

[**1453b**] La crainte et la pitié peuvent venir du spectacle mais peuvent aussi venir de l'assemblage même des faits, solution préférable et d'un meilleur poète. Il faut, en effet, que, même sans faire voir, l'histoire soit assemblée de sorte qu'en apprenant les faits qui surviennent on frissonne et soit pris de pitié à ces événements : c'est précisément ce qu'on peut éprouver en apprenant l'histoire d'Œdipe. Produire cela par la vue n'est pas affaire d'art mais de chorégie. […]

26

Quelle est la meilleure imitation, l'épique ou la tragique, on serait embarrassé de répondre à cela. Si, en effet, la moins grossière est la meilleure, que c'est toujours ainsi qu'elle s'adresse à des spectateurs meilleurs, il est bien évident que celle qui imite absolument tout est grossière. C'est, en effet, en supposant que les gens ne comprennent pas si on n'en rajoute pas soi-même, que les acteurs multiplient les mouvements, comme les mauvais flûtistes, qui tournent sur eux-mêmes, s'il faut imiter un disque, et qui entraînent le choryphée, quand ils jouent à la flûte l'air de *Scylla*. La tragédie est donc dans cette situation même que les anciens acteurs reprochaient à leurs successeurs : à cause d'un jeu démesurément excessif, Mynniscos traitait Callipidès de singe, [**1462a**] et une réputation semblable touchait Pindaros. Or, ce que ceux-ci étaient vis-à-vis de leurs détracteurs, l'art tragique tout entier le serait vis-à-vis de l'épopée. Celle-ci s'adresserait donc, dit-on, à des spectateurs de qualité, qui n'ont nullement besoin de gestuelle, tandis que l'art tragique s'adresse à des gens médiocres. Si donc elle est grossière, il est évident qu'elle peut bien être inférieure.

D'abord, l'accusation ne concerne pas la création poétique, mais l'art de l'acteur, puisqu'un rhapsode peut trop faire de signes – comme c'est le cas de Sosistrate –, de même qu'un chanteur, comme faisait Mnasithéos d'Oponte. Ensuite, il ne faut pas repousser n'importe quelle gestuelle, du moins s'il ne faut pas condamner la danse, mais la gestuelle des acteurs sans valeur, comme ce qui était reproché à Callipidès et aujourd'hui à d'autres, à savoir d'imiter des femmes qui ne se maîtrisent pas.

De plus, la tragédie, même sans gestuelle, produit l'effet qui lui est propre comme l'épopée : car, à la lecture, ses qualités apparaissent clairement. Si donc elle est meilleure dans les autres domaines, c'est que cet accessoire ne lui est pas vraiment nécessaire. Et elle est meilleure puisqu'elle possède tout ce que possède l'épopée (car il lui est aussi possible d'utiliser le mètre) et qu'en plus, ce qui n'est pas rien, elle a la musique et le spectacle, qui maintiennent très manifestement le plaisir. Elle a en outre l'avantage de l'évidence, sensible à la lecture aussi bien qu'à l'occasion des représentations.

Elle a encore l'avantage d'accomplir une imitation complète dans une moindre étendue : ce qui est resserré est, en effet, plus agréable que ce qui est mélangé [**1462b**] dans un long espace de temps, comme, j'imagine, si on mettait l'*Œdipe* de Sophocle en autant de vers qu'il y en a dans l'*Iliade*. De plus, il y a moins d'unité dans l'imitation qu'on trouve dans les épopées (en voici un indice : de n'importe quelle [imitation] épique on tire plusieurs tragédies), de sorte que, si on traite une seule histoire, ou bien, si on la montre brièvement, elle paraît rachitique, ou bien, si on suit la longueur du mètre, elle paraît diluée. Par exemple, je pense au cas où elle comporte plusieurs actions, comme l'*Iliade*, qui a de ce point de vue plusieurs parties, et l'*Odyssée*, parties qui ont chacune de l'étendue ; et pourtant ces poèmes sont composés le plus parfaitement du monde, et proposent une imitation la plus unifiée possible.

Si donc la tragédie se distingue en tous ces points et encore par l'effet que produit cet art (car les tragédies ne doivent pas produire n'importe quel plaisir, mais celui dont nous avons parlé), il est clair qu'elle est supérieure à l'épopée, puisqu'elle atteint davantage son objectif. [...]

Traduction Nicolas Puyuelo

en jugent, avec quel esprit ils la doivent examiner; ce qu'ils doivent faire pour éviter les erreurs où la complaisance et l'aversion qu'ils ont pour les auteurs les peut engager, et mille autres choses qui pourraient peut-être bien à propos être expliquées.

J'entends parler des spectateurs à cause du poète et par rapport à lui seulement, pour lui faire connaître comment il les doit avoir en la pensée, quand il travaille pour le théâtre. Je prends ici la comparaison d'un tableau, dont j'ai résolu de me servir souvent en ce traité, et je dis qu'on le peut considérer en deux façons. La première comme une peinture, c'est à dire, en tant que c'est l'ouvrage de la main du peintre, où il n'y a que des couleurs et non pas des choses; des ombres, et non pas des corps, des jours artificiels, de fausses élévations, des éloignements en perspective, des raccourcissements illusoires, et de simples apparences de tout ce qui n'est point. La seconde en tant qu'il contient une chose qui est peinte, soit véritable ou supposée telle, dont les lieux sont certains, les qualités naturelles, les actions indubitables, et toutes les circonstances selon l'ordre et la raison. Il en est de même du poème dramatique. On peut du premier regard y considérer le spectacle, et la simple représentation, où l'art ne donne que des images des choses qui ne sont point. Ce sont des princes en figure, des palais en toiles colorées, des morts en apparence, et tout enfin comme en peinture. Pour cela les acteurs portent toutes les marques de ceux qu'ils représentent, la décoration du théâtre est l'image des lieux, où l'on feint qu'ils se sont trouvés. Il y a des spectateurs, on fait parler les personnages en langue vulgaire, et toute chose y doit être sensible. Et c'est pour parvenir à cette représentation que les poètes font paraître, et discourir tantôt un personnage, tantôt un autre, qu'il se fait des récits de ce qu'on n'a point vu, et que l'on met plusieurs spectacles, et tant de machines différentes sur les théâtres. Ainsi dans Eschyle le palais de Clytemnestre s'ouvre, afin que l'on représente Agamemnon comme mort, par le moyen d'un corps étendu sur le seuil de la porte. Dans Sophocle Tecmesse ouvre la tente d'Ajax, afin de représenter sa fureur par le carnage des animaux qui sont à l'entour de lui. Dans

Euripide Hécube tombe évanouie sur le théâtre, pour représenter la grandeur de ses calamités. Et dans Plaute les captifs paraissent liés et gardés, afin de représenter l'état de leur servitude : et les discours qui se font dans toutes ces rencontres, et que l'on peut y lire en achèvent la représentation. Ou bien on regarde dans ces poèmes l'histoire véritable, ou que l'on suppose véritable, et dont toutes les aventures sont véritablement arrivées dans l'ordre, le temps et les lieux, et selon les intrigues qui nous apparaissent. Les personnes y sont considérées par les caractères de leur condition, de leur âge, de leur sexe : leurs discours comme ayant été prononcés, leurs actions faites, et les choses telles que nous les voyons. Je sais bien que le poète en est le maître, qu'il dispose l'ordre et l'économie de sa pièce comme il lui plaît, qu'il prend le temps, l'allonge et le raccourcit à sa volonté, qu'il choisit le lieu tel que bon lui semble dans tout le monde, et que pour les intrigues il les invente, selon la force et l'adresse de son imagination ; en un mot il change les matières et leur donne des formes comme il le veut résoudre dans son conseil secret ; mais il est vrai pourtant que toutes ces choses doivent être si bien ajustées, qu'elles semblent avoir eu d'elles-mêmes, la naissance, le progrès et la fin qu'il leur donne. Et quoi qu'il en soit l'auteur, il les doit manier si dextrement, qu'il ne paraisse pas seulement les avoir écrites. Ainsi dans Eschyle tout se passe comme si véritablement Agamemnon était poignardé. Dans Sophocle comme si véritablement Ajax était furieux. Dans Euripide comme si véritablement l'esclave d'Hécube avait trouvé Polidore mort sur le bord de la mer. Dans Plaute comme si les deux captifs avaient été véritablement vendus en qualité d'esclaves pris à la guerre ; et de même dans toutes les autres pièces des anciens. Aussi quand on veut approuver ou condamner celles qui paraissent sur nos théâtres, nous supposons que la chose est véritable, ou du moins qu'elle le doit, ou le peut bien être, et sur cette supposition nous approuvons toutes les actions et les paroles qui pouvaient être faites et dites par ceux qui agissent et qui parlent ; et tous les événements qui pouvaient suivre les premières apparences : parce qu'en ce cas nous croyons que cela s'est véritablement ainsi fait, ou du moins qu'il se pouvait, et devait faire ainsi. Et au contraire nous condamnons tout ce qui ne doit pas être fait et dit, selon les personnes, les lieux, le temps et les premières apparences du poème ; parce que nous ne croyons pas que cela soit arrivé de la sorte. Tant il est vrai que la tragédie se considère principalement en soi, comme une action véritable.

Or pour entendre comment le poète se doit gouverner à l'égard des spectateurs, et comment ils lui sont considérables ou non, il ne faut que faire réflexion sur ce que nous avons dit d'un tableau. Car en le considérant comme une peinture, ou un ouvrage de l'art, le peintre fait tout ce qu'il peut pour le rendre excellent ; parce qu'il sera vu, et qu'il y fait tout à dessein d'en être estimé. Mais en considérant la chose peinte, il s'attache à la nature de ce qu'il représente, et ne fait rien qui ne soit vraisemblable en toutes ses circonstances, à cause qu'il regarde tout comme véritable […].

Tout de même le poète en considérant dans sa tragédie le spectacle ou la représentation, il fait tout ce que son art et son esprit lui peuvent fournir pour la rendre admirable aux spectateurs : car il ne travaille que pour leur plaire. Il conservera tous les plus nobles incidents d'une histoire. Il s'efforcera de mettre tous les personnages dans le plus agréable état qu'ils peuvent souffrir ; d'employer les plus illustres figures de la rhétorique, et les plus fortes passions de la morale ; de ne rien cacher de tout ce qu'on doit savoir, et qui peut contenter ; et de ne rien montrer de tout ce qu'on doit ignorer, et qui peut choquer. Enfin il cherchera tous les moyens de réussir dans l'estime des spectateurs, qu'il a seulement lors en l'esprit.

Mais quand il considère en sa tragédie l'histoire véritable ou qu'il suppose être véritable, il n'a soin que de garder la vraisemblance des choses, et d'en composer toutes les actions, les discours, et les incidents, comme s'ils étaient véritablement arrivés. Il accorde les pensées avec les personnes, les temps avec les lieux, les suites avec les principes. Enfin il s'attache tellement à la nature des choses, qu'il n'en veut contredire ni l'état, ni l'ordre, ni les effets, ni les convenances; et en un mot il n'a point d'autre guide que la vraisemblance, et rejette tout ce qui n'en porte point les caractères. Il fait tout comme s'il n'y avait point de spectateurs, c'est-à-dire tous les personnages doivent agir et parler comme s'ils étaient véritablement roi, et non pas comme étant Bellerose, ou Mondory, comme s'ils étaient dans le palais d'Horace à Rome, et non pas dans l'hôtel de Bourgogne à Paris; et comme si personne ne les voyait et ne les entendait que ceux qui sont sur le théâtre agissants et comme dans le lieu représenté. Et par cette règle ils disent souvent qu'ils sont seuls, que personne ne les voit, ni ne les entend, et qu'ils ne doivent point craindre d'être interrompus en leur entretien, troublés en leurs solitudes, découverts en leurs actions, et empêchés en leurs desseins; encore que tout cela se fasse et se dise en la présence de deux mille personnes, parce qu'on suit en cela la nature de l'action comme véritable, où les spectateurs de la représentation n'étaient pas. Ce qui doit être tellement observé que tout ce qui paraît affecté en faveur des spectateurs, est vicieux.

Je sais bien que le poète ne travaille point sur l'action comme véritable, sinon en tant qu'elle peut être représentée; d'où l'on pourrait conclure qu'il y a quelque mélange de ces deux considérations, mais voici comment il les doit démêler. Il examine tout ce qu'il veut et doit faire connaître aux spectateurs par l'oreille et par les yeux, et se résout de le leur faire réciter, ou de le leur faire voir; parce qu'il doit avoir soin d'eux, en considérant l'action comme représentée : mais il ne doit pas faire ces récits, ni ces spectacles seulement à cause que les spectateurs en doivent avoir la connaissance. Comment donc? Il faut qu'il cherche dans l'action considérée comme véritable, un motif et une raison apparente, que l'on nomme couleur, pour faire que ces récits et ces spectacles soient vraisemblablement arrivés de la sorte. Et j'ose dire que le plus grand art du théâtre consiste à trouver toutes ces couleurs. Il faut qu'un personnage vienne parler sur le théâtre, parce qu'il faut que le spectateur connaisse ses desseins et ses passions. Il faut faire une narration des choses passées; parce que le spectateur, en les ignorant, ne comprendrait rien au reste. Il faut faire voir un spectacle, parce qu'il touchera les assistants de douleur ou d'admiration. C'est travailler sur l'action en tant que représentée, et cela est du devoir du poète ; même est-ce sa principale intention. Mais il la doit cacher sous quelque couleur qui dépende de l'action comme véritable. Si bien que le personnage qui doit parler viendra sur le théâtre parce qu'il cherche quelqu'un, ou pour se trouver à quelque assignation. La narration des choses passées se fera parce qu'elle servira pour prendre conseil sur les présentes, ou pour obtenir un secours nécessaire. On fera voir un spectacle parce qu'il doit exciter quelqu'un à la vengeance, et cela est travailler sur l'action, en tant que véritable, sans avoir égard aux spectateurs, à cause que vraisemblablement tout cela pouvait arriver ainsi à ne prendre les choses qu'en elles-mêmes. […]

[LIVRE II, CHAPITRE 2]
DE LA VRAISEMBLANCE

Voici le fondement de toutes les pièces du théâtre, chacun en parle et peu de gens l'entendent ; voici le caractère général auquel il faut reconnaître tout ce qui s'y passe ; en un mot la vraisemblance est, s'il le faut ainsi dire, l'essence du poème dramatique, et sans laquelle il ne se peut rien faire ni rien dire de raisonnable sur la scène. C'est une maxime générale que le *vrai* n'est pas le sujet du théâtre, parce qu'il y a bien des choses véritables qui n'y doivent pas être vues, et beaucoup qui n'y peuvent pas être représentées […]. Il est vrai que Néron fit étrangler sa mère, et lui ouvrir le sein pour voir en quel endroit il avait été porté neuf mois avant que de naître ; mais cette barbarie, bien qu'agréable à celui qui l'exécuta, serait non seulement horrible à ceux qui la verraient, mais même incroyable, à cause que cela ne devait point arriver ; et entre toutes les histoires dont le poète voudra tirer son sujet, il n'y en a pas une, au moins je ne crois pas qu'il y en ait, dont toutes les circonstances soient capables du théâtre, quoique véritables, et que l'on y puisse faire entrer, sans altérer l'ordre des succès, le temps, les lieux, les personnes, et beaucoup d'autres particularités.

Le *possible* n'en sera pas aussi le sujet, car il y a bien des choses qui se peuvent faire, ou par la rencontre des causes naturelles, ou par les aventures de la morale, qui pourtant seraient ridicules et peu croyables si elles étaient représentées. Il est possible qu'un homme meure subitement, et cela souvent arrive; mais celui-là serait moqué de tout le monde, qui pour dénouer une pièce de théâtre, ferait mourir un rival d'apoplexie, comme d'une maladie naturelle et commune, ou bien il y faudrait beaucoup de préparations ingénieuses. Il est possible qu'un homme meure d'un coup de tonnerre, mais ce serait une mauvaise invention au poète de se défaire par là d'un amant qu'il aurait employé pour faire l'intrigue d'une comédie. Il n'y a donc que le *vraisemblable* qui puisse raisonnablement fonder, soutenir et terminer un poème dramatique : ce n'est pas que les choses véritables et possibles soient bannies du théâtre; mais elles n'y sont reçues qu'en tant qu'elles ont de la vraisemblance; de sorte que pour les y faire entrer, il faut ôter ou changer toutes les circonstances qui n'ont point ce caractère, et l'imprimer à tout ce qu'on y veut représenter.

Je ne m'étendrai pas ici sur la vraisemblance ordinaire et extraordinaire, dont tous les maîtres ont traité fort amplement, et personne n'ignore que les choses impossibles naturellement, deviennent possibles et vraisemblables par puissance divine, ou par magie; et que la vraisemblance du théâtre n'oblige pas à représenter seulement les choses qui arrivent selon le cours de la vie commune des hommes; mais qu'elle enveloppe en soi le *merveilleux*, qui rend les événements d'autant plus nobles qu'ils sont imprévus, quoique toutefois vraisemblables. Ce que j'ai remarqué néanmoins en cette matière, est que peu de gens ont entendu jusqu'où va cette vraisemblance : car tout le monde a bien cru qu'elle devait être gardée dans la principale action d'un poème, et dans les incidents qui se trouvent sensibles aux plus grossiers; mais on n'a pas été plus avant. Or l'on doit savoir que les moindres actions représentées au théâtre, doivent être vraisemblables, ou bien elles sont entièrement défectueuses, et n'y doivent point être. Il n'y a point d'action humaine tellement simple, qu'elle ne soit accompagnée de plusieurs circonstances qui la composent, comme sont le temps, le lieu, la personne, la dignité, les desseins, les moyens et la raison d'agir. Et puisque le théâtre en doit être une image parfaite, il faut qu'il la représente tout entière, et que la vraisemblance y soit observée en toutes ses parties. Quand un roi parle sur la scène, il faut qu'il parle en roi, et c'est la circonstance de la dignité contre laquelle il ne peut rien faire qui soit vraisemblable, s'il n'y avait quelque autre raison qui dispensât de cette première circonstance, comme s'il était déguisé. Je dis plus, ce roi qui parle sur le théâtre selon sa dignité, sans doute était en quelque lieu, lorsqu'il disait ces choses ; partant il faut que le théâtre porte aussi l'image du lieu où lors il était : car il y a des choses que l'on ne peut dire ni faire vraisemblablement qu'en certains lieux. Aussi faut-il représenter et faire entendre en quel temps il parlait : car il faut souvent changer de discours selon le temps ; et un prince, devant que de donner une bataille, parlera tout autrement qu'il ne fera après qu'il l'aura gagnée ou perdue. Mais pour conserver cette vraisemblance dans toutes les circonstances d'une action théâtrale, il faut bien savoir les règles de ce poème, et les pratiquer ; car elles n'enseignent rien autre chose qu'à rendre toutes les parties d'une action vraisemblables, en les portant sur la scène, pour en faire une image entière et reconnaissable.

À cela quelques-uns ont dit, que le sens commun et la raison naturelle suffisent pour juger de toutes ces choses, j'en demeure d'accord : mais il faut que ce soit un sens commun instruit de ce que les hommes ont voulu faire sur le théâtre, et de ce qu'il faut observer pour en venir à bout ; car supposons qu'un homme de bon sens n'ait jamais vu le théâtre, et qu'il n'en ait même jamais ouï parler, il est certain qu'il ne connaîtra pas si les comédiens sont des rois et des princes véritables, ou s'ils n'en sont que des fantômes vivants ; et quand il saurait que tout cela n'est qu'une feinte, et un déguisement, il ne serait pas capable de juger des beautés ni des défauts de la pièce : il faudrait certes qu'il en vît plusieurs et qu'il y fît beaucoup de réflexions pour connaître ce qui serait vraisemblable, ou non. Oui certes, pour juger parfaitement du poème dramatique, il faut que cette raison naturelle soit parfaitement instruite en ce genre d'image dont les hommes ont voulu se servir pour représenter quelque action, et savoir précisément de quelle manière la vraisemblance peut être conservée dans tous les traits de cette peinture animée ; or cela ne se peut acquérir que par un grand nombre d'observations faites par un long temps et par plusieurs personnes. Et c'est de telles observations que les anciens composèrent l'art du théâtre, dont le progrès fut si lent, que depuis Thespis qui le premier ajouta un acteur au chœur employé seul autrefois pour jouer l'ancienne tragédie, il y a deux cents ans jusqu'au temps d'Aristote, qui le premier en écrivit l'art, ou qui du moins est le premier dont les écrits sur ce sujet sont venus jusqu'à nous. C'est pourquoi celui qui veut juger hardiment et sur le champ d'un poème dramatique sans étude et sans réflexion, et qui le pense faire excellemment, se trompe souvent : parce qu'il est bien difficile qu'il puisse avoir naturellement et en présence, toutes les considérations qui doivent servir pour en examiner la vraisemblance, et souvent il est arrivé que des personnes de bon esprit ont cru d'abord certaines actions du théâtre fort justes et bien inventées, qu'après être instruits ils ne trouvaient pas vraisemblables, et au contraire très ridicules. Mais une chose bien plus étrange, et pourtant très véritable, j'ai vu des gens qui travaillaient depuis longtemps au théâtre, lire ou voir un poème par plusieurs fois sans reconnaître ni la durée du temps, ni le lieu de la scène, ni la plupart des circonstances des actions les plus importantes, pour en découvrir la vraisemblance.

DISCOURS DE L'UTILITÉ ET DES PARTIES
DU POÈME DRAMATIQUE

Bien que selon Aristote le seul but de la Poésie Dramatique soit
de plaire aux Spectateurs, et que la plupart de ces Poèmes leur aient
plu, je veux bien avouer toutefois que beaucoup d'entre eux n'ont
pas atteint le but de l'Art. *Il ne faut pas prétendre*, dit ce Philosophe,
*que ce genre de Poésie nous donne toute sorte de plaisir, mais
seulement celui qui lui est propre* *; et pour trouver ce plaisir qui lui
est propre, et le donner aux Spectateurs, il faut suivre les Préceptes
de l'Art, et leur plaire selon ses Règles. Il est constant qu'il y a des
Préceptes, puisqu'il y a un Art, mais il n'est pas constant quels ils
sont. On convient du nom sans convenir de la chose, et on s'accorde
sur les paroles, pour contester sur leur signification. Il faut observer
l'unité d'action, de lieu, et de jour, personne n'en doute; mais ce
n'est pas une petite difficulté de savoir ce que c'est que cette unité
d'action, et jusques où peut s'étendre cette unité de jour, et de lieu.
Il faut que le Poète traite son Sujet selon le vraisemblable, et le
nécessaire**; Aristote le dit, et tous ses interprètes répètent les
mêmes paroles, qui leur semblent si claires et si intelligibles,
qu'aucun d'eux n'a daigné nous dire, non plus que lui, ce que c'est
que ce vraisemblable, et ce nécessaire. Beaucoup même ont si peu
considéré ce dernier mot, qui accompagne toujours l'autre chez ce
Philosophe, hormis une seule fois, où il parle de la Comédie, qu'on
en est venu jusqu'à établir une Maxime très fausse, qu'il faut que
le Sujet d'une Tragédie soit vraisemblable; appliquant ainsi aux
conditions du Sujet la moitié de ce qu'il a dit de la manière de le
traiter. Ce n'est pas qu'on ne puisse faire une Tragédie d'un Sujet
purement vraisemblable, il en donne pour exemple *La Fleur*
d'Agathon, où les noms et les choses étaient de pure invention aussi
bien qu'en la Comédie : mais les grands Sujets qui remuent forte-

---

* *Poétique*, 1453 b.
** 1451 a (*supra*, p. 184).

ment les passions, et en opposent l'impétuosité aux lois du devoir
ou aux tendresses du sang, doivent toujours aller au-delà du vraisemblable, et ne trouveraient aucune croyance parmi les Auditeurs,
s'ils n'étaient soutenus, ou par l'autorité de l'Histoire qui persuade
avec empire, ou par la préoccupation de l'opinion commune qui
nous donne ces mêmes Auditeurs déjà tous persuadés. Il n'est pas
vraisemblable que Médée tue ses enfants, que Clytemnestre assassine son mari, qu'Oreste poignarde sa mère : mais l'Histoire le dit,
et la représentation de ces grands crimes ne trouve point d'incrédules. Il n'est ni vrai, ni vraisemblable, qu'Andromède exposée à
un Monstre marin ait été garantie de ce péril par un Cavalier volant,
qui avait des ailes aux pieds ; mais c'est une erreur que l'Antiquité a
reçue, et comme elle l'a transmise jusqu'à nous, personne ne s'en
offense, quand il la voit sur le Théâtre. Il ne serait pas permis
toutefois d'inventer sur ces exemples. Ce que la vérité ou l'opinion
fait accepter serait rejeté, s'il n'avait point d'autre fondement
qu'une ressemblance à cette vérité, ou à cette opinion. C'est
pourquoi notre Docteur dit que *les Sujets viennent de la Fortune*,
qui fait arriver les choses, et *non de l'Art* qui les imagine. Elle est
maîtresse des Événements, et le choix qu'elle nous donne de ceux
qu'elle nous présente, enveloppe une secrète défense d'entreprendre sur elle, et d'en produire sur la Scène qui ne soient pas de sa
façon. Aussi *les anciennes Tragédies se sont arrêtées autour de peu
de familles, parce qu'il était arrivé à peu de familles des choses
dignes de la Tragédie**. Les Siècles suivants nous en ont assez
fourni, pour franchir ces bornes, et ne marcher plus sur les pas des
Grecs ; mais je ne pense pas qu'ils nous aient donné la liberté de
nous écarter de leurs Règles. Il faut, s'il se peut, nous accommoder
avec elles, et les amener jusques à nous. Le retranchement que nous
avons fait des Chœurs nous oblige à remplir nos Poèmes de plus
d'Épisodes qu'ils ne faisaient, c'est quelque chose de plus, mais qui

* 1454 a.

ne doit pas aller au-delà de leurs Maximes, bien qu'il aille au-delà de leur pratique.

Il faut donc savoir quelles sont ces Règles, mais notre malheur est qu'Aristote et Horace après lui en ont écrit assez obscurément pour avoir besoin d'interprètes, et que ceux qui leur en ont voulu servir jusques ici ne les ont souvent expliqués qu'en Grammairiens, ou en Philosophes. Comme ils avaient plus d'étude et de spéculation, que d'expérience du Théâtre, leur lecture nous peut rendre plus doctes, mais non pas nous donner beaucoup de lumières fort sûres pour y réussir.

Je hasarderai quelque chose sur trente ans de travail pour la Scène, et en dirai mes pensées tout simplement, sans esprit de contestation qui m'engage à les soutenir, et sans prétendre que personne renonce en ma faveur à celles qu'il en aura conçues.

Ainsi ce que j'ai avancé dès l'entrée de ce Discours, que *la Poésie Dramatique a pour but le seul plaisir des Spectateurs*, n'est pas pour l'emporter opiniâtrement sur ceux qui pensent ennoblir l'Art, en lui donnant pour objet, de profiter aussi bien que de plaire. Cette dispute même serait très inutile, puisqu'il est impossible de plaire selon les Règles, qu'il ne s'y rencontre beaucoup d'utilité. Il est vrai qu'Aristote dans tout son Traité de la *Poétique* n'a jamais employé ce mot une seule fois ; qu'il attribue l'origine de la Poésie au plaisir que nous prenons à voir imiter les actions des hommes ; qu'il préfère la partie du Poème qui regarde le Sujet à celle qui regarde les Mœurs, parce que cette première contient ce qui agrée le plus, comme les Agnitions et les Péripéties ; qu'il fait entrer dans la définition de la Tragédie l'agrément du discours dont elle est composée, et qu'il l'estime enfin plus que le Poème Épique, en ce qu'elle a de plus que lui la décoration extérieure et la Musique, qui délectent puissamment, et qu'étant plus courte et moins diffuse, le plaisir qu'on y prend est plus parfait : mais il n'est pas moins vrai qu'Horace nous apprend que nous ne saurions plaire à tout le monde, si nous n'y mêlons l'utile, et que les gens graves et sérieux, les vieillards, les amateurs de la vertu s'y ennuieront s'ils n'y trouvent rien à profiter. […] Ainsi, quoique l'utile n'y entre que sous la forme du délectable, il ne laisse pas d'y être nécessaire, et il vaut mieux examiner de quelle façon il y peut trouver sa place, que d'agiter, comme je l'ai déjà dit, une question inutile touchant l'utilité de cette sorte de Poèmes. J'estime donc qu'il s'y en peut rencontrer de quatre sortes.

La première consiste aux Sentences et instructions Morales qu'on y peut semer presque partout : mais il en faut user sobrement, les mettre rarement en discours généraux, ou ne les pousser guère loin, surtout quand on fait parler un homme passionné, ou qu'on lui fait répondre par un autre ; car il ne doit avoir non plus de patience pour les entendre, que de quiétude d'esprit pour les concevoir, et les dire. Dans les délibérations d'État, où un homme d'importance consulté par un Roi s'explique de sens rassis, ces sortes de discours trouvent lieu de plus d'étendue ; mais enfin il est toujours bon de les réduire souvent de la Thèse à l'Hypothèse, et j'aime mieux faire dire à un Acteur, *l'Amour vous donne beaucoup d'inquiétudes*, que *l'Amour donne beaucoup d'inquiétudes aux esprits qu'il possède*.

[…] La seconde utilité du Poème Dramatique se rencontre en la naïve peinture des vices et des vertus, qui ne manque jamais à faire son effet, quand elle est bien achevée, et que les traits en sont si reconnaissables, qu'on ne les peut confondre l'un dans l'autre, ni prendre le vice pour vertu. Celle-ci se fait alors toujours aimer, quoique malheureuse, et celui-là se fait toujours haïr, bien que triomphant. Les Anciens se sont fort souvent contentés de cette peinture, sans se mettre en peine de faire récompenser les bonnes actions, et punir les mauvaises. Clytemnestre et son adultère tuent Agamemnon impunément ; Médée en fait autant de ses enfants, et Atrée de ceux de son frère Thyeste, qu'il lui fait manger. […] Notre Théâtre souffre difficilement de pareils Sujets : le *Thyeste* de Sénèque n'y a pas été fort heureux ; sa *Médée* y a trouvé plus de faveur, mais aussi, à le bien prendre, la perfidie de Jason et la violence du Roi de Corinthe la font paraître si injustement opprimée, que l'Auditeur entre aisément dans ses intérêts, et regarde sa vengeance comme une justice qu'elle se fait elle-même de ceux qui l'oppriment.

C'est cet intérêt qu'on aime à prendre pour les vertueux qui a obligé d'en venir à cette autre manière de finir le Poème Dramatique par la punition des mauvaises actions et la récompense des bonnes, qui n'est pas un précepte de l'Art, mais un usage que nous avons embrassé, dont chacun peut se départir à ses périls. Il était dès le temps d'Aristote et peut-être qu'il ne plaisait pas trop à ce Philosophe, puisqu'il dit, *qu'il n'a eu vogue que par l'imbécillité du jugement des Spectateurs, et que ceux qui le pratiquent s'accommodent au goût du Peuple, et écrivent selon les souhaits de leur Auditoire*[*]. En effet, il est certain que nous ne saurions voir un honnête homme sur notre Théâtre, sans lui souhaiter de la prospérité, et nous fâcher de ses infortunes. Cela fait que quand il en demeure accablé, nous sortons avec chagrin, et remportons une espèce d'indignation contre l'Auteur et les Acteurs : mais quand l'événement remplit nos souhaits, et que la vertu y est couronnée, nous sortons avec pleine joie, et remportons une entière satisfaction, et de l'Ouvrage, et de ceux qui l'ont représenté. Le succès heureux de la vertu, en dépit des traverses et des périls, nous excite à l'embrasser, et le succès funeste du crime ou de l'injustice est capable de nous en augmenter l'horreur naturelle par l'appréhension d'un pareil malheur.

C'est en cela que consiste la troisième utilité du Théâtre, comme la quatrième en la purgation des passions par le moyen de la pitié, et de la crainte. Mais comme cette utilité est particulière à la Tragédie, et que cette première Partie de mes Poèmes ne contient presque que des Comédies où elle n'a point de place je ne m'expliquerai sur cet Article qu'au second Volume où la Tragédie

[*] 1453 a 30 (*supra*, p. 189).

l'emporte, et passe à l'examen des parties qu'Aristote attribue au Poème Dramatique. Je dis au Poème Dramatique en général, bien qu'en traitant cette matière il ne parle que de la Tragédie ; parce que tout ce qu'il en dit convient aussi à la Comédie et que la différence de ces deux espèces de Poèmes ne consiste qu'en la dignité des Personnages et des actions qu'ils imitent, et non pas en la façon de les imiter, ni aux choses qui servent à cette imitation.

Le Poème est composé de deux sortes de parties. Les unes sont appelées parties de quantité ou d'extension, et Aristote en nomme quatre, le Prologue, l'Épisode, l'Exode, et le Chœur. Les autres se peuvent nommer des parties intégrales, qui se rencontrent dans chacune de ces premières pour former tout le corps avec elles. Ce Philosophe y en trouve six, le Sujet, les Mœurs, les Sentiments, la Diction, la Musique, et la Décoration du Théâtre. De ces six, il n'y a que le Sujet dont la bonne constitution dépende proprement de l'Art Poétique : les autres ont besoin d'autres Arts subsidiaires. Les Mœurs, de la Morale ; les Sentiments, de la Rhétorique ; la Diction, de la Grammaire ; et les deux autres parties ont chacune leur Art, dont il n'est pas besoin que le Poète soit instruit, parce qu'il y peut faire suppléer par d'autres, ce qui fait qu'Aristote ne les traite pas. Mais comme il faut qu'il exécute lui-même ce qui concerne les quatre premières, la connaissance des Arts dont elles dépendent lui est absolument nécessaire, à moins qu'il ait reçu de la Nature un sens commun assez fort et assez profond, pour réparer ce défaut.

Les conditions du Sujet sont diverses pour la Tragédie, et pour la Comédie. Je ne toucherai à présent qu'à ce qui regarde cette dernière, qu'Aristote définit simplement, *une imitation de personnes basses, et fourbes*[*]. Je ne puis m'empêcher de dire que cette définition ne me satisfait point, et puisque beaucoup de Savants tiennent que son Traité de la *Poétique* n'est pas venu tout

---

[*] 1449 a 32 (*supra*, p. 178).

entier jusques à nous, je veux croire que dans ce que le temps nous en a dérobé il s'en rencontrait une plus achevée.

La Poésie Dramatique selon lui est une imitation des actions, et il s'arrête ici à la condition des personnes, sans dire [quelles] doivent être ces actions. Quoi qu'il en soit, cette définition avait du rapport à l'usage de son temps, où l'on ne faisait parler dans la Comédie que des personnes d'une condition très médiocre ; mais elle n'a pas une entière justesse pour le nôtre, où les Rois même y peuvent entrer, quand leurs actions ne sont point au-dessus d'elle. Lorsqu'on met sur la Scène une simple intrigue d'amour entre des Rois, et qu'ils ne courent aucun péril, ni de leur vie, ni de leur État, je ne crois pas que bien que les personnes soient illustres, l'action le soit assez pour s'élever jusques à la Tragédie. Sa dignité demande quelque grand intérêt d'État, ou quelque passion plus noble et plus mâle que l'amour, telles que sont l'ambition, ou la vengeance ; et veut donner à craindre des malheurs plus grands, que la perte d'une Maîtresse. Il est à propos d'y mêler l'amour, parce qu'il a toujours beaucoup d'agrément, et peut servir de fondement à ces intérêts, et à ces autres passions dont je parle ; mais il faut qu'il se contente du second rang dans le Poème, et leur laisse le premier.

Cette Maxime semblera nouvelle d'abord : elle est toutefois de la pratique des Anciens, chez qui nous ne voyons aucune Tragédie, où il n'y ait qu'un intérêt d'amour à démêler. Au contraire, ils l'en bannissaient souvent, et ceux qui voudront considérer les miennes, reconnaîtront qu'à leur exemple je ne lui ai jamais laissé y prendre le pas devant, et que dans *Le Cid* même, qui est sans contredit la Pièce la plus amoureuse que j'aie faite, le devoir de la naissance et le soin de l'honneur l'emportent sur toutes les tendresses qu'il inspire aux Amants que j'y fais parler.

Je dirai plus. Bien qu'il y ait de grands intérêts d'État dans un Poème, et que le soin qu'une personne Royale doit avoir de sa gloire fasse taire sa passion, comme en *Don Sanche* ; s'il ne s'y rencontre point de péril de vie, de pertes d'États, ou de bannissement, je ne pense pas qu'il ait droit de prendre un nom plus relevé que celui de Comédie ; mais pour répondre aucunement à la dignité des personnes dont celui-là représente les actions, je me suis hasardé d'y ajouter l'Épithète d'Héroïque pour le distinguer d'avec les Comédies ordinaires. Cela est sans exemple parmi les Anciens ; mais aussi il est sans exemple parmi eux de mettre des Rois sur le Théâtre, sans quelqu'un de ces grands périls. Nous ne devons pas nous attacher si servilement à leur imitation, que nous n'osions essayer quelque chose de nous-mêmes, quand cela ne renverse point les Règles de l'Art. […]

La Comédie diffère donc en cela de la Tragédie, que celle-ci veut pour son Sujet, une action illustre, extraordinaire, sérieuse ; celle-là s'arrête à une action commune et enjouée : celle-ci demande de grands périls pour ses Héros, celle-là se contente de l'inquiétude et des déplaisirs de ceux à qui elle donne le premier rang parmi ses Acteurs. Toutes les deux ont cela de commun, que cette action doit être complète et achevée ; c'est-à-dire, que dans l'événement qui la termine, le Spectateur doit être si bien instruit des sentiments de tous ceux qui y ont eu quelque part, qu'il sorte l'esprit en repos, et ne soit plus en doute de rien. Cinna conspire contre Auguste, sa conspiration est découverte, Auguste le fait arrêter. Si le Poème en demeurait là, l'action ne serait pas complète, parce que l'Auditeur sortirait dans l'incertitude de ce que cet Empereur aurait ordonné de cet ingrat favori. […]

DISCOURS DE LA TRAGÉDIE, ET DES MOYENS DE LA TRAITER, SELON LE VRAISEMBLABLE OU LE NÉCESSAIRE

Outre les trois utilités du Poème Dramatique dont j'ai parlé dans le discours que j'ai fait servir de Préface à la première Partie de ce Recueil, la Tragédie a celle-ci de particulière, que *par la pitié et* *la crainte elle purge de semblables passions*[*]. Ce sont les termes dont Aristote se sert dans sa définition, et qui nous apprennent deux choses. L'une, qu'elle doit exciter la pitié et la crainte; l'autre, que par leur moyen elle purge de semblables passions. Il explique la première assez au long, mais il ne dit pas un mot de la dernière, et de toutes les conditions qu'il emploie en cette définition, c'est la seule qu'il n'éclaircit point. Il témoigne toutefois dans le dernier Chapitre de ses *Politiques* un dessein d'en parler fort au long dans ce Traité, et c'est ce qui fait que la plupart de ses Interprètes veulent que nous ne l'ayons pas tout entier; parce que nous n'y voyons rien du tout sur cette matière. Quoi qu'il en puisse être, je crois qu'il est à propos de parler de ce qu'il a dit, avant que de faire effort pour deviner ce qu'il a voulu dire. […]

Nous avons pitié, dit-il, *de ceux que nous voyons souffrir un malheur qu'ils ne méritent pas, et nous craignons qu'il ne nous en arrive un pareil, quand nous le voyons souffrir à nos semblables*[**]. Ainsi la pitié embrasse l'intérêt de la personne que nous voyons souffrir, la crainte qui la suit regarde le nôtre, et ce Passage seul nous donne assez d'ouverture pour trouver la manière dont se fait la purgation des passions dans la Tragédie. La pitié d'un malheur où nous voyons tomber nos semblables, nous porte à la crainte d'un pareil pour nous; cette crainte au désir de l'éviter; et ce désir à purger, modérer, rectifier, et même déraciner en nous la passion qui plonge à nos yeux dans ce malheur les personnes que nous plaignons, par cette raison commune, mais naturelle et indubitable, que pour éviter l'effet il faut retrancher la cause. […]

Pour nous faciliter les moyens de faire naître cette pitié et cette crainte, où Aristote semble nous obliger, il nous aide à choisir les personnes et les événements, qui peuvent exciter l'une et l'autre. Sur quoi je suppose ce qui est très véritable, que notre Auditoire

[*] 1449 b (*supra*, p. 179).
[**] 1452 b.

n'est composé ni de méchants, ni de Saints, mais de gens d'une probité commune, et qui ne sont pas si sévèrement retranchés dans l'exacte vertu, qu'ils ne soient susceptibles des passions, et capables des périls où elles engagent ceux qui leur défèrent trop. Cela supposé, examinons ceux que ce Philosophe exclut de la Tragédie, pour en venir avec lui à ceux dans lesquels il fait consister sa perfection.

En premier lieu, il ne veut point *qu'un homme fort vertueux y tombe de la félicité dans le malheur*, et soutient *que cela ne produit ni pitié, ni crainte, parce que c'est un événement tout à fait injuste**. Quelques Interprètes poussent la force de ce mot Grec *miaron* qu'il fait servir d'Épithète à cet événement, jusqu'à le rendre par celui *d'abominable*. À quoi j'ajoute qu'un tel succès excite plus d'indignation et de haine contre celui qui fait souffrir, que de pitié pour celui qui souffre, et qu'ainsi ce sentiment, qui n'est pas le propre de la Tragédie à moins que d'être bien ménagé, peut étouffer celui qu'elle doit produire, et laisser l'Auditeur mécontent par la colère qu'il remporte, et qui se mêle à la compassion qui lui plairait, s'il la remportait seule.

Il ne veut pas non plus *qu'un méchant homme passe du malheur à la félicité, parce que non seulement il ne peut naître d'un tel succès aucune pitié, ni crainte; mais il ne peut pas même nous toucher par ce sentiment naturel de joie, dont nous remplit la prospérité d'un premier Acteur à qui notre faveur s'attache***. La chute d'un méchant dans le malheur a de quoi nous plaire par l'aversion que nous prenons pour lui, mais comme ce n'est qu'une juste punition, elle ne nous fait point de pitié, et ne nous imprime aucune crainte, d'autant que nous ne sommes pas si méchants que lui, pour être capables de ses crimes, et en appréhender une aussi funeste issue.

* *Ibid.*
** *Ibid.*

Il reste donc à trouver un milieu entre ces deux extrémités, par le choix d'un homme, qui ne soit ni tout à fait bon, ni tout à fait méchant, et qui par une faute, ou faiblesse humaine, tombe dans un malheur qu'il ne mérite pas.[…]

Cela posé, trouvons quelque modération à la rigueur de ces Règles du Philosophe, ou du moins quelque favorable interprétation, pour n'être pas obligés de condamner beaucoup de Poèmes que nous avons vu réussir sur nos Théâtres.

Il ne veut point qu'un homme tout à fait innocent tombe dans l'infortune, parce que cela étant abominable, il excite plus d'indignation contre celui qui le persécute, que de pitié pour son malheur; il ne veut pas non plus qu'un très méchant y tombe, parce qu'il ne peut donner de pitié par un malheur qu'il mérite, ni en faire craindre un pareil à des Spectateurs qui ne lui ressemblent pas; mais quand ces deux raisons cessent, en sorte qu'un homme de bien qui souffre, excite plus de pitié pour lui, que d'indignation contre celui qui le fait souffrir, ou que la punition d'un grand crime peut corriger en nous quelque imperfection qui a du rapport avec lui, j'estime qu'il ne faut point faire de difficulté d'exposer sur la Scène des hommes très vertueux, ou très méchants dans le malheur. En voici deux ou trois manières, que peut-être Aristote n'a su prévoir, parce qu'on n'en voyait pas d'exemples sur les Théâtres de son temps.

La première est, quand un homme très vertueux est persécuté par un très méchant, et qu'il échappe du péril où le méchant demeure enveloppé, comme dans *Rodogune* et dans *Héraclius*, qu'on n'aurait pu souffrir, si Antiochus et Rodogune eussent péri dans la première, et Héraclius, Pulchérie, et Martian dans l'autre, et que Cléopâtre et Phocas y eussent triomphé. Leur malheur y donne une pitié, qui n'est point étouffée par l'aversion qu'on a pour ceux qui les tyrannisent, parce qu'on espère toujours que quelque heureuse révolution les empêchera de succomber, et bien que les crimes de Phocas et de Cléopâtre soient trop grands pour faire craindre l'Auditeur d'en commettre de pareils, leur funeste issue peut faire sur lui les effets dont j'ai déjà parlé. Il peut arriver d'ailleurs qu'un homme très vertueux soit persécuté, et périsse même par les ordres d'un autre qui ne soit pas assez méchant pour attirer trop d'indignation sur lui, et qui montre plus de faiblesse que de crime, dans la persécution qu'il lui fait. Si Félix fait périr son gendre Polyeucte, ce n'est pas par cette haine enragée contre les Chrétiens, qui nous le rendrait exécrable, mais seulement par une lâche timidité qui n'ose le sauver en présence de Sévère, dont il craint la haine et la vengeance, après les mépris qu'il en a faits durant son peu de fortune. On prend bien quelque aversion pour lui, on désapprouve sa manière d'agir, mais cette aversion ne l'emporte pas sur la pitié qu'on a de Polyeucte, et n'empêche pas que sa conversion miraculeuse à la fin de la Pièce, ne le réconcilie pleinement avec l'Auditoire. [...]

Pour nous faciliter les moyens d'exciter cette pitié, qui fait de si beaux effets sur nos Théâtres, Aristote nous donne encore une autre lumière. *Toute action*, dit-il, *se passe, ou entre des amis, ou entre des ennemis, ou entre des gens indifférents l'un pour l'autre. Qu'un ennemi tue ou veuille tuer son ennemi, cela ne produit aucune commisération, sinon en tant qu'on s'émeut d'apprendre ou de voir la mort d'un homme, quel qu'il soit. Qu'un indifférent tue un indifférent, cela ne touche guère davantage, d'autant qu'il n'excite aucun combat dans l'âme de celui qui fait l'action : mais quand les choses arrivent entre des gens que la naissance ou l'affection attache aux intérêts l'un de l'autre, comme alors qu'un mari tue, ou est prêt de tuer sa femme, une mère ses enfants, un frère sa sœur, c'est ce qui convient merveilleusement à la Tragédie*. La raison en est claire. Les oppositions des sentiments de la Nature aux emportements de la passion, ou à la sévérité du devoir, forment de puissantes agitations, qui sont reçues de l'Auditeur avec plaisir, et il se porte aisément à plaindre un malheureux opprimé, ou poursuivi par une personne qui devrait s'intéresser à sa conservation, et qui

* 1453 b.

quelquefois ne poursuit sa perte qu'avec déplaisir, ou du moins avec répugnance. Horace et Curiace ne seraient point à plaindre, s'ils n'étaient point amis et beaux-frères, ni Rodrigue s'il était poursuivi par un autre que par sa Maîtresse […].

C'est donc un grand avantage pour exciter la commisération que la proximité du sang et les liaisons d'amour ou d'amitié entre le persécutant et le persécuté, le poursuivant et le poursuivi, celui qui fait souffrir et celui qui souffre : mais il y a quelque apparence que cette condition n'est pas d'une nécessité plus absolue que celle dont je viens de parler, et qu'elle ne regarde que les Tragédies parfaites non plus que celle-là. Du moins les Anciens ne l'ont pas toujours observée ; je ne la vois point dans l'*Ajax* de Sophocle, ni dans son *Philoctète*, et qui voudra parcourir ce qui nous reste d'Eschyle et d'Euripide, y pourra rencontrer quelques exemples à joindre à ceux-ci. Quand je dis que ces deux conditions ne sont que pour les Tragédies parfaites, je n'entends pas dire que celles où elles ne se rencontrent point soient imparfaites : ce serait les rendre d'une nécessité absolue, et me contredire moi-même. Mais par ce mot de Tragédies parfaites, j'entends celles du genre le plus sublime et le plus touchant, en sorte que celles qui manquent de l'une de ces deux conditions, ou de toutes les deux, pourvu qu'elles soient régulières à cela près, ne laissent pas d'être parfaites en leur genre, bien qu'elles demeurent dans un rang moins élevé, et n'approchent pas de la beauté et de l'éclat des autres, si elles n'en empruntent de la pompe des Vers, ou de la magnificence du spectacle, ou de quelque autre agrément qui vienne d'ailleurs que du Sujet.

[…] Avant que de quitter cette matière, examinons le sentiment d'Aristote sur deux questions touchant ces Sujets entre des personnes proches : l'une si le Poète les peut inventer, l'autre s'il ne peut rien changer en ceux qu'il tire de l'Histoire, ou de la Fable.

Pour la première, il est indubitable que les Anciens en prenaient si peu de liberté, qu'ils arrêtaient leurs Tragédies autour de peu de familles, parce que ces sortes d'actions étaient arrivées en peu de familles, ce qui fait dire à ce Philosophe que la Fortune leur fournissait des Sujets, et non pas l'Art. Je pense l'avoir dit en l'autre Discours. Il semble toutefois qu'il en accorde un plein pouvoir aux Poètes par ces paroles. *Ils doivent bien user de ce qui est reçu, ou inventer eux-mêmes**. […]

L'autre question, s'il est permis de changer quelque chose aux Sujets qu'on emprunte de l'Histoire ou de la Fable, semble décidée en termes assez formels par Aristote, lorsqu'il dit, *qu'il ne faut point changer les Sujets reçus, et que Clytemnestre ne doit point être tuée par un autre qu'Oreste, ni Eriphyle par un autre qu'Alcméon***. Cette décision peut toutefois recevoir quelque distinction, et quelque tempérament. […]

Le même Aristote nous autorise à en user de cette manière, lorsqu'il nous apprend que *le Poète n'est pas obligé de traiter les choses comme elles se sont passées, mais comme elles ont pu, ou dû se passer, selon le vraisemblable, ou le nécessaire****. Il répète souvent ces derniers mots, et ne les explique jamais. Je tâcherai d'y suppléer au moins mal qu'il me sera possible, et j'espère qu'on me pardonnera si je m'abuse.

Je dis donc premièrement que cette liberté qu'il nous laisse d'embellir les actions Historiques par des inventions vraisemblables, n'emporte aucune défense de nous écarter du vraisemblable dans le besoin. C'est un privilège qu'il nous donne, et non pas une servitude qu'il nous impose. Cela est clair par ses paroles mêmes. Si nous pouvons traiter les choses selon le vraisemblable, ou selon le nécessaire, nous pouvons quitter le vraisemblable pour suivre le nécessaire, et cette alternative met en notre choix de nous servir de celui des deux que nous jugerons le plus à propos. […]

Je fais une seconde remarque sur ces termes de *vraisemblable et de nécessaire* dont l'ordre se trouve quelquefois renversé chez ce Philosophe, qui tantôt dit *selon le nécessaire ou le vraisemblable*, et

* *Ibid.*
** *Ibid.*
*** 1451 a (*supra*, p. 184).

tantôt *selon le vraisemblable ou le nécessaire*. D'où je tire une conséquence, qu'il y a des occasions où il faut préférer le vraisemblable au nécessaire, et d'autres où il faut préférer le nécessaire au vraisemblable. La raison en est, que ce qu'on emploie le dernier dans les propositions alternatives, y est placé comme un pis-aller, dont il faut se contenter, quand on ne peut arriver à l'autre, et qu'on doit faire effort pour le premier avant que de se réduire au second, où l'on n'a droit de recourir qu'au défaut de ce premier.

[...] Avant que d'en venir aux définitions et divisions du vraisemblable et du nécessaire, je fais encore une réflexion sur les actions qui composent la Tragédie, et trouve que nous pouvons y en faire entrer de trois sortes, selon que nous les jugeons à propos. Les unes suivent l'Histoire, les autres ajoutent à l'Histoire, les troisièmes falsifient l'Histoire. Les premières sont vraies, les secondes quelquefois vraisemblables, et quelquefois nécessaires, et les dernières doivent toujours être nécessaires.

Lorsqu'elles sont vraies, il ne faut point se mettre en peine de la vraisemblance, elles n'ont pas besoin de son secours. *Tout ce qui s'est fait, manifestement s'est pu faire*, dit Aristote, *parce que s'il ne s'était pu faire, il ne se serait pas fait*. Ce que nous ajoutons à l'Histoire, comme il n'est pas appuyé de son autorité, n'a pas cette prérogative. *Nous avons une pente naturelle*, ajoute ce Philosophe, *à croire que ce qui ne s'est point fait n'a pu encore se faire**, et c'est pourquoi ce que nous inventons a besoin de la vraisemblance la plus exacte qu'il est possible pour le rendre croyable.

À bien peser ces deux Passages, je crois ne m'éloigner point de sa pensée, quand j'ose dire pour définir le vraisemblable, que c'est *une chose manifestement possible dans la bienséance, et qui n'est ni manifestement vraie, ni manifestement fausse*. On en peut faire deux divisions, l'une en vraisemblable général et particulier, l'autre en ordinaire et extraordinaire.

---

* 1451 b (*supra*, p. 184).

Le vraisemblable général est ce que peut faire, et qu'il est à propos que fasse un Roi, un Général d'Armée, un Amant, un Ambitieux, etc. Le particulier est ce qu'a pu ou dû faire Alexandre, César, Alcibiade, compatible avec ce que l'Histoire nous apprend de ses actions. Ainsi tout ce qui choque l'Histoire sort de cette vraisemblance, parce qu'il est manifestement faux, et il n'est pas vraisemblable que César après la bataille de Pharsale se soit remis en bonne intelligence avec Pompée, ou Auguste avec Antoine après celle d'Actium; bien qu'à parler en termes généraux, il soit vraisemblable, que dans une guerre civile, après une grande bataille, les Chefs des partis contraires se réconcilient, principalement lorsqu'ils sont généreux l'un et l'autre.

Cette fausseté manifeste qui détruit la vraisemblance se peut rencontrer même dans les Pièces qui sont toutes d'invention. On n'y peut falsifier l'Histoire, puisqu'elle n'y a aucune part, mais il y a des circonstances des temps, et des lieux, qui peuvent convaincre un Auteur de fausseté, quand il prend mal ses mesures. Si j'introduisais un Roi de France ou d'Espagne sous un nom imaginaire, et que je choisisse pour le temps de mon action un siècle, dont l'Histoire eût marqué les véritables Rois de ces deux Royaumes, la fausseté serait toute visible; et c'en serait une encore plus palpable, si je plaçais Rome à deux lieues de Paris, afin qu'on pût y aller et revenir en un même jour. Il y a des choses sur qui le Poète n'a jamais aucun droit. Il peut prendre quelque licence sur l'Histoire, en tant [qu'elle] regarde les actions des particuliers, comme celle de César, ou d'Auguste, et leur attribuer des actions qu'ils n'ont pas faites, ou les faire arriver d'une autre manière qu'ils ne les ont faites; mais il ne peut pas renverser la Chronologie, pour faire vivre Alexandre du temps de César, et moins encore changer la situation des lieux, ou les noms des Royaumes, des Provinces, des Villes, des Montagnes, et des Fleuves remarquables. La raison est, que ces Provinces, ces Montagnes, ces Rivières sont des choses permanentes. Ce que nous savons de leur situation était dès le commencement du Monde, nous devons présumer qu'il n'y a point eu de changement à moins que l'Histoire le marque, et la Géographie nous en apprend tous les noms anciens et modernes. Ainsi un homme serait ridicule d'imaginer que du temps d'Abraham Paris fût au pied des Alpes, ou que la Seine traversât l'Espagne, et de mêler de pareilles Grotesques dans une Pièce d'invention. Mais l'Histoire est des choses qui passent, et qui succédant les unes aux autres n'ont que chacune un moment pour leur durée, dont il en échappe beaucoup à la connaissance de ceux qui l'écrivent. Aussi n'en peut-on montrer aucune qui contienne tout ce qui s'est passé dans les lieux dont elle parle, ni tout ce qu'ont fait ceux dont elle décrit la vie. [...]

Je viens à l'autre division du vraisemblable en ordinaire, et extraordinaire. L'ordinaire est une action qui arrive plus souvent, ou du moins aussi souvent que sa contraire. L'extraordinaire est une action qui arrive à la vérité moins souvent que sa contraire, mais qui ne laisse pas d'avoir sa possibilité assez aisée, pour n'aller point jusqu'au miracle, ni jusqu'à ces événements singuliers, qui servent de matière aux Tragédies sanglantes par l'appui qu'ils ont de l'Histoire, ou de l'opinion commune, et qui ne se peuvent tirer en exemple que pour les Épisodes de la Pièce dont ils font le corps, parce qu'ils ne sont pas croyables à moins que d'avoir cet appui. Aristote donne deux idées ou exemples généraux de ce vraisemblable extraordinaire. L'un d'un homme subtil et adroit qui se trouve trompé par un moins subtil que lui : l'autre d'un faible qui se bat contre un plus fort que lui, et en demeure victorieux ; ce qui sur tout ne manque jamais à être bien reçu, quand la cause du plus simple ou du plus faible est la plus équitable. Il semble alors que la justice du Ciel ait présidé au succès, qui trouve d'ailleurs une croyance d'autant plus facile, qu'il répond aux souhaits de l'Auditoire, qui s'intéresse toujours pour ceux dont le procédé est le meilleur. Ainsi la victoire du Cid contre le Comte se trouverait dans la vraisemblance extraordinaire, quand elle ne serait pas vraie. *Il est* *vraisemblable*, dit notre Docteur, *que beaucoup de choses arrivent contre le vraisemblable*[*]; et puisqu'il avoue par là que ces effets extraordinaires arrivent contre la vraisemblance, j'aimerais mieux les nommer simplement croyables, et les ranger sous le nécessaire, attendu qu'on ne s'en doit jamais servir sans nécessité.

* 1456 a.

GEORG WILHELM FRIEDRICH HEGEL
(1770-1831)

ESTHÉTIQUE
LA POÉSIE DRAMATIQUE

L'*Esthétique* est un cours prononcé à l'Université de Berlin entre 1818 et 1830. Hegel y examine les différentes formes d'art, et leurs modifications au cours des époques, comme autant d'étapes de la manifestation de l'Esprit. Pour Hegel, ce processus est dialectique : les puissances idéales et rationnelles qui constituent l'Esprit ne se manifestent qu'en s'extériorisant dans un matériau sensible qui leur reste toujours pour une part inadéquat et étranger – d'où le mouvement continuel vers des formes d'art plus complexes, qui réalisent plus parfaitement l'union de l'intelligible et du sensible. Or, le théâtre – examiné dans la dernière section du cours – apparaît comme le point d'aboutissement de cette dialectique, dans la mesure où les idéaux s'y incarnent dans la matière sensible la plus intellectualisée qui soit : celle de l'être humain lui-même. En outre, le théâtre, en exigeant la présence agissante du comédien sur la scène, ne se limite pas à la seule parole comme les autres formes de poésie, mais met en jeu toutes les dimensions de cette matière humaine. Enfin, on verra, dans le dernier passage que nous reproduisons – qui est aussi pratiquement la fin de l'*Esthétique* – que le théâtre, point d'aboutissement de la manifestation de l'Esprit dans l'art, est aussi pour Hegel le point où s'épuisent les possibilités expressives de l'art – autrement dit, c'est là que se joue en particulier l'idée hégélienne de la mort de l'art…

Le drame offrant, par son fond comme par sa forme, la réunion la plus complète de toutes les parties de l'art, doit être regardé comme le degré le plus élevé de la poésie et de l'art en général. En effet, si, en opposition avec les autres matériaux sensibles, tels que la pierre, le bois, la couleur et le son, la parole seule est l'élément digne de servir d'expression à l'esprit, la poésie dramatique, à son tour, parmi les genres particuliers de poésie, est celui qui réunit l'objectivité de l'épopée avec le caractère subjectif de la poésie lyrique. Elle expose, en effet, une action complète comme s'accomplissant sous nos yeux ; et celle-ci, en même temps, paraît émaner des passions et de la volonté intime des personnages qui la développent. De même, son résultat est décidé par la nature essentielle des fins qu'ils poursuivent, de leur caractère et des collisions où ils sont engagés. Or, maintenant, cette combinaison du principe épique avec le principe lyrique, par la représentation directe de la personne humaine agissant sous nos yeux, ne permet plus au drame de se borner à décrire le côté extérieur, le local, la nature environnante, ainsi que l'action et les événements, à la manière épique. Elle exige, pour que toute l'œuvre d'art offre une apparence véritablement vivante, sa parfaite représentation scénique. Enfin, l'action elle-même, dans son ensemble, par son fond et par sa forme, est susceptible de deux modes de conception absolument opposés, dont le principe général, servant de base au tragique et au comique, fournit les différents genres de la poésie dramatique. […]

I. DU DRAME CONSIDÉRÉ COMME ŒUVRE POÉTIQUE

Le premier sujet que nous pouvons développer avec quelque détail concerne le côté *poétique* de *l'œuvre dramatique* en soi, indépendamment de sa mise en scène et de la représentation théâtrale. À cette question se rattachent comme objets principaux de notre étude :

1) Le principe général de la poésie dramatique.
2) Les caractères particuliers de l'œuvre dramatique. [...]

1. *Du principe de la poésie dramatique*

La poésie dramatique a son origine dans le besoin que nous avons de voir les actions et les relations de la vie humaine représentés sous nos yeux par des personnages qui expriment cette action par leurs discours. Mais l'action dramatique ne se borne pas à la simple réalisation d'une entreprise qui poursuit paisiblement son cours, elle roule essentiellement sur un conflit de circonstances, de passions et de caractères, qui entraîne des actions et des réactions et nécessite un dénouement. Ainsi, ce que nous avons sous les yeux, c'est le spectacle mobile et successif d'une lutte animée entre des personnages vivants, qui poursuivent des buts opposés, au milieu de situations pleines d'obstacles et de périls ; ce sont les efforts de ces personnages, la manifestation de leur caractère, leur influence réciproque et leurs déterminations ; c'est le résultat final de cette lutte qui, au tumulte des passions et des actions humaines, fait succéder le repos.

Or, le mode de conception poétique de ce nouveau genre doit, comme je l'ai déjà dit, offrir l'alliance et la conciliation du principe épique et du principe lyrique.

a) Une première observation, à ce sujet, est relative au temps où la poésie dramatique apparaît et domine les autres genres. Le drame est le produit d'une civilisation déjà avancée. Il suppose nécessairement passés les jours de l'épopée primitive. La pensée lyrique et son inspiration personnelle doivent également le précéder, s'il est vrai que, ne pouvant se satisfaire dans aucun des deux genres séparés, il les réunisse. Or, pour que cette combinaison poétique s'opère, il faut que la conscience des fins et des mobiles de la volonté humaine, que l'expérience des complications de la vie et la connaissance des destinées humaines aient été parfaitement éveillées et développées ; ce qui n'est possible que dans les époques moyennes ou tardives du développement de la vie d'un peuple. D'ailleurs, les premiers grands exploits ou événements nationaux sont d'une nature plus épique que dramatique. Ce sont, pour la plupart, des expéditions collectives et lointaines, comme la guerre de Troie, ou les croisades, des migrations de peuples, ou la défense du sol national contre les invasions étrangères, comme les guerres contre les Perses. Ce n'est que plus tard qu'apparaissent ces héros isolés et indépendants, qui conçoivent d'eux-mêmes un but d'action, et réalisent des entreprises personnelles.

b) En ce qui regarde, en second lieu, l'alliance même du principe épique et du principe lyrique, nous devons la concevoir de la manière suivante :

Déjà l'épopée déroule une action devant nos yeux ; mais celle-ci représente l'esprit national dans sa substance et sa totalité, sous la forme d'événements et d'actions déterminés et objectifs, dans lesquels la volonté personnelle, le but individuel et la force des circonstances, ainsi que des obstacles extérieurs, conservent une égale importance. Dans la poésie lyrique, au contraire, c'est la personne qui, dans sa volonté indépendante, apparaît pour elle-même et exprime les sentiments de son âme.

Or, si le drame doit réunir en soi les deux points de vue, ce ne peut être qu'à ces conditions :

α) Il faut d'abord que, comme l'épopée, il mette sous nos yeux un événement, un fait, une action ; mais cet événement, qui suivait un cours fatal, doit ici se dépouiller de ce caractère extérieur. Comme base et comme principe, doit apparaître la personne morale en action. Je dis en action, car le drame ne représente pas le sentiment intérieur d'une manière lyrique en opposition avec les événements extérieurs : il met en scène les sentiments et les passions intimes de l'âme dans leur réalisation extérieure. Dès lors, d'un côté, l'événement ne paraît pas naître des circonstances extérieures, mais de la volonté intérieure et du caractère des personnages ; et il n'a de sens dramatique que par son rapport avec des fins et des passions personnelles. D'un autre côté, cependant, le personnage ne reste pas enfermé en lui-même dans une indépendance solitaire. Par la nature des circonstances au milieu desquelles son caractère et sa volonté se manifestent, aussi bien que par celle du but individuel qu'il poursuit, il se trouve entraîné dans une lutte avec d'autres personnages ; et, dès lors, l'action offre des complications et des collisions qui, à leur tour, contre sa volonté et sa prévision, conduisent à un dénouement dans lequel se manifeste l'essence propre et profonde des fins, des passions et des destinées humaines en général. Cet élément substantiel est une des faces du principe épique ; il se manifeste d'une manière active et vivante dans la poésie dramatique.

β) D'un autre côté, quoique l'homme moral et sa nature intime soient le centre de la représentation dramatique, celle-ci ne peut se contenter des simples situations lyriques, ni même du récit plus ou moins pathétique des actions passées, ou de la description des jouissances, des pensées et des sentiments où l'homme reste inactif. Dans le drame, les situations n'ont de sens et de valeur que par le caractère des personnages qu'elles mettent en relief, et par les fins qu'ils poursuivent. Les sentiments déterminés de l'âme humaine prennent donc, dans le drame, le caractère de mobiles internes, de passions qui se développent dans une complication de circonstances extérieures, qui ainsi *s'objectivent* et, par là, rappellent la forme épique. Mais cette action extérieure, au lieu de s'accomplir comme un simple événement, renferme les desseins et les efforts de la volonté humaine. L'action est cette volonté même poursuivant son but, en ayant conscience aussi bien de son origine et de son commencement que de son résultat final. Les conséquences des faits rejaillissent sur elle, exercent sur elle leur contrecoup. Ce rapport perpétuel des événements avec le caractère moral des personnages, qui les explique, qui en fait le fond et la substance, est le principe, à proprement parler lyrique, de la poésie dramatique.

γ) De cette manière seulement l'action apparaît comme action, comme développement réel des intentions et de la pensée des personnages qui, dans la poursuite de leurs desseins, mettent leur existence tout entière, et alors aussi doivent répondre de tout ce qui arrive par leur propre fait. Le héros dramatique porte lui-même les fruits de ses propres actes.

Or, comme l'intérêt se porte exclusivement sur le but de l'action, dont le personnage principal est le héros, et qu'il suffit d'introduire dans ce spectacle les seules circonstances extérieures qui sont en rapport essentiel avec ce but, le drame est d'abord plus simple que l'épopée. En effet, d'un côté, par cela même que l'action repose sur la libre détermination du caractère et qu'elle doit dériver de cette source intérieure, elle n'a pas pour base la conception d'un monde tout entier qui s'étend et se ramifie de toutes parts : elle se resserre en un petit nombre de circonstances déterminées, au milieu duquel les personnages marchent directement à leur but et le réalisent. Ensuite le héros principal n'offre pas un ensemble complet de qualités nationales comme dans l'épopée, mais seulement un caractère en rapport avec l'action et son but déterminé. Ce but, qui est la chose essentielle, domine le développement du caractère individuel, qui apparaît comme son organe vivant et son support animé. Un développement plus large et plus varié, mais qui serait sans aucun rapport ou seulement dans un rapport éloigné avec l'action ainsi concentrée en un point, serait quelque chose de superflu. Il en résulte qu'en ce qui concerne l'individualité des personnages, la poésie dramatique doit être également plus simple et plus concentrée que la poésie épique. Il en est de même pour le nombre et la diversité des personnages mis en scène. Car, puisque le drame ne représente pas la vie nationale dans sa totalité, il ne doit pas nous offrir en spectacle, dans leur ensemble varié, les divers rangs, les âges, les sexes, les professions, etc., mais au contraire diriger constamment nos regards sur un seul but et sur son accomplissement. Un tableau plus vaste serait une distraction oiseuse et une choquante diversion.

Mais, en outre, le sujet ou le but d'une action n'est dramatique qu'autant que, par son caractère déterminé et par la nature des circonstances, il soulève d'autres intérêts et d'autres passions opposées. Ces mobiles et ces passions peuvent être des idées et des vérités morales, religieuses, les principes éternels du droit, l'amour, la patrie, les affections de la famille. Pour que ces sentiments, qui sont la base de la vie humaine, affectent la forme dramatique, il faut donc qu'ils apparaissent dans leur particularité exclusive et leur opposition ; de telle sorte que l'action ait à éprouver des obstacles, entraîne des complications et des conflits divers de causes et de circonstances, qui combattent diversement le succès des entreprises particulières. Le véritable fond du drame, ce qui produit un véritable intérêt, ce sont bien ces puissances éternelles, les vérités morales, les dieux de l'activité vivante, en général, le divin et le vrai, mais non dans leur majesté calme et sereine, immobiles comme les images de la sculpture. C'est le principe divin, tel qu'il se manifeste dans le drame de la vie, comme formant l'essence et le but de la volonté humaine, influant sur ses déterminations, lui donnant l'impulsion et le mouvement.

Si, cependant, l'élément divin constitue ainsi l'essence la plus intime et le fond caché de l'action dramatique, dès lors, aussi, le cours décisif des événements, l'issue de ces complications et de ces conflits ne peut dépendre des personnages eux-mêmes qui luttent entre eux, mais du principe divin ou de la puissance générale qui les domine et les contient dans son sein. Et, ainsi, de quelque manière que cela soit, le drame doit nous révéler l'action vivante d'une nécessité absolue qui termine la lutte et lève les contradictions.

c) Au poète dramatique qui crée une pareille œuvre, s'impose, par conséquent, avant tout, cette première condition, qu'il ait la pleine intelligence de ce qui constitue le fond général des passions, des luttes et des destinées humaines. Il doit connaître toutes les oppositions et les complications dans lesquelles l'action doit s'engager, et qui, conformément à la nature des choses, naissent soit des passions individuelles et des caractères, soit du but des entreprises et des volontés humaines, soit enfin des relations et des circonstances extérieures. Il doit être capable de reconnaître les puissances morales qui règlent le sort de l'homme suivant ses actions. Les droits, comme les égarements des passions qui déclenchent des orages dans le cœur de l'homme, doivent lui apparaître avec une égale clarté, afin que là où, pour des yeux vulgaires, semblent dominer l'obscurité, le hasard et la confusion, se révèle à lui le réel développement de la raison absolue et de la vérité. Le poète dramatique, par conséquent, ne doit ni rester dans la simple rêverie qui s'amuse à creuser les profondeurs de l'âme, ni s'attacher à quelque sentiment exclusif, à quelque manière étroite de sentir et de concevoir les choses. La plus grande ouverture et largeur d'esprit lui sont nécessaires. Car, les puissances morales qui, dans l'épopée, se manifestaient seulement comme différentes, et conservaient une signification indéterminée, se précisent et s'opposent dans ce drame, puisqu'elles forment le fond du caractère des personnages, et s'individualisent en eux. Il doit aussi d'autant mieux saisir leur harmonie. Le drame, en effet, détruit ce qu'il y a d'exclusif dans ces puissances, soit qu'elles se montrent hostiles comme dans la tragédie, soit que, comme dans la comédie, elles révèlent immédiatement leur accord et se concilient.

2. De l'œuvre dramatique

En ce qui regarde, maintenant, le drame comme œuvre d'art d'une espèce particulière, les points principaux que je me propose de traiter brièvement sont les suivants :

a) Son *unité* comparée à celle de l'épopée et du poème lyrique.

b) Son *mode d'organisation* et de développement. [...]

a) La première règle et la plus générale que l'on puisse établir sur l'unité du drame se rattache à la remarque déjà faite plus haut : que la poésie dramatique, par opposition à l'épopée, doit se resserrer dans des bornes plus étroites. Car, quoique l'épopée ait aussi son centre et son unité dans une action individuelle, avec celle-ci se déroule, sur un terrain tout autrement vaste et varié, une large existence nationale. Aussi, l'action épique peut-elle se prêter à l'introduction de divers épisodes qui en semblent indépendants. La même apparence d'une liaison peu étroite était permise, par le motif opposé, à quelques genres de la poésie lyrique. Mais, comme, d'une part, dans le poème dramatique, cette large base épique, ainsi que nous l'avons vu, disparaît, et que, d'un autre côté, les personnages, au lieu d'exprimer simplement leur pensée solitaire et individuelle, à la manière lyrique, entrent en relation les uns avec les autres, se mettent en opposition de caractère et de but, à tel point que ce trait individuel constitue précisément la base de leur existence dramatique, on peut déjà en conclure la nécessité d'une plus ferme unité dans l'œuvre tout entière. Cette coordination étroite de toutes les parties est d'une nature à la fois objective et subjective, objective parce que le but que poursuivent les personnages a un côté substantiel et général, subjective parce que ce but, vrai en lui-même, apparaît dans le drame comme leur passion particulière et personnelle ; de sorte que le bon ou le mauvais succès, le bonheur ou le malheur, la victoire ou la défaite appartiennent essentiellement aux personnages.

Comme règles plus précises s'offrent, ici, les préceptes connus sur les trois unités de *lieu*, de *temps* et *d'action*.

[…] La seule règle véritablement inviolable, c'est *l'unité d'action*. Mais en quoi consiste cette unité ? Là-dessus peut s'élever plus d'une dispute. J'en expliquerai donc le sens d'une manière plus précise. Toute action, en général, doit avoir déjà un *but déterminé*. Car, dès que l'homme agit, il entre, malgré lui, dans les complications de la vie réelle, et, alors, le champ de son activité doit se condenser et se limiter. C'est donc là qu'il faut chercher l'unité, c'est dans la réalisation d'un but déterminé et poursuivi au milieu de circonstances et de relations particulières. Mais, maintenant, comme nous l'avons vu, les circonstances pour l'action dramatique sont telles que chaque personnage éprouve des obstacles de la part d'autres personnages. Il rencontre sur son chemin un but opposé au sien, qui cherche également à se réaliser. Cette opposition engendre nécessairement des conflits variés et leurs complications. L'action dramatique roule donc essentiellement sur un ensemble de conflits, et la véritable unité ne peut avoir son principe que dans le mouvement total, combiné de telle sorte que la collision principale se montre à la fois conforme aux caractères et aux buts des personnages, et qu'elle détruise leur opposition. Ce dénouement doit être, comme l'action elle-même, à la fois subjectif et objectif. Il est extérieur ou objectif en ce que le combat des buts opposés trouve en lui-même une terminaison fatale. D'un autre côté, les personnages ayant plus ou moins mis leur volonté et leur existence dans l'entreprise dont ils poursuivent l'accomplissement, le succès ou le mauvais succès, la réalisation complète ou incomplète, la ruine nécessaire ou la conciliation pacifique de leurs desseins ne déterminent leur sort que parce qu'ils se sont identifiés avec les actions qu'ils étaient forcés d'accomplir. Il n'y aura donc de vrai dénouement que lorsque le but et l'intérêt de l'action à laquelle tout se rattache seront identiques avec le caractère des personnages et absolument liés à eux. […]

b) En ce qui concerne, en second lieu, le *mode de développement* […] :

α) Qu'un drame ne doive pas avoir l'étendue nécessaire à l'épopée proprement dite, c'est ce dont nous avons déjà vu la raison. Ainsi, outre qu'il n'a pas à esquisser l'état général du monde, comme l'épopée, et que la collision qui constitue le fond essentiel de l'action dramatique est simple, j'indiquerai encore un autre motif. D'abord, la plupart des choses que le poète épique doit décrire pour l'imagination, à loisir et en s'y arrêtant, sont, dans le drame, abandonnées à l'exécution théâtrale, tandis que, d'un autre côté, c'est moins l'action réelle que la représentation des passions de l'âme qui constitue le côté principal. Or, si les événements ont besoin d'un vaste champ pour se développer, la passion, au contraire, se manifeste dans de simples sentiments, des sentences, des résolutions, etc. Sous ce rapport, en opposition avec la vaste étendue d'espace et de temps nécessaire à l'épopée qui raconte des faits passés, le principe de la concentration lyrique, et de l'expression des passions et des pensées qui naissent sous nos yeux, se reproduit aussi dans le drame. Cependant, la poésie dramatique ne se contente pas de la représentation d'une seule situation. Si elle représente le monde intérieur de l'âme et de l'esprit, c'est en action, dans un ensemble d'états, de fins que poursuivent des caractères différents, et où ceux-ci manifestent les sentiments intérieurs conformes à leurs actes. De sorte que, comparé avec le poème lyrique, le drame, à son tour, se développe et acquiert des proportions plus grandes, il parcourt un cercle plus étendu. On peut déterminer ce rapport d'une manière générale en disant que la poésie dramatique tient, en quelque sorte, le milieu entre l'étendue de l'épopée et la concentration lyrique.

β) Un point plus important que l'étendue matérielle du poème dramatique est sa *marche* extérieure en opposition avec celle de l'épopée. Le caractère de la forme épique exige, comme nous l'avons vu, une marche lente et entrecoupée de descriptions, retardée par des événements qui deviennent autant d'obstacles. Au premier coup d'œil, il pourrait sembler que la poésie dramatique, roulant sur des oppositions entre des buts et des efforts contraires, doit admettre précisément le même principe. Cependant, la chose se passe précisément de la manière inverse. La marche, à proprement parler dramatique, est la *précipitation* continuelle vers la catastrophe finale. L'explication en est toute simple : la *collision*, en effet, constituant le point angulaire et saillant, dès lors, tout fait effort pour amener la terminaison de ce conflit, tandis que, d'un autre côté, plus est violent le désaccord entre les sentiments, les buts et les actions, plus se fait sentir le besoin d'un dénouement, et plus les événements sont poussés vers ce résultat. Néanmoins, il ne faut pas dire que la simple rapidité dans la marche de la pièce est en soi une beauté. Loin de là, le poète dramatique doit se donner le loisir de laisser chaque situation se développer avec tous les motifs qu'elle renferme. Mais les scènes épisodiques qui ne font que retarder le cours de l'action sont contraires au caractère du drame. […]

II. De l'exécution extérieure de l'œuvre dramatique

La poésie est le seul de tous les arts qui s'adresse directement à l'imagination. Cependant, comme le drame, au lieu de raconter des événements passés ou d'exprimer des sentiments intérieurs, représente une action qui se passe sous nos yeux, il tomberait en contradiction avec son propre but s'il devait se borner aux moyens que la poésie en elle-même est en état de lui fournir. L'action nous révèle, il est vrai, les sentiments et les passions de l'âme, et elle se laisse parfaitement exprimer, sous ce rapport, par la parole. Mais, d'un autre côté, elle se meut aussi dans le monde extérieur ; elle représente l'homme tout entier dans son existence également physique, dans ses actes, son maintien, les mouvements de son corps, l'expression physionomique de ses sentiments et de ses passions, ainsi que dans ses rapports avec ses semblables et dans le débat qui s'engage entre eux. Ensuite, le personnage mis en scène rend nécessaire un entourage extérieur, un local déterminé dans lequel il se meuve et agisse. Dès lors la poésie dramatique, s'il est vrai qu'aucun de ses côtés ne peut être abandonné au hasard, à l'arbitraire, doit façonner artistiquement cet extérieur comme partie intégrante de l'art même, et alors elle a besoin du secours de presque tous les autres arts. La scène est une espèce de temple, un entourage architectonique. C'est aussi la nature extérieure. À ce double point de vue, elle doit être représentée d'une manière pittoresque. Dans ce local circulent ensuite des figures sculpturales qui manifestent leur volonté et leurs sentiments d'une façon artistique, tant par la déclamation expressive que par le jeu pittoresque de la physionomie, des gestes, des poses et des mouvements du corps. Or, sous ce rapport, une différence peut se manifester, qui nous rappelle ce que j'ai déjà précédemment désigné au sujet de la musique, comme opposition du genre *récitatif* et du genre *mélodique*. En effet, dans la musique récitative ou chantée, la parole, dans sa signification spirituelle, constitue la chose principale, et son expression caractéristique se subordonne entièrement le côté musical. La mélodie, au contraire, quoiqu'elle puisse recevoir en elle le sens des paroles, marche et se développe librement pour elle-même dans son propre domaine. Il en est de même de la poésie dramatique. Tantôt elle se sert de la musique uniquement comme d'une base sensible et d'un accessoire ; la parole poétique est alors la chose principale et dominante. Tantôt, ce qui n'avait d'abord de valeur que comme auxiliaire et accompagnement, devient, par lui-même, un but et se développe dans sa propre sphère pour produire une beauté particulière. La déclamation fait place au chant, l'action à la danse mimique ; et la mise en scène, par la pompe et les agréments de la peinture, se crée elle-même des droits à une perfection artistique indépendante. Maintenant, si, comme il est arrivé plus d'une fois ces derniers temps, nous maintenons, en face de cette exécution dramatique extérieure, l'élément poétique comme tel, nous trouvons, pour l'étude plus détaillée de ce sujet, les points suivants :

1) La poésie dramatique qui veut se borner à elle-même comme poésie et, par conséquent, sépare ses œuvres de l'exécution théâtrale.

2) L'art, à proprement parler théâtral, en tant qu'il se borne à la déclamation, au jeu de la physionomie et à l'action, de telle sorte que la parole poétique puisse rester l'élément déterminant et prédominant.

3) Enfin, l'exécution qui emploie tous les moyens de la mise en scène, de la musique et de la danse, et permet à ceux-ci de se rendre indépendants vis-à-vis de la parole poétique.

1. *De la lecture des œuvres dramatiques et de leur récitation*

Les véritables matériaux de la poésie dramatique ne sont pas seulement, comme nous l'avons vu, la voix humaine et la parole ; c'est aussi tout l'homme extérieur ne manifestant pas simplement des sentiments, des images et des pensées, mais impliqué dans une action complexe, agissant de toute sa personne sur les idées, les résolutions, les actes et le maintien d'autres personnages, subissant lui-même l'influence de leurs actions et de leurs paroles.

a) Cette destination de la poésie dramatique, fondée sur son essence même, a été méconnue. Il nous appartenait, particulièrement à nous Allemands, et à notre époque, de considérer l'organisation d'un drame pour la représentation comme une tâche non essentielle, bien qu'à vrai dire, tous les auteurs dramatiques, en se déclarant indifférents et en affectant leur mépris sur ce point, aient le désir et l'espoir de mettre leur œuvre sur la scène. Du reste, si le plus grand nombre de nos drames modernes n'obtiennent pas de voir la scène, c'est pour une raison bien simple, savoir qu'ils ne sont pas dramatiques. On ne doit pas, sans doute, soutenir qu'une œuvre dramatique ne puisse déjà nous satisfaire poétiquement par sa valeur intrinsèque. Mais ce qui donne cette valeur dramatique interne, c'est essentiellement une action conçue de façon telle qu'elle rende le drame excellent pour la représentation. Nous en trouvons la meilleure preuve dans les tragédies grecques. Nous ne les voyons plus, à la vérité, au théâtre; mais si nous les considérons attentivement, nous verrons que si elles continuent de nous satisfaire pleinement, c'est que, de leur temps, elles furent expressément composées pour la scène. […]

b) L'habitude que nous avons tantôt de lire seulement, tantôt de voir représenter une pièce de théâtre, a conduit à une erreur plus grande encore : on a cru que, dans la pensée des poètes eux-mêmes, leur œuvre était, en partie, destinée à être lue, et cela d'après cette opinion que cette circonstance n'exerce aucune influence sur la nature de la composition. [Au contraire], le poète, pour être vraiment dramatique, doit avoir devant les yeux la représentation vivante, faire parler et agir ses personnages dans ce sens, c'est-à-dire dans le sens d'une action réelle et présente. Par ces côtés, l'exécution théâtrale est une véritable pierre de touche. Car les simples discours et les tirades de ce qu'on appelle le beau style ne tiennent pas devant le tribunal suprême d'un public dont le goût est sain et développé, si la vérité dramatique leur manque. […]

c) Quand on lit, par-devers soi ou devant une société, une œuvre dramatique, il est difficile de décider si elle est de nature à ne pas manquer son effet sur la scène. […] Si le caractère des personnages et le but qu'ils poursuivent sont grands et simples, il est plus facile, sans doute, de les comprendre. Mais le mouvement des intérêts, la marche progressive de l'action, la tension et la complication des situations, la juste mesure dans laquelle les caractères agissent les uns sur les autres, la dignité et la vraisemblance de leur maintien et de leurs discours, voilà sur quoi il est difficile de porter un jugement sûr à la simple lecture, sans la représentation théâtrale. Car le discours exige, dans le drame, plusieurs personnages différents, et non un seul et même ton, aussi artistement nuancé et diversifié soit-il. D'ailleurs, dans la lecture à haute voix, il y a toujours l'embarras de savoir si chaque fois les personnages qui parlent doivent être nommés ou non. Chacun des deux cas a ses inconvénients. Si le débit reste monotone, la désignation des noms est indispensable, et il n'en est pas moins fait violence à l'expression de la passion. Si, au contraire, le débit est dramatiquement animé, de sorte qu'il nous fasse réellement assister à la situation, alors peut naître facilement une nouvelle contradiction. L'oreille est satisfaite, mais l'œil aussi a ses exigences. Si nous entendons une action, nous voulons voir aussi agir les personnages, leurs gestes, leur entourage. Il faut à l'œil un spectacle complet. Or, il n'a maintenant devant lui qu'un lecteur qui, au milieu d'une société privée, est là assis et reste en repos. Ainsi, la lecture en société est toujours un milieu non satisfaisant entre la simple lecture muette, sans prétention, dans laquelle le côté réel disparaît tout à fait ou est abandonné à l'imagination, et l'exécution théâtrale.

2. De l'art de l'acteur

Avec la véritable représentation dramatique s'offre, à côté de la musique, un second art d'exécution, l'art du comédien, qui s'est particulièrement développé dans les temps modernes. Ce qui constitue sa nature, c'est que, tout en appelant à son aide les gestes, l'action, la déclamation, la mimique, la danse et la mise en scène, il laisse le discours et son expression poétique subsister comme la chose principale. C'est là, pour la poésie en tant que telle, la seule situation vraie. Car, aussitôt que la mimique, le chant ou la danse commencent à se développer d'une manière indépendante et pour eux-mêmes, la poésie est réduite à n'être plus qu'un moyen, elle perd sa domination sur ces arts qui ne faisaient que l'accompagner. Sous ce rapport, on peut distinguer les points de vue suivants :

a) Au premier degré, nous trouvons l'art théâtral, tel qu'il existait chez les Grecs. Ici se combine d'abord la poésie avec la sculpture. Le personnage n'est qu'une image visible de la forme complète du corps humain. Mais comme cette statue s'anime, se pénètre de la pensée poétique et l'exprime, s'associe à chaque mouvement intérieur des passions, leur prête la parole et la voix, cette représentation est plus animée et plus spirituellement claire qu'une statue et un tableau réels. Sous le rapport de cette animation, nous pouvons distinguer deux côtés :

α) Le premier est celui de la *déclamation*, comme prononciation artistique. Elle était peu perfectionnée chez les Grecs. L'intelligibilité en constituait la partie principale ; tandis que nous, nous voulons reconnaître dans le son de la voix et le mode de récitation toute l'expression de l'âme et l'originalité du caractère, avec ses nuances et ses harmonies les plus délicates, comme dans ses oppositions et ses contrastes les plus prononcés. Les anciens, au contraire, tant pour faire ressortir le rythme que pour l'expression, plus riche en modulations, des mots (quoique ceux-ci restassent la chose principale), ajoutaient à la déclamation la musique. Cependant, le dialogue était vraisemblablement parlé et seulement accompagné légèrement. Les chœurs, au contraire, étaient exposés d'une manière lyriquement musicale. Le chant devait, par son accentuation plus forte, rendre plus intelligible la signification des strophes des chœurs. [...]

β) Un second élément est donné par les *gestes* et les mouvements du corps. À ce sujet, il faut également remarquer que chez les

Grecs, comme leurs acteurs portaient des masques, le jeu de la physionomie était complètement inexistant. Les traits du visage offraient une image sculpturale invariable, dont l'immobilité plastique n'admettait ni l'expression mobile des sentiments de l'âme, ni celle du caractère des personnages. Ceux-ci étaient mus par une passion générale dont ils poursuivaient le but fixe à travers les collisions du drame. Cette passion n'avait pas la profondeur du sentiment moderne, et ne se développait pas, comme aujourd'hui, dans une complication de situations particulières. De même, le jeu de l'acteur était simple ; ce qui explique que nous ne savons presque rien des mimes grecs célèbres. Souvent même les poètes jouaient eux-mêmes leurs pièces, comme faisaient encore Sophocle et Aristophane. Quelquefois, les simples citoyens étrangers à cet art figuraient aussi dans la tragédie. Au contraire, les chants des chœurs étaient accompagnés de la danse, ce que nous, Allemands, avec le genre de danse d'aujourd'hui, nous aurions méprisé comme frivole ; tandis que, chez les Grecs, cela faisait essentiellement partie de l'ensemble extérieur de leur exécution théâtrale.

γ) Ainsi, chez les anciens, la parole et la manifestation spirituelle des grandes passions conservent leur plein droit poétique, comme aussi la réalité extérieure obtient un parfait développement par l'accompagnement de la musique et de la danse. Cette unité concrète donne à toute la représentation un caractère plastique, parce que l'esprit, au lieu de se replier sur lui-même et de s'exprimer avec cette concentration intime, se marie et s'harmonise parfaitement avec le côté également légitime de la manifestation sensible.

b) Au milieu de la musique et de la danse, la parole souffre, en tant qu'elle doit être la véritable expression de l'esprit. Aussi l'art théâtral moderne a su s'affranchir de ces éléments. Le poète ne conserve donc ici de rapport qu'avec l'acteur comme tel ; et celui-ci, par la déclamation, le jeu de la physionomie et les gestes, doit traduire aux sens l'œuvre poétique. Ce rapport de l'auteur avec les instruments extérieurs est, cependant, en opposition avec les autres arts, d'une espèce toute particulière. Dans la peinture et la sculpture, c'est l'artiste lui-même qui exécute ses conceptions avec le marbre, l'airain ou les couleurs ; et quoique, elle aussi, l'expression musicale ait besoin de mains et de voix étrangères, ici cependant, bien que l'exécution ne doive pas être privée d'âme, dominent l'habileté et la virtuosité mécaniques. L'acteur, au contraire, avec toute sa personne, sa figure, sa physionomie, sa voix, etc., entre dans l'œuvre d'art, et sa tâche est de s'identifier complètement avec le rôle qu'il représente.

α) Sous ce rapport, le poète a le droit d'exiger de l'acteur qu'il se mette, en effet, tout entier dans le rôle qui lui est donné, sans rien y ajouter de lui-même, et qu'il se comporte ainsi comme l'auteur l'a conçu et poétiquement développé. L'acteur doit, en quelque sorte, être l'instrument dont l'auteur joue, une éponge qui s'empreint de toutes les couleurs et les rend inaltérées. Chez les anciens, cela était plus facile ; car la déclamation, comme il a été dit, se bornait principalement à rendre les paroles intelligibles, et l'élément du rythme était confié à la musique. Les masques couvraient les traits du visage ; il ne restait à l'action qu'un champ étroit. Dès lors, l'acteur pouvait, sans difficulté, se mettre au niveau de son rôle en rendant une passion tragique générale. […]

β) Il en est autrement du théâtre moderne. Ici, en effet, disparaissent les masques et l'accompagnement de la musique, et, à leur place, apparaissent le jeu de la physionomie, la multiplicité des gestes, et une déclamation richement accentuée. Car, d'abord les passions, même lorsqu'elles sont représentées, d'une manière générale, comme constituant des types, ou caractérisant toute une espèce, prennent une forme plus vivante et plus personnelle. D'un autre côté, les caractères originaux offrent un plus grand nombre de qualités particulières, dont la manifestation, également particulière, doit aussi être offerte à notre regard dans une réalité vivante. Les personnages de Shakespeare, surtout, sont des hommes achevés, complets ; aussi exigeons-nous de l'acteur que, de son côté, il nous les montre dans cet ensemble et avec cette abondance de traits. Le ton de sa voix, le mode de récitation, les gestes, la physionomie, en général toute la manifestation extérieure et intérieure réclament une originalité propre, conforme au rôle déterminé. Par là aussi, en dehors du discours, le jeu diversement nuancé des gestes est d'une tout autre importance que dans l'Antiquité. Il y a plus : souvent le poète laisse ici au jeu de l'acteur beaucoup de choses que les anciens eussent exprimées par des mots. [...] Maintenant, avec ces exigences de l'art dramatique moderne, la poésie, en présence de ses moyens d'exécution, peut rencontrer des difficultés que ne connaissaient pas les anciens. L'acteur, en effet, comme homme vivant, a, sous le rapport de l'organe, de l'extérieur, de l'expression physionomique, son originalité innée, qu'il est forcé soit d'effacer pour exprimer une passion générale, ou un type connu, soit de mettre d'accord avec les traits, fortement individualisés par le poète, des divers personnages de ses rôles.

γ) On donne aujourd'hui le nom d'artiste à l'acteur, et on lui fait tout l'honneur d'une vocation artistique. Être acteur, dans nos idées actuelles, n'est ni une tache morale ni une honte aux yeux de la société. Et c'est justice ; car cet art exige beaucoup de talent, d'intelligence, de constance, d'assiduité, d'exercice, de connaissances, et même, à son sommet, un génie naturel. L'acteur doit non seulement entrer profondément dans la pensée du poète, se pénétrer de son rôle, y conformer son originalité individuelle, au moral et au physique, mais il doit aussi, avec un talent de création propre, compléter en plusieurs points les paroles, remplir les lacunes, trouver des transitions, et, en général, nous expliquer le poète ; rendre, par son jeu, visibles et présentes ses intentions cachées, révéler les traits profonds de son génie et tous les secrets de sa composition.

3. De l'art théâtral indépendant de la poésie

Enfin l'art d'exécution effectue un troisième progrès lorsque, s'affranchissant de la domination de la poésie, il fait de ce qui était jusqu'ici un simple accompagnement et un moyen, un objet indépendant qu'il conduit à la perfection dans son propre genre. La musique et la danse ne contribuent pas moins à cette émancipation, dans le développement de l'art dramatique que l'art proprement dit du comédien.

a) En ce qui regarde d'abord ce dernier, il existe, en général, deux systèmes. Suivant le premier, dont nous avons parlé plus haut, l'acteur ne doit être, au physique et au moral, que l'organe vivant du poète. Les Français, qui tiennent beaucoup aux rôles appris, comme à tout ce qui sent l'école, et qui, en général, sont plus typiques dans leurs représentations théâtrales, se sont montrés fidèles à ce système dans leur tragédie et dans la haute comédie. Dans le second système, l'art théâtral occupe un rang tout opposé. L'œuvre du poète devient, à son tour, un simple accessoire et un cadre pour faire ressortir le naturel, l'habileté et l'art de l'acteur. Il n'est pas rare, en effet, d'entendre émettre cette prétention de la part des acteurs, que le poète doit écrire pour eux. La poésie doit alors se borner à fournir à l'artiste l'occasion de montrer, dans leur plus brillant développement, son âme et son art, en un mot l'excellence de son talent personnel. De ce genre était déjà chez les Italiens la *Commedia dell'arte*, où, à la vérité, les caractères de l'Arlequin, du docteur, etc., étaient déterminés, et les situations, la succession des scènes, également données. Presque tout le reste des développements était abandonné aux acteurs. […]

b) Le second domaine de l'art théâtral qui peut être rangé dans ce cercle est *l'opéra* moderne, surtout avec la direction particulière qu'il commence à prendre de plus en plus. En effet, dans l'opéra en général, la musique est déjà la chose principale ; celle-ci, à la vérité, reçoit son sujet de la poésie et du langage, mais elle le traite et le représente librement d'après ses propres fins. Or, aujourd'hui, particulièrement chez nous, l'opéra est devenu une chose de luxe. Les accessoires, la pompe des décorations, la magnificence des costumes, la foule de figurants dans les chœurs, leurs évolutions forment la partie principale et indépendante du spectacle. […] À cette pompe extérieure, qui, sans doute, est un signe de la décadence croissante de l'art véritable, répond ensuite, comme le sujet le plus adéquat, particulièrement le merveilleux qui change le cours naturel des choses, le fantastique, les contes, etc., dont Mozart nous a donné un exemple plein de mesure et d'un art si parfait dans sa *Flûte enchantée*. Mais, quand tout l'art de la mise en scène, des décorations, des costumes, des instruments, etc., a été épuisé, et que le fond véritablement dramatique n'est plus pris à cœur, il ne reste plus qu'à lire les contes des *Mille et une nuits*. […]

III. DE LA POÉSIE DRAMATIQUE DANS SES DIVERSES ESPÈCES ET SES PRINCIPALES ÉPOQUES HISTORIQUES

Si nous jetons un coup d'œil rapide sur la marche que nous avons suivie dans notre étude précédente, nous avons d'abord déterminé le principe de la poésie dramatique d'après ses caractères généraux et particuliers ainsi que dans son rapport avec le public. En second lieu, nous avons vu que le drame, en tant qu'il offre à nos yeux une action complète, dans son développement actuel, a essentiellement besoin d'une représentation parfaitement sensible et qu'il ne peut l'obtenir, conformément à la nature de l'art, que par l'exécution théâtrale. Mais, maintenant, pour que l'action puisse être ainsi représentée, il faut qu'elle soit en elle-même absolument déterminée et achevée sous le rapport de la conception et de l'exécution poétiques. Or cela ne peut avoir lieu qu'autant que la poésie dramatique, en troisième lieu, se divise en *espèces* particulières, qui empruntent leur type aux différences à l'origine à la fois des buts que poursuivent les personnages, de leurs caractères, de la lutte qui s'engage entre eux et du dénouement de l'action tout entière. […]

Nous avons, sous ce rapport, à rechercher le principe des genres suivants :

1) de la *tragédie*, d'après son type originel et substantiel ;

2) de la *comédie*, dans laquelle la personnalité comme telle, dans la volonté et l'action, aussi bien que dans les accidents extérieurs, domine toutes les relations et tous les intérêts ; […]

a) Pour ce qui concerne d'abord la *Tragédie* [...] :

α) Le véritable fond de l'action tragique, quant aux buts que poursuivent les personnages tragiques, est compris dans le cercle des puissances, en soi légitimes et vraies, qui déterminent la volonté humaine. Ce sont les affections de famille, l'amour conjugal, la piété filiale, la tendresse paternelle et maternelle, l'amour fraternel, etc. ; de même, les passions et les intérêts de la vie civile, le patriotisme des citoyens, l'autorité des chefs de l'État. Il y a plus, c'est le sentiment religieux lui-même, non toutefois sous la forme d'un mysticisme résigné, ou comme obéissance passive à la volonté divine, mais au contraire comme zèle ardent pour les intérêts et les relations de la vie réelle. Voilà ce qui fait la bonté morale des vrais *caractères* tragiques. [...] À cette hauteur où les simples accidents de l'individualité disparaissent, les héros tragiques, qu'ils soient les représentants vivants de ces sphères élevées de l'existence humaine, ou qu'ils soient déjà grands et forts par eux-mêmes dans leur libre indépendance, sont, en quelque sorte, placés au niveau des œuvres de la sculpture. Aussi, sous ce rapport, les statues et les images des dieux, comme étant d'ailleurs d'une nature plus simple, expliquent beaucoup mieux les grands caractères tragiques des Grecs que toutes les notes et les commentaires.

Ainsi, nous pouvons dire en général, que le véritable thème de la tragédie primitive est le *divin* ; non le divin tel qu'il constitue l'objet de la pensée religieuse en elle-même, mais tel qu'il apparaît dans le monde et dans l'action individuelle, sans sacrifier son caractère universel et se voir changé en son contraire. Sous cette forme, la substance divine de la volonté et de l'action, c'est l'élément éthique. Car l'ordre éthique, lorsque nous le saisissons dans sa réalité vivante et immédiate, non simplement du point de vue de la réflexion personnelle comme vérité abstraite, c'est le divin réalisé dans ce monde. C'est la substance éternelle, dont les côtés, à la fois particuliers et généraux, constituent les grands mobiles de l'activité vraiment humaine. Dans l'action ils se développent, ils réalisent leur essence.

β) Or, en vertu du principe de la particularité à laquelle est soumis tout ce qui se développe dans le monde réel, les puissances éthiques qui constituent le *caractère des personnages* sont, d'abord, différentes quant à leur essence et à leur manifestation individuelle. De plus, si ces puissances particulières, comme l'exige la poésie dramatique, sont appelées à agir au grand jour, à se réaliser comme but déterminé d'un pathos humain qui passe à l'action, leur accord est détruit, elles entrent en lutte les unes contre les autres, leur hostilité éclate de diverses manières. Enfin, l'action individuelle doit représenter, dans des circonstances déterminées, un but ou un héros principal. Or, dans ces conditions, celui-ci précisément, parce qu'il s'isole dans sa détermination exclusive, soulève nécessairement contre lui le pathos opposé, et, par là, s'engendrent d'implacables conflits. Le tragique, originairement, consiste en ce que, dans le cercle d'une pareille collision, les deux partis opposés, pris en eux-mêmes, ont la justice pour eux. Mais, d'un autre côté, ne pouvant réaliser ce qu'il y a de vrai et de positif dans leur but et leur caractère que comme violation de l'autre puissance également juste, ils se trouvent, malgré leur moralité ou plutôt à cause d'elle, entraînés à commettre des fautes.

γ) Mais un conflit irrésolu survient alors, qui ne peut subsister comme tel, et doit donc être lui-même résolu de façon tragique. Ainsi le principe vraiment substantiel qui *doit* se réaliser, ce n'est pas le combat des intérêts particuliers, bien que celui-ci trouve sa raison d'être dans l'idée même du monde réel et de l'activité humaine ; c'est l'harmonie dans laquelle les personnages, avec leurs buts déterminés, agissent d'accord, sans violation ni opposition. Ce qui, dans le dénouement tragique, est détruit, c'est seulement la particularité *exclusive*, qui n'a pu s'accommoder à cette harmonie. Mais alors (et c'est ce qui fait le tragique de ses actes), ne pouvant renoncer à elle-même et à ses projets, elle se voit condamnée à une ruine totale, ou du moins elle est forcée de se résigner, comme elle peut, à l'accomplissement de sa destinée. Sous ce rapport, Aristote a eu raison de faire consister le véritable effet de la tragédie en ce qu'elle doit susciter la *terreur* et la *pitié* en les *purifiant*. Par là, Aristote n'entendait pas un spectacle qui jette simplement le trouble dans notre âme, et cependant nous intéresse, qui nous blesse et nous plaît, un spectacle à la fois intéressant et repoussant. Cette explication est la plus superficielle de toutes celles que l'on a cherché à donner de l'intérêt dramatique dans ces derniers temps. En effet, seul peut convenir à une œuvre d'art le fait de représenter ce qui s'adresse à la raison, le vrai que conçoit l'esprit. Or, pour atteindre à ce but, il faut se placer à un tout autre point de vue. Dans cette phrase d'Aristote, nous ne devons donc pas nous arrêter au simple sentiment de la terreur et de la pitié, mais à ce qui fait le *fond* essentiel du spectacle, dont la manifestation, conforme à l'art, doit purifier ces sentiments. L'homme peut se sentir effrayé devant la puissance du visible et du fini, comme il peut aussi trembler devant la puissance de l'infini et de l'absolu. Or, ce que l'homme doit réellement redouter, ce n'est pas la puissance matérielle et son oppression, mais la puissance morale qui est une destination de sa raison libre, et en même temps l'éternelle et inviolable puissance qu'il soulève contre lui lorsqu'il se tourne contre elle. Comme la terreur, la pitié a aussi deux objets. Le premier concerne l'émotion ordinaire, c'est-à-dire la sympathie pour le malheur et la souffrance d'autrui, qui n'ont rien de supérieur au cours ordinaire des choses. Les femmes des petites villes sont particulièrement susceptibles d'une pareille compassion. Mais l'homme d'une âme noble et grande ne veut pas être ému et touché de pitié de pareille façon. Car, dès que le côté insignifiant du malheur seul est manifesté, il n'y a plus qu'un rabaissement de l'infortune. La véritable pitié, au contraire, c'est la sympathie pour la justice de la cause et le caractère moral de celui qui souffre. Ce genre de compassion, ce n'est pas un être vulgaire ou un misérable qui peut nous l'inspirer. [...]

Au-dessus de la simple terreur et de la sympathie tragiques plane donc le sentiment de l'harmonie que la tragédie maintient en laissant entrevoir la justice éternelle qui, dans sa domination absolue, brise la justice relative des fins et des passions exclusives, parce qu'elle ne peut souffrir que le conflit et le désaccord des puissances morales, harmoniques dans leur essence, continuent victorieusement et conservent une existence réelle et vraie. [...]

b) Dans la tragédie, le principe éternel et substantiel des choses apparaît victorieux dans son harmonie intime, puisqu'en détruisant dans les individualités qui se combattent leur côté faux et exclusif, elle représente, dans leur accord profond, les idées vraies que poursuivaient les personnages. Dans la *comédie*, au contraire, c'est la personnalité ou la *subjectivité* qui, dans sa sécurité infinie, conserve la haute main. Car il n'y a que ces deux moments principaux de l'action qui puissent, dans la division de la poésie dramatique, s'opposer l'un à l'autre comme genres différents.

Dans la tragédie, les personnages provoquent leur ruine par l'exclusif de leur volonté et de leur caractère d'ailleurs solide, ou alors ils doivent se résigner à admettre ce à quoi ils s'opposent. Dans la comédie, qui nous fait rire des personnages qui échouent dans leurs propres efforts et par leurs efforts mêmes, apparaît, cependant, le triomphe de la personnalité appuyée solidement sur elle-même.

Le terrain général qui convient à la comédie, c'est, par conséquent, un monde dans lequel l'homme, comme personne libre, s'est rendu parfaitement maître de ce qui, d'ailleurs, forme le contenu essentiel de sa pensée et de son activité, un monde dont les fins se détruisent parce qu'elles manquent d'une base solide et vraie. Un peuple démocratique, par exemple, avec ses bourgeois égoïstes, brouillons, frivoles, fanfarons et vaniteux ne peut se relever, il se détruit dans sa propre sottise. Cependant, toute action n'est pas déjà comique parce qu'elle est vaine et fausse. Sous ce rapport, le *risible* est souvent confondu avec le vrai *comique*. Tout contraste entre le fond et la forme, le but et les moyens peut être risible. [...] En général, il n'y a rien de plus opposé que les choses sur lesquelles les hommes ont coutume de rire. Les plaisanteries les plus plates et du plus mauvais goût ont ce privilège. Souvent on rit aussi bien des choses les plus importantes et des vérités les plus profondes, pour peu que quelque côté insignifiant s'y montre qui soit en contradiction avec nos habitudes et nos idées journalières. Le rire n'est alors qu'une manifestation de la sagesse satisfaite, un signe qui annonce que nous sommes tellement sages que nous comprenons le contraste et nous en rendons compte. De même, il existe un rire de moquerie, de dédain, de désespoir, etc. Ce qui caractérise le comique, au contraire, c'est la satisfaction infinie, la sécurité qu'on éprouve de se sentir élevé au-dessus de sa propre contradiction et de n'être pas dans une situation cruelle et malheureuse. C'est la félicité et la satisfaction de la personne qui, sûre d'elle-même, peut supporter de voir échouer ses projets et leur réalisation. La raison étroite et guindée en est la moins capable, précisément là où, dans sa satisfaction d'elle-même, elle est la plus risible pour les autres.

[…] Maintenant, puisque le comique, en général, s'appuie sur des contrastes contradictoires soit entre des buts opposés entre eux, soit entre un but substantiel et les personnages, soit, enfin, entre des circonstances extérieures, l'action comique réclame un dénouement plus impérieusement encore que l'action tragique. Car la contradiction du vrai en soi et de sa réalisation individuelle se manifeste encore plus profondément dans l'action comique. […]

Avec les modes de développement de la comédie, nous sommes arrivés au véritable terme de notre recherche scientifique. Nous avons commencé avec l'art *symbolique*, où l'esprit individuel cherche vainement à se manifester, à la fois, dans le fond et dans la forme ; nous sommes passés, ensuite, à l'art *classique*, qui nous représente le principe substantiel des choses ayant pris conscience de lui-même dans l'individualité vivante ; et nous avons terminé par l'art *romantique*, que distinguent la profondeur et l'intimité des sentiments de l'âme, la personnalité absolue, libre en soi et se mouvant en elle-même librement. Nous avons vu celle-ci pousser cet affranchissement et ce besoin de se satisfaire en elle-même jusqu'à se séparer du vrai et du réel dans ce qu'on peut appeler *l'humour* de la comédie. Cependant, à ce point culminant, la comédie conduit également à la destruction de l'art en général. Le but de l'art, en effet, c'est de représenter aux yeux et à l'imagination l'identité de l'idée et de la forme ; c'est la manifestation de l'éternel, du divin, du vrai absolu, dans l'apparence et la forme réelles. Or, si maintenant la comédie ne représente cette unité que comme se détruisant elle-même, si le vrai absolu, qui cherche à se produire et à se réaliser, voit cette réalisation elle-même anéantie par les intérêts devenus libres de toute loi et uniquement dirigés vers un but personnel, alors la vérité n'apparaît plus présente et vivante dans un accord positif avec les caractères et les fins de l'existence réelle. Elle ne peut plus se faire valoir que sous une forme négative, en ce sens que tout ce qui ne lui est pas conforme se détruit de ses propres mains, et que seulement l'âme, au fond, ne s'en montre pas moins sûre d'elle-même et assurée en soi contre sa propre destruction.

Traduction Charles BÉNARD (1850)

FRIEDRICH NIETZSCHE
(1844-1900)

LA NAISSANCE DE LA TRAGÉDIE
(§ 1, 7, 8)

La Naissance de la tragédie à partir de l'esprit de la musique est le premier ouvrage de Nietzsche. Dès sa publication en 1872, elle suscite une intense polémique dans le monde universitaire allemand. De fait, Nietzsche y critique, à partir de l'interprétation de la tragédie grecque, l'état de la culture allemande de son époque, en tant qu'elle serait abusivement guidée par un idéal de connaissance, et en particulier de connaissance historique. Pour Nietzsche, cet idéal est fondamentalement moralisant, il conduit à vouloir tout justifier, et en fin de compte à appauvrir la culture plutôt qu'à l'enrichir. À cela, Nietzsche oppose une conception esthétique de la culture, dont l'élément premier serait le dionysiaque : c'est-à-dire, le fond instinctif, physiologique, insensé, contradictoire, irrationnel, immoral, terrible, de l'existence. Il associe le dionysiaque à la musique, mais aussi au théâtre – à son pouvoir de possession, de contamination, d'ivresse, qui peut nous conduire précisément à abolir toute vision maîtrisée, réglée ou morale des choses. L'idée principale développée dans la *Naissance de la tragédie*, à propos des Grecs mais aussi à propos des Allemands, est qu'un peuple doit apprendre à affronter et à domestiquer le dionysiaque pour former une culture véritablement vivante. C'est ce qu'ont su faire les Grecs avec leur tragédie, en domptant le pouvoir du théâtre. Mais ils n'ont su le faire qu'en associant au dionysiaque une autre pulsion, l'apollinien, c'est-à-dire, la capacité à transfigurer l'expérience fondamentale de l'horreur et du non-sens dans des représentations analogiques et sublimées. C'est le rapport problématique entre ces deux pulsions qui sert de fil conducteur à toute la réflexion de Nietzsche sur la tragédie.

§ 1

Nous aurons beaucoup fait pour la connaissance esthétique, quand nous serons parvenus, non pas simplement à comprendre logiquement, mais bien plutôt à intuitionner avec une certitude immédiate que le développement de l'art est lié à la double influence de l'*apollinien* et du *dionysiaque*; semblable en cela à la génération, qui dépend de la dualité des sexes, avec leur combat perpétuel et leurs réconciliations qui surviennent seulement par périodes. Nous empruntons ces noms aux Grecs, lesquels ont rendu accessibles les mystérieux et profonds enseignements de leur intuition artistique, certes pas dans des concepts, mais, pour celui qui sait regarder, dans les figures aveuglantes de clarté de leur Panthéon. C'est à ces deux divinités, Apollon et Dionysos, qu'est liée notre connaissance de l'existence, dans le monde grec, d'une formidable contradiction, quant à l'origine et aux fins, entre l'art qui forme des images, l'art apollinien, et l'art non imagé de la musique, art de Dionysos. Ces deux pulsions si différentes se côtoient, le plus souvent en conflit ouvert l'une avec l'autre, et s'excitant réciproquement à enfanter des rejetons toujours nouveaux et toujours plus vigoureux, qui leur permettent de perpétuer le combat suscité par cette contradiction, combat que le terme commun d'« art » ne recouvre que superficiellement; jusqu'à ce que finalement, par un acte métaphysique fantastique de la « volonté » hellène, elles s'accouplent l'une avec l'autre, et dans cet accouplement, produisent cette œuvre d'art aussi bien apollinienne que dionysiaque qu'est la tragédie attique.

Pour nous rendre ces deux pulsions plus familières, commençons par nous les représenter comme les deux mondes artistiques séparés du *rêve* et de l'*ivresse* – manifestations physiologiques

entre lesquelles on peut remarquer une contradiction qui correspond à celle de l'apollinien et du dionysiaque. C'est en rêve
qu'apparurent d'abord, selon la description qu'en fait Lucrèce*, les
formes splendides des dieux à l'âme des hommes, c'est en rêve que
le grand sculpteur vit les silhouettes ravissantes d'êtres surhu-
mains, et le poète hellène, interrogé sur les secrets de la création
poétique, aurait de même invoqué le rêve [...].

La belle apparence des mondes du rêve, que chaque homme
produit en artiste accompli, est ce que présuppose tout art des
images, mais est aussi, comme nous allons le voir, une partie importante de la poésie. Nous trouvons la jouissance dans une compréhension immédiate des figures, toutes les formes nous parlent, rien
n'est indifférent, rien n'est sans nécessité. Dans la vie suprême de
cette réalité du rêve, perce encore pourtant jusqu'à nous la sensation de ce qu'elle n'est qu'*apparente* – du moins est-ce mon expérience, dont je pourrais renforcer la fréquence, ou en tout cas la
normalité, de plus d'une confirmation, ainsi que du témoignage des
poètes. L'homme philosophique a même le pressentiment que, sous
cette réalité dans laquelle nous vivons et existons, s'en trouve aussi
cachée une seconde toute différente, et donc qu'elle aussi n'est
qu'une apparence ; et Schopenhauer va jusqu'à désigner comme la
marque distinctive d'une disposition philosophique le don d'apercevoir par moments les hommes et toutes choses comme de simples
fantômes ou comme des images de rêve**. Ainsi, l'homme artistique à la sensibilité exacerbée se comporte par rapport à la réalité
du rêve comme le philosophe par rapport à la réalité de l'existence.
Il voit juste, et il se plaît à voir ; car il reconnaît la vie dans ces
images, et, avec ce qui s'y passe, il s'exerce à la vie. Mais ça n'est

* Cf. *De rerum natura*, V, 1169-1182, l'explication de l'origine de la religion par
Lucrèce : « les mortels [...] voyaient [les Dieux], en rêve, sans qu'il leur en coûtât
faire mille merveilles », ils « voyaient leurs membres grandis » (trad. fr. B. Pautrat,
Paris, Le Livre de Poche, 2002).

** *Le monde comme volonté et comme représentation*, livre premier, § 5.

pas seulement avec les images agréables et amicales qu'il fait l'expérience de cette compréhension intégrale ; c'est aussi ce qui est grave, sombre, triste, ténébreux, les obstacles inattendus, bref, toute la « divine comédie » de la vie, enfer compris, qui se joue devant lui, non pas seulement comme un théâtre d'ombres – car il vit et il éprouve ces scènes – et cependant pas non plus sans la fugitive impression qu'il n'y a là qu'apparence. Et peut-être quelqu'un se rappellera-t-il comme moi, s'être crié en guise d'encouragement, au milieu des dangers et des effrois du rêve : « C'est un rêve ! Je veux continuer à le rêver ! ». De même, l'on m'a raconté que certaines personnes étaient capables de reprendre et de poursuivre l'enchaînement causal d'un seul et même rêve pendant trois nuits consécutives ou plus ; ces faits apportent la claire confirmation que notre être le plus intérieur, le fond souterrain qui nous est commun à tous, se livre à l'expérience du rêve avec un plaisir des plus profonds et une nécessité des plus joyeuses.

Cette joyeuse nécessité du rêve a de la même manière été exprimée par les Grecs dans leur Apollon : Apollon, en tant que dieu de toutes les forces créatrices d'images, est en même temps le dieu qui dit vrai. Lui qui, d'après son étymologie, est le « brillant », la divinité de la lumière, règne aussi sur la belle apparence du monde intérieur de l'imagination. La vérité plus haute, la perfection de ces états, par opposition à l'intelligibilité lacunaire de la réalité quotidienne, mais aussi la conscience profonde que la nature soigne et secourt dans le sommeil et le rêve, tout cela est l'analogue symbolique de la capacité à dire le vrai, et en général des arts, par lesquels la vie est rendue possible et digne d'être vécue. Cependant, la frontière subtile que l'image du rêve ne doit pas franchir, pour ne pas avoir d'effet pathologique, auquel cas l'apparence nous abuserait comme une réalité grossière, ne doit pas manquer à l'image d'Apollon : cette délimitation mesurée, cette liberté vis-à-vis des émotions les plus sauvages, ce calme plein de sagesse du dieu des créateurs d'images. Son œil doit être « solaire », conformément à son origine. Même lorsqu'il est chargé de colère et de mauvaise humeur, il doit garder la grâce de la belle apparence. Et ainsi, pourrait bien valoir pour Apollon, en un sens étendu, ce que Schopenhauer dit de l'homme prisonnier du voile de Maya : « de même que sur la mer démontée qui, de tous côtés et à perte de vue, soulève et abat des montagnes d'eau, un marin est assis dans sa barque, faisant confiance à son embarcation, de même, au milieu d'un monde de tourments, l'homme individuel se tient, tranquille, trouvant appui et confiance dans le *principium individuationis* »*. C'est bien ce que l'on pourrait dire d'Apollon, qu'en lui la confiance inébranlable dans ce principe et la calme assise de celui qui est sous son charme a reçu son expression la plus sublime, et l'on désignerait volontiers Apollon lui-même comme la splendide image divine du *principii individuationis*, dont les gestes et les regards nous disent tout le plaisir et toute la sagesse de l'« apparence », ainsi que sa beauté.

Au même endroit, Schopenhauer nous a décrit la prodigieuse *épouvante* qui s'empare de l'homme, quand tout à coup il s'égare dans les formes de la connaissance des phénomènes, parce que le principe de raison, sous quelqu'une de ses formes, semble souffrir une exception. Si nous ajoutons à cette ivresse le tressaillement délicieux qui, du fait de cette rupture du *principii individuationis*, se propage depuis le fond le plus intérieur de l'homme, depuis la nature elle-même, alors nous commencerons à voir l'être du *dionysiaque*, que nous nous rendrons encore plus familier par l'analogie de l'ivresse. Que ce soit par l'influence du breuvage narcotique, que tous les hommes et les peuples primitifs célèbrent dans leurs hymnes, ou que ce soit par la violente approche du printemps, lorsque la nature tout entière bruisse d'une poussée de désir, ces émotions dionysiaques s'éveillent, et lorsqu'elles montent, le subjectif est bientôt complètement oublié. C'est aussi animées par la même violence dionysiaque qu'au Moyen-Âge, en Allemagne, des

---

* *Le monde comme volonté et comme représentation*, livre quatrième, § 63.

troupes toujours plus nombreuses tournoyaient, chantant et dansant, de lieu en lieu. Dans ces danseurs de la Saint-Jean ou de la Saint-Guy, nous retrouvons les chœurs bacchiques des Grecs, ainsi que leur préhistoire en Asie mineure, jusqu'à Babylone et aux orgies des Sacées*. Il se trouve des hommes qui, par manque d'expérience ou par stupidité, se détourne de telles manifestations comme de « maladies des peuples », s'en moquent ou s'en affligent, pleins du sentiment de leur propre santé ; les pauvres ne se doutent pas à quel point justement cette « santé » qui est la leur se réduit à quelque chose de blafard et de fantomatique, quand déferle devant eux la vie ardente des troupes dionysiaques.

Sous le sortilège du dionysiaque, ce n'est pas seulement le lien entre l'homme et l'homme qui se reforme, c'est aussi la nature étrangère, hostile ou asservie qui célèbre la fête de la réconciliation avec son fils perdu, l'homme. La terre dispense généreusement ses dons, et les bêtes sauvages quittent les rochers et les déserts pour s'approcher paisiblement. Le char de Dionysos déborde de fleurs et de couronnes ; le tigre et la panthère se placent sous son joug. Que l'on transforme l'hymne à la « joie » de Beethoven en tableau, et que l'imagination ne manque pas, là où des millions d'êtres se prosternent dans la poussière en frissonnant : c'est ainsi que l'on peut approcher le dionysiaque. À présent, l'esclave est un homme libre ; à présent se brisent toutes les barrières rigides, menaçantes, que le besoin, l'arbitraire et la « mode insolente »** des hommes ont établies. À présent, par l'évangile de l'harmonie des mondes,

---

* La fête des Sacées à Babylone, qui durait chaque année pendant cinq jours, se caractérisait notamment, comme les Saturnales romaines, par un renversement complet de l'ordre social, où les esclaves prenaient la place des maîtres, où un condamné à mort prenait la place du roi, pouvait donner libre cours à tous ses désirs, disposant même des concubines royales, pour être finalement exécuté.

** Citation de l'*Hymne à la joie* de Schiller (1785), mise en musique par Beethoven dans le quatrième mouvement de la *Neuvième symphonie :* « Joie ! [...] Tes charmes relient ce que l'épée de la mode sépare / Les mendiants seront frères avec les princes ».

chacun se sent, vis-à-vis de son prochain, non seulement réuni, réconcilié, fusionné, mais bien plutôt comme n'étant plus qu'un, comme si le voile de Maya s'était déchiré et ne flottait plus qu'en lambeaux devant le mystérieux un originaire. En chantant et en dansant, l'homme exprime son appartenance à une communauté plus haute. Il a désappris à marcher et à parler, il est parti pour s'envoler en dansant dans les airs. Tous ses gestes respirent l'enchantement. De même qu'à présent les animaux sont rois, et que la terre donne du lait et du miel, quelque chose de surnaturel résonne aussi à travers lui : il se sent comme un dieu, il va lui-même tressaillant et transporté, comme il a vu aller les dieux en rêve. L'homme n'est plus artiste, il est devenu œuvre d'art : la puissance artistique de la nature tout entière, pour la jouissance la plus haute de l'un originaire, se dévoile ici sous le déluge de l'ivresse. Ce sont ici l'argile le plus noble, le marbre le plus cher, l'homme lui-même qui sont pétris et taillés, et sous les coups de ciseau du démiurge dionysiaque résonne l'appel des Mystères d'Eleusis : « Ici, multitude, vous retrouvez-vous face contre terre ? Monde, reconnais-tu le Créateur ? »*. […]

§ 7

Nous devons à présent nous aider de tous les principes artistiques dégagés jusqu'ici, pour nous y retrouver dans le labyrinthe de ce que nous devons désigner comme *l'origine de la tragédie grecque*. Je ne pense affirmer rien d'absurde en disant que le problème de cette origine, jusqu'à présent, n'a pas été ne serait-ce qu'une fois sérieusement formulé, et bien sûr encore moins résolu, si souvent qu'on ait pourtant rapproché et combiné les lambeaux épars de la tradition antique, pour ensuite à nouveau les déchirer.

---

* Autre citation de l'*Hymne à la joie* de Schiller.

Cette tradition nous dit le plus distinctement du monde *que la tragédie est née du chœur tragique*, et était originairement chœur et rien d'autre que chœur ; de là, nous avons l'obligation de plonger notre regard au fond de ce chœur tragique, comme drame proprement originaire, sans nous satisfaire de quelque manière que ce soit des discours esthétiques courants – selon lesquels le chœur est un spectateur idéal, ou le représentant du peuple face au domaine princier de la scène. Cette dernière interprétation, qui pour bien des politiciens sonne comme une explication sublime – comme si la loi morale immuable des Athéniens démocrates était incarnée par le chœur populaire, comme si celui-ci maintenait toujours le droit hors de portée des excès et de la débauche passionnée des rois – cette interprétation peut certes s'autoriser tant qu'on voudra d'un mot d'Aristote : elle n'atteint pas du tout la formation originelle de la tragédie, dans la mesure où la séparation entre le peuple et les princes et en général toute la sphère politico-sociale n'a rien à voir avec des origines qui sont purement religieuses ; mais c'est aussi par rapport à la forme classique du chœur chez Eschyle et Sophocle, qui nous est connue, que nous voudrions tenir pour blasphématoire de parler d'une « représentation constitutionnelle du peuple » – blasphème devant lequel d'autres que nous ne reculent pas. *In praxi*, les constitutions antiques ne connaissaient rien d'une représentation constitutionnelle du peuple, et fort heureusement, ils n'ont jamais rien « pressenti » de tel dans leurs tragédies.

Bien plus célèbres que cette explication politique du chœur sont les réflexions de A. W. Schlegel, qui nous enjoint de considérer le chœur pour ainsi dire comme un résumé ou un condensé de la foule des spectateurs, comme le « spectateur idéal » *. Cette opinion, lorsqu'on la rapproche de la tradition historique, selon laquelle la tragédie ne consistait originellement que dans le chœur, se révèle pour ce qu'elle est : une affirmation grossière, non scientifique,

---

* *Über dramatische Kunst und Literatur* (1809).

quoique brillante, mais dont le brillant ne tient qu'à la forme concentrée de l'expression, à la prédilection typiquement allemande pour tout ce qui est appelé « idéal », et à ce qu'elle a su provoquer momentanément notre étonnement. Nous sommes effectivement étonnés, dès lors que nous comparons le public de théâtre que nous connaissons bien avec ce chœur, et que nous nous demandons, comment il peut bien être possible de tirer de ce public, par idéalisation, quoi que ce soit d'analogue au chœur tragique. Au fond de nous-mêmes, nous ne l'admettons pas, et nous en venons même à nous étonner autant de la hardiesse de l'affirmation de Schlegel que de la différence entre le public grec et le nôtre. Nous avions pourtant en effet toujours pensé que le véritable spectateur, quel qu'il fût, devait toujours rester conscient qu'il avait en face de lui une œuvre d'art, et non une réalité empirique ; tandis que le chœur tragique des Grecs devait nécessairement considérer les formes de la scène comme des êtres bien réels. Le chœur des Océanides croit vraiment voir devant lui le titan Prométhée et se considère lui-même comme aussi réel que le dieu de la scène. Et c'est là ce que devrait être le type de spectateur le plus haut et le plus pur, celui qui comme les Océanides tiendrait Prométhée pour réel, présent en chair et en os ? Et ce serait la marque du spectateur idéal, que d'accourir sur la scène pour délivrer le dieu de ses tourments ? Nous avions cru à un public esthétique, et nous avions tenu le spectateur individuel pour d'autant plus averti qu'il était en état de considérer l'œuvre d'art comme de l'art, c'est-à-dire esthétiquement. Or l'expression de Schlegel nous a laissé entendre que le spectateur idéal parfait laisse agir sur lui le monde de la scène non pas esthétiquement, mais comme quelque chose d'empirique et de bien réel. Ah, ces Grecs ! soupirions-nous ; ils renversent notre esthétique ! Mais, comme nous y étions habitués, nous répétions l'antienne de Schlegel, à chaque fois qu'il était question du chœur.

Mais voilà que cette tradition si explicite se prononce ici néanmoins contre Schlegel : le chœur en lui-même, sans scène, donc la forme primitive de la tragédie, et ce chœur de spectateurs idéaux ne s'accordent pas entre eux. Que serait, en fait de genre artistique, celui qui serait tiré du concept de spectateur, celui dont on tiendrait le « spectateur en soi » pour la forme propre ? Le spectateur sans spectacle est un concept contradictoire. Nous avons bien peur que la naissance de la tragédie ne puisse s'expliquer ni par la grande estime accordée à l'intelligence morale des masses, ni par le concept d'un spectateur sans spectacle, et nous tenons ce problème pour si profond, que des manières si superficielles de le traiter ne peuvent que l'effleurer.

Schiller nous avait déjà dévoilé une compréhension infiniment plus estimable de la signification du chœur tragique dans la célèbre préface de la *Fiancée de Messine*; il présentait le chœur comme un mur vivant que la tragédie dresse autour d'elle, pour se couper complètement du monde réel, et pour garantir son sol idéal et sa liberté poétique.

Schiller combat avec cette arme maîtresse le concept trivial du naturel, l'illusion communément exigée de la poésie dramatique. Selon lui, alors que la lumière du jour elle-même, au théâtre, est artificielle, alors même que l'architecture y est seulement symbolique, alors que la langue métrique exprime un caractère idéal, la même erreur règnerait toujours au fond : il ne suffit pas de tolérer seulement comme une liberté poétique ce qui est bien plutôt l'essence même de toute poésie. L'introduction du chœur serait le pas décisif pour que la guerre soit ouvertement et sincèrement déclarée à ce naturalisme dans l'art. – C'est pour qualifier une telle manière de voir les choses, me semble-t-il, que notre époque, qui se juge supérieure, se sert de l'étiquette méprisante de « pseudo-idéalisme ». Je crains pour ma part que nous soyons parvenus aujourd'hui, avec notre vénération pour le naturel et le réel, aux antipodes de tout idéalisme, à savoir, dans le domaine des musées de statues de cire. Là aussi, on trouve de l'art, comme dans certains romans actuels à la mode ; mais que l'on ne vienne pas nous fatiguer à prétendre qu'avec cet art le « pseudo-idéalisme » de Schiller et Goethe serait dépassé.

Assurément, il y a un sol « idéal », sur lequel, selon la juste intuition de Schiller, le chœur grec des satyres, le chœur de la tragédie originelle, a coutume d'évoluer, un sol qui s'élève bien au-dessus du terrain de promenade réel des mortels. Le Grec s'est construit pour ce chœur l'échafaudage aérien d'un *état de nature* fictif et il y a installé des *êtres de nature* fictifs. La tragédie a jailli de ces fondements et pour cette raison, s'est assurément dispensée dès le départ d'une reproduction fastidieuse de la réalité. Il n'y a là, pourtant, aucun monde imaginaire situé quelque part entre ciel et terre ; mais bien plutôt un monde d'une réalité et d'une crédibilité égales à celles que possédaient l'Olympe et ses occupants pour les Grecs croyants. Le satyre comme le choreute dionysiaque vit dans une réalité produite religieusement sous la sanction du mythe et du culte. Que ce soit avec lui que la tragédie commence, que ce soit par lui que la sagesse dionysiaque parle, voilà un phénomène qui nous est tout aussi étranger qu'en général l'émergence de la tragédie à partir du chœur. Peut-être parvenons-nous à une issue pour notre recherche, si j'affirme à présent que le satyre, l'être de nature fictif, entretient le même rapport à l'homme de culture que la musique dionysiaque à la civilisation. Richard Wagner dit de cette dernière qu'elle s'efface devant la musique comme la lumière artificielle devant la lumière du jour. Je crois que de la même manière, l'homme de culture grec, en présence du chœur satyrique, sentait qu'il s'abolissait en lui ; et voilà l'effet le plus immédiat de la tragédie dionysiaque ; à savoir, que l'Etat et la société, et plus généralement les fossés entre l'homme et l'homme, cèdent devant un sentiment souverain d'unité, qui ramène au cœur de la nature. La consolation métaphysique – sur laquelle nous laisse, je le dis d'ores et déjà, toute véritable tragédie –, qui consiste en ce que la vie au fond des choses, malgré tous les changements dans les phénomènes, est indestructible, puissante et délicieuse, cette consolation se manifeste dans une clarté incarnée comme chœur satyrique, comme chœur d'êtres de nature, qui vivent invariablement, immortels, derrière chaque civilisation, et qui restent les mêmes, malgré tous les changements que traversent les générations et l'histoire des peuples.

C'est avec ce chœur que l'Hellène, profond et exceptionnellement apte aux peines les plus délicates et les plus rudes, se console, lui qui par son regard perçant a pénétré les terrifiantes pulsions de destructions qui constituent ce que l'on appelle l'histoire universelle, tout comme il a vu la cruauté de la nature ; lui qui court le danger de se laisser tenter par une négation bouddhique de la volonté. Celui-là, l'art le sauve, et par l'art, à travers lui se sauve – la vie.

L'extase de l'état dionysiaque, en tant qu'elle abolit les bornes et les limites de l'existence, contient en effet, tant qu'elle dure, un élément *léthargique*, dans lequel est plongé tout ce qui a été vécu personnellement dans le passé. Ainsi se séparent, par ce fossé de l'oubli, le monde du quotidien et celui de la réalité dionysiaque. Cependant, sitôt que cette réalité quotidienne revient à la conscience, elle est éprouvée comme telle avec dégoût ; le fruit d'un tel état est une humeur ascétique, négatrice de la volonté. En ce sens, l'homme dionysiaque ressemble à Hamlet : tous deux ont à un moment jeté un regard véritable dans l'être des choses, ils ont *compris*, et cela les dégoûte d'agir ; car leur action ne peut rien changer à l'être éternel des choses, ils ressentent comme risible ou humiliant que l'on exige d'eux de remettre en marche ce monde qui se disloque. La connaissance tue l'action, l'action suppose que l'on se voile dans l'illusion – telle est la leçon d'Hamlet, et non pas la sagesse à bon marché de Hans le rêveur, qui en vient à ne pas agir par excès de réflexion, pour ainsi dire par un trop plein de possibilités ; ce n'est pas la réflexion, non ! – mais la véritable connaissance, le regard jeté dans l'horrible vérité, qui prend le dessus sur tout motif poussant à l'action, aussi bien chez Hamlet que chez l'homme dionysiaque. Dès lors, il n'y a plus de consolation qui vaille, le désir ne se satisfait plus d'une vie après mort, pas plus que des dieux eux-mêmes, l'existence, ainsi que son reflet scintillant dans les dieux ou dans un au-delà d'éternité, est niée. Une fois sa conscience pénétrée de la vérité qu'il a contemplée, l'homme ne voit plus que ce qu'il y a d'effroyable et d'absurde dans l'être, il comprend désormais ce qu'il y a de symbolique dans le destin d'Ophélie, il reconnaît la sagesse du dieu des bois Silène* : cela le dégoûte.

C'est ici, dans cet extrême danger qui guette la volonté, qu'intervient l'art, comme un magicien qui sauve et qui guérit ; lui seul est capable de convertir ces pensées de dégoût sur ce qu'il y a d'effroyable et d'absurde dans l'existence en représentations avec lesquelles l'on peut vivre ; ces représentations sont le *sublime*, comme maîtrise artistique de l'effroyable, et le *comique*, comme maîtrise artistique de l'absurde. Le chœur satyrique du dithyrambe est l'événement salvateur de l'art grec ; au contact du monde intermédiaire de ces compagnons de Dionysos, les accès de dégoût que nous venons de décrire disparaissent.

§ 8

Le satyre comme le berger de nos idylles des temps modernes sont tous deux nés d'un désir tourné vers l'originel et le naturel ; pourtant, avec quelle poigne ferme et intrépide le Grec saisissait son homme des bois ! Avec quelle pusillanimité et quelle faiblesse l'homme moderne batifolait avec l'image flatteuse d'un pâtre tendre et délicat, joueur de flûte ! La nature, pas encore travaillée par la connaissance, cette nature dont la culture n'a pas encore fait sauter les verrous – voilà ce que voyait le Grec dans son satyre, et celui-ci, par conséquent, ne correspondait pas non plus pour lui

---

* Au § 3, Nietzsche a rapporté la légende du sage Silène, à qui le roi Midas avait demandé quel était le souverain bien. Silène avait répondu : « le souverain bien t'est complètement inaccessible : c'est ne pas être né, ne pas exister, n'être rien. Par contre le second des biens est pour toi : c'est de mourir bientôt ».

à un singe. Au contraire : il était l'image originelle de l'homme, l'expression de ses émotions les plus hautes et les plus fortes, en tant que rêveur enthousiaste que le voisinage des dieux ensorcelait, en tant que compagnon compatissant chez qui la souffrance du Dieu se répétait, en tant qu'annonciateur d'une sagesse issue du sein même de la nature, en tant que symbole de la toute-puissance sexuelle de la nature, que le Grec avait coutume de considérer avec étonnement et vénération. Le satyre était quelque chose de sublime et de divin. C'est ainsi en tout cas qu'il devait apparaître au regard douloureux et brisé de l'homme dionysiaque. Celui-ci aurait été consterné par le berger propret et factice : son œil se portait, avec une satisfaction sublime, sur les signes grandioses d'une nature vierge et sans voile ; ici, l'illusion de la culture était effacée pour faire apparaître l'image originelle de l'homme, ici se dévoilait l'homme véritable, le satyre barbu, qui chantait les louanges de son dieu. Devant lui, l'homme civilisé se ratatinait en une caricature mensongère. Schiller a aussi vu juste sur ces débuts de l'art tragique : le chœur est un mur vivant dressé contre les attaques de la réalité, car lui, le chœur satyrique, présente une existence plus vraie, plus effective, plus complète que ne le fait l'homme de culture, qui se prend lui-même communément pour l'unique réalité. Le domaine de la poésie ne se trouve pas en-dehors du monde, comme une impossibilité fantastique née de la cervelle d'un poète : elle se veut précisément le contraire, l'expression sans fard de la vérité, et doit même, pour cette raison, se défaire de l'accoutrement mensonger de cette prétendue réalité de l'homme civilisé. Le contraste entre cette vérité naturelle authentique et ce mensonge de la culture qui se présente comme l'unique réalité, s'apparente au contraste qui sépare le noyau éternel des choses, la chose telle qu'en elle-même, et le monde des phénomènes dans son ensemble : et de même que la tragédie, avec sa consolation métaphysique, fait signe vers la vie éternelle de ce noyau de l'existence, au-delà du naufrage incessant des phénomènes, de même, la symbolique du chœur satyrique exprime analogiquement ce rapport originaire entre la chose telle qu'en elle-même et le phénomène. Le berger idyllique que se donne l'homme moderne est simplement un portrait de lui-même, somme d'illusions culturelles, se présentant comme nature ; le Grec dionysiaque veut la vérité et la nature dans leur force la plus haute – il se voit lui-même envoûté jusqu'à devenir satyre.

C'est sous l'effet de telles émotions et de telles connaissances que jubile la compagnie exaltée des serviteurs de Dionysos : ils se voient eux-mêmes, de leurs propres yeux, se métamorphoser sous leur pouvoir, si bien qu'ils imaginent s'apercevoir eux-mêmes comme génies de la nature revenus à la vie, comme satyres. La constitution plus tardive du chœur de la tragédie est l'imitation artistique de ce phénomène naturel ; certes, dans ce dernier cas, il est devenu nécessaire de distinguer le spectateur dionysiaque du possédé dionysiaque. Cela étant, on doit toujours garder présent à l'esprit que le public de la tragédie attique se retrouvait lui-même dans le chœur de l'orchestre, qu'il n'y avait au fond aucune opposition entre le chœur et le public ; car tout n'est qu'un grand chœur sublime composé de satyres chantant et dansant ou de ceux qui se laissent représenter par ces satyres. Le mot de Schlegel doit être ici compris dans un sens plus profond. Si le chœur est le « spectateur idéal », c'est dans la mesure où il est le seul à *voir*, à voir le monde de visions de la scène. Un public de spectateurs, tel que nous le connaissons, était quelque chose d'inconnu aux Grecs. Dans leurs théâtres, il y avait, sur l'édifice en gradins qui constituait l'espace des spectateurs, s'élevant en arcs concentriques, ce public à qui il était possible de véritablement *ne pas voir* le monde civilisé alentour, et, dans un regard concentré et saturé, de s'imaginer lui-même choreute. Dans cette perspective, nous devons appeler le chœur, en tant qu'il se situe, dans la tragédie originaire, sur la toute première marche, l'image de soi que se renvoie l'homme dionysiaque. On comprendra ce phénomène de la manière la plus claire en considérant ce qui se passe chez l'acteur qui, lorsqu'il est vraiment doué, voit flotter devant ses yeux, comme une réalité tangible, l'image de l'être qu'il doit incarner. Le chœur des satyres est en tout premier lieu une vision de la foule dionysiaque, de même que le monde de la scène est à son tour une vision du chœur des satyres; la force de cette vision est suffisamment grande pour émousser et engourdir le regard, pour le rendre insensible à l'impression de la « réalité » et aux hommes civilisés installés en rangs d'oignon sur les gradins. La forme du théâtre grec fait penser à un vallon isolé dans les montagnes; l'architecture de la scène donne l'image d'une mer de nuages rayonnante que les bacchants qui essaiment dans les montagnes contemplent depuis les hauteurs, comme le cadre grandiose au sein duquel l'image de Dionysos va apparaître.

Ce phénomène artistique originaire, dont nous parlons ici pour éclairer le chœur tragique, a, au regard de nos savantes intuitions sur les processus artistiques élémentaires, presque quelque chose de choquant; pourtant, rien ne peut être plus assuré que ceci : le poète n'est poète que parce qu'il se voit entouré de formes, qui vivent et agissent devant lui, et dont son regard perce l'être le plus profond. Nous sommes conduits, par une faiblesse caractéristique du génie des temps modernes, à nous représenter le phénomène esthétique originaire de manière trop compliquée et abstraite. La métaphore, pour un véritable poète, n'est pas une figure de rhétorique, mais plutôt une image de substitution qui se présente réellement à lui en lieu et place d'un concept. Le personnage n'est pas pour lui un tout composé à partir de caractéristiques éparses, mais plutôt une personne vivante s'imposant avec insistance devant ses yeux, et qui ne se distingue de la vision semblable du peintre que parce qu'elle continue toujours à vivre et à agir. Comment se fait-il que les descriptions d'Homère soient tellement plus parlantes que celles des autres poètes? C'est parce qu'il a beaucoup plus d'intuition. Si nous discourons si abstraitement sur la poésie, c'est parce que nous nous sommes tous habitués à être de mauvais poètes. Au fond, le phénomène esthétique est simple; quelqu'un est capable de voir un spectacle plein de vie qui ne s'arrête pas, de vivre toujours et encore entouré de compagnies entières d'esprits – ce quelqu'un est poète; quelqu'un ressent le besoin de se métamorphoser lui-même et de parler au travers d'autres corps et d'autres âmes – ce quelqu'un est dramaturge.

L'émotion dionysiaque peut faire partager à une foule tout entière cette capacité artistique de se voir entourée d'une telle compagnie d'esprits – compagnie avec laquelle cette foule a alors intimement conscience de ne faire plus qu'un. Cette chose qui se passe dans le chœur de la tragédie est le tout premier phénomène *dramatique* : assister soi-même à sa propre métamorphose et agir désormais comme si l'on était véritablement entré dans un autre corps et dans un autre personnage. Ce phénomène se situe au début du développement du drame. Il y a là quelque chose d'autre que le rhapsode, qui ne se confond pas avec ses images, mais qui, tout comme le peintre, les voit à l'extérieur de lui avec un œil réflexif; il y a là, déjà, un renoncement à l'individu, dans le fait de se laisser accueillir par une nature étrangère. Et de fait, ce phénomène se révèle contagieux : c'est une compagnie tout entière qui se sent métamorphosée de cette manière. C'est pourquoi le dithyrambe se distingue essentiellement de tout autre chant choral. Les jeunes femmes qui, avec des lauriers à la main, se dirigent solennellement vers le temple d'Apollon et y chantent un air de procession, restent elles-mêmes, et portent leur nom de citoyenne; le chœur du dithyrambe est un chœur de possédés, dont le passé de citoyen, la position sociale sont complètement oubliés : ils sont devenus les serviteurs intemporels de leur dieu, vivant à l'extérieur de toutes les sphères de la société. Toutes les autres poésies chorales des Grecs ne sont qu'une excroissance monstrueuse du chanteur soliste apollinien; tandis que dans le dithyrambe, un groupe d'acteurs inconscients se tient devant nous, se considérant eux-mêmes les uns les autres comme métamorphosés.

La possession est ce que présuppose tout art dramatique. Dans cette possession, l'exalté dionysiaque se voit comme satyre, *et alors, comme satyre, il voit le dieu*, c'est-à-dire que dans sa métamorphose il voit une nouvelle vision en-dehors de lui – ce qui est l'accomplissement apollinien de son état. Avec cette nouvelle vision, le drame est complet.

Sachant cela, nous devons comprendre la tragédie grecque comme le chœur dionysiaque qui ne cesse de se décharger, de manière toujours nouvelle, dans un monde d'images apollinien. Ces parties chorales, inscrites dans la trame de la tragédie, sont pour ainsi dire la matrice de tout ce qu'on appelle « dialogue », c'est-à-dire, de la totalité du monde de la scène, du drame proprement dit. Dans ces diverses décharges qui se succèdent les unes aux autres, le fond originaire de la tragédie irradie cette vision du drame. Celle-ci est de part en part un phénomène de rêve, et dans cette mesure, elle est de nature épique ; cependant, d'un autre côté, comme objectivation d'un état dionysiaque, elle ne constitue pas une rédemption dans l'apparence, mais présente bien plutôt une rupture de l'individu, et sa fusion avec l'un originaire. Par conséquent, le drame est la concrétisation apollinienne de la connaissance et des sentiments dionysiaques, et est en cela séparé de l'épopée par un insondable abîme.

Mais c'est le *chœur* de la tragédie grecque, symbole de la foule dionysiaque rassemblée dans l'exaltation, qui trouve sa pleine explication dans cette approche que nous avons développée. Jusqu'ici, habitués à la place du chœur sur la scène moderne, et en premier lieu du chœur d'opéra, nous ne pouvions vraiment pas saisir à quel point ce chœur tragique des Grecs devait être plus ancien, plus originel, plus important que l'« action » proprement dite – ce qui nous était pourtant transmis de la manière la plus claire par la tradition – ; jusqu'ici, nous n'arrivions pas davantage à accorder cette grande importance et cette originarité traditionnellement attribuées au chœur avec le fait qu'il n'était pourtant composé que d'êtres négligeables et serviles, voire, au départ, de satyres à l'apparence de boucs ; jusqu'ici, la position de l'orchestre devant la scène demeurait pour nous une énigme. Mais nous sommes parvenus maintenant à comprendre que la scène, et avec elle l'action, n'est au fond et originairement pensée que comme *vision*, que l'unique « réalité » est précisément le chœur, qui tire la vision de lui-même, et en parle avec la symbolique de la danse, des sons et des mots. Ce chœur, dans sa vision, voit son seigneur et maître Dionysos, et est pour cette raison toujours le chœur *des serviteurs*. Il voit comment celui-ci, le dieu, souffre et se glorifie, et c'est pourquoi lui-même n'*agit* pas. Dans cette position d'absolue servitude à l'égard du dieu, il est pourtant l'expression la plus haute, c'est-à-dire dionysiaque, de la *nature*, et c'est pourquoi il parle, comme celle-ci, dans l'enthousiasme, par oracles et par sentences. Parce qu'il est le *compatissant*, il est aussi le *sage*, celui qui proclame la vérité depuis le cœur même du monde. C'est donc ainsi qu'est produite cette figure d'apparence fantastique et frappante du satyre à la fois sage et enthousiaste, qui est en même temps l'« homme stupide » par opposition au dieu ; il est à l'image de la nature et de ses pulsions les plus fortes, il en est le symbole, et en même temps, le héraut de sa sagesse et de son art : musicien, poète, danseur, visionnaire, tout cela en une seule personne.

Conformément à nos explications, et conformément à la tradition, Dionysos, qui est le véritable héros sur la scène et le point central de la vision, n'est pas en premier lieu, dans les périodes les plus reculées de la tragédie, véritablement présent sur scène, mais il est simplement représenté comme présent : ce qui revient à dire que la tragédie est à l'origine seulement « chœur » et non pas « drame ». C'est seulement plus tard que l'on essaie de réellement montrer le dieu et de donner une forme à la vision, avec le cadre qui la magnifie, offerte à tous les regards. C'est là que commence le « drame » au sens strict. Le chœur dithyrambique reçoit alors la tâche d'exciter les auditeurs jusqu'au degré du dionysiaque, de manière à ce qu'ils voient, lorsque le héros tragique apparaît sur la scène, non pas un homme au masque informe, mais plutôt une forme de vision née

pour ainsi dire de leur propre extase. Songeons à Admète *, en train
de penser avec la plus grande émotion à Alceste, sa jeune épouse
décédée, allant jusqu'à se consumer dans le fantasme d'une apparition spectrale de celle-ci – or, soudain, on lui amène une femme
cachée sous un voile, dont la silhouette ressemble à celle d'Alceste,
dont la démarche ressemble à celle d'Alceste ; songeons au trouble
et au frisson qui s'emparent soudain de lui, aux comparaisons qui
se bousculent tumultueusement dans son esprit, à la conviction que
lui dicte son instinct – nous avons là quelque chose d'analogue à
l'impression qui saisissait le spectateur exalté par le dionysiaque,
lorsqu'il voyait le dieu pénétrer sur la scène, et qu'il ne faisait déjà
plus qu'un avec la souffrance de celui-ci. Involontairement, il
projetait sur cette figure masquée l'image entièrement magique du
dieu, qui tremblait devant son âme, et cette réalité se dissolvait en
une irréalité fantomatique. Voilà l'état de rêve apollinien, dans
lequel le monde quotidien se voile, tandis qu'un nouveau monde,
plus distinct, plus intelligible, plus tangible que le premier, et
pourtant plus semblable à une ombre, renaît dans un changement
continuel sous nos yeux. Conformément à cela, nous reconnaissons
dans la tragédie une opposition de styles saisissante : le langage, la
couleur, le mouvement, la dynamique du discours font apparaître le
chant dionysiaque du chœur et, d'autre part, le monde de rêve apollinien de la scène comme deux sphères d'expression entièrement
isolées. Les apparitions apolliniennes dans lesquelles Dionysos
s'objective ne sont plus « une mer éternelle, une trame changeante,
une vie brûlante » **, comme l'est la musique du chœur, elles ne sont

---

* Référence à *Alceste*, tragédie d'Euripide. Admète, roi de Phère, en Thessalie,
dont les jours étaient comptés, a obtenu d'Apollon d'échanger sa mort contre celle de
quelqu'un d'autre. C'est sa jeune épouse Alceste qui s'est alors sacrifiée pour le
sauver. Admète demeure inconsolable, mais Héraclès, qui a découvert l'histoire,
décide d'aller rechercher Alceste aux enfers, et la ramène finalement, cachée sous un
voile, à Admète.

** Citation du *Faust* de Goethe.

plus ces forces simplement éprouvées, pas encore transformées en images, grâce auxquelles le serviteur enthousiaste de Dionysos se place dans le sillage du dieu ; désormais c'est la figure épique, dans toute sa distinction et sa fermeté qui, depuis la scène, lui parle, désormais Dionysos s'exprime, non plus par des forces, mais plutôt comme héros épique, presque dans la langue d'Homère.

Traduction Matthieu HAUMESSER

§ 80

L'art et la nature. – Les Grecs (ou du moins les Athéniens) se plaisaient à entendre de beaux discours ; oui, ils avaient un irrésistible penchant pour cela, et cela les distingue plus que toute autre chose des non-Grecs. Ainsi, ils exigeaient de la passion représentée sur la scène qu'elle s'exprime bien, et ils prenaient le plus grand plaisir à laisser agir sur eux la non-naturalité du vers dramatique : – car, dans la nature, que la passion est à court de mots ! Qu'elle est muette et embarrassée ! Ou alors, quand elle trouve des mots, qu'elle est embrouillée, irrationnelle, ou conduite à avoir honte d'elle-même ! Aujourd'hui, grâce aux Grecs, nous sommes habitués à cette non-nature de la scène, de même que nous supportons, et supportons volontiers, cette autre non-nature qu'est la passion *chantante*, grâce aux Italiens. – C'est devenu pour nous un besoin, que dans la réalité nous ne pouvons pas satisfaire : entendre des hommes, qui sont dans les situations les plus terribles, s'exprimer bien et avec netteté. Nous sommes désormais enchantés, lorsque le héros tragique trouve encore des mots, des raisons, des attitudes convaincantes et qu'en somme il est lumineusement spirituel, là où la vie se rapproche de l'abîme, là où l'homme réel perd le plus souvent la tête et à coup sûr sa belle éloquence. Cette manière de *s'éloigner de la nature* est peut-être la nourriture la plus agréable pour la fierté de l'homme ; c'est en général à cause d'elle qu'il aime l'art, comme l'expression d'une non-naturalité et d'une convention pleines de grandeur et d'héroïsme. C'est à bon droit que l'on blâme le poète dramatique, lorsque, plutôt que de tout transformer en raison et en mots, il retient de la main un reste qui demeure *silencieux* ; – De même que l'on est mécontent du musicien qui ne sait pas trouver pour l'affect le plus haut une mélodie, mais s'en tient plutôt à des bégaiements, à des cris « naturels » et pleins d'affect. Mais c'est ici justement que la nature *doit* être contredite ! C'est ici justement que le charme commun de l'illusion *doit* céder la place à un charme plus haut. Les Grecs vont loin dans cette voie, bien loin

– on a peur tellement ils vont loin ! De même qu'ils conçoivent la scène aussi étroite que possible et s'interdisent tout effet qui s'ancre trop dans la profondeur de l'arrière-plan, de même qu'ils rendent impossibles pour l'acteur le jeu de mimiques et l'aisance du mouvement, et le transforment en un épouvantail solennel, rigide et masqué, ils ont enlevé à la passion elle-même sa profondeur, son arrière-plan, et lui ont dicté la loi des belles paroles, et même ils ont de manière générale tout fait pour empêcher l'effet élémentaire des images qui suscitent la peur et la pitié : *ils ne voulaient précisément pas de la peur et de la pitié*, – avec tout mon respect, et même mon plus grand respect pour Aristote ! mais il n'a certainement pas touché dans le mille (sans parler du dix-mille) lorsqu'il a traité de la finalité ultime de la tragédie grecque ! Que l'on se mette à considérer les poètes grecs de la tragédie du point de vue de *ce qui* a motivé leur zèle, leur inventivité, leur esprit de compétition – et ce n'est certainement pas l'intention de subjuguer le spectateur par des affects ! L'Athénien allait au théâtre *pour entendre des belles paroles* ! Et c'est de belles paroles qu'il s'agit chez Sophocle ! – Que l'on me pardonne cette hérésie ! – Il en va tout autrement de l'*opera seria* : tous ses maîtres s'entendent à éviter que l'on comprenne leurs personnages. Il se peut qu'à l'occasion un mot vienne à point nommé à l'aide de l'auditeur inattentif : mais dans l'ensemble la situation doit s'expliquer d'elle-même, – rien ne repose sur le discours ! C'est ainsi qu'ils pensent tous, c'est ainsi qu'ils ont su tous se jouer des mots. Ils ont peut-être simplement manqué de courage pour exprimer jusqu'au bout leur dédain pour les mots : Rossini eût-il témoigné d'un peu plus de liberté, il aurait fait chanter exclusivement la-la-la-la – et il y aurait eu là quelque chose de rationnel ! On ne doit pas croire les personnages d'opéra, justement, « sur parole », mais bien plutôt sur leur ton ! Telle est la différence, telle est la belle *non-naturalité* pour laquelle on va à l'opéra. Le *recitativo secco* lui-même n'est pas vraiment écouté comme mots et texte. Cette sorte de demi-musique a bien plutôt pour rôle, d'abord, de donner un peu de repos à l'oreille musicale (la reposer de la mélodie, qui est la jouissance la plus sublime de cet art, mais pour cette raison aussi la plus fatigante) – mais très vite elle mène à autre chose : à savoir, une impatience croissante, un rejet croissant, une avidité nouvelle pour la musique *entière*, pour la mélodie. – Qu'en est-il, si l'on considère les choses de ce point de vue, dans l'art de Richard Wagner ? Peut-être s'y passe-t-il autre chose ? Souvent, j'ai eu comme l'impression qu'il fallait avoir appris par cœur les mots et la musique de ses œuvres avant la représentation : sans quoi – du moins c'est ce qu'il me semblait – on n'*entendait* ni les mots, ni la musique elle-même.

§ 86

Du théâtre. – Cette journée m'a à nouveau donné des sentiments forts et élevés, et si ce soir je pouvais avoir de la musique et de l'art, je sais bien de quel art et de quelle musique je ne voudrais *pas*, à savoir de tous ceux qui cherchent à enivrer leurs auditeurs et à les *emporter* l'espace d'un instant dans un sentiment fort et élevé, – ces hommes à l'âme quotidienne, qui le soir venu ne ressemblent pas à des vainqueurs triomphants sur leur char, mais à des mûles fatiguées qui ont un peu trop souvent tâté du fouet de la vie. Que sauraient de tels hommes en général des « émotions supérieures », s'il n'y avait pas des expédients pour produire l'ivresse et des coups de fouet idéaux ! – et c'est ainsi qu'ils ont des déclencheurs d'enthousiasme, tout comme ils ont du vin. Mais que m'importent, à moi, leurs breuvages et leur ivresse ? Pourquoi l'enthousiaste aurait-il besoin de vin ? Il considère bien plutôt avec une sorte de dégoût les expédients et les médiateurs qui doivent ici produire un effet sans fondement suffisant, – singer les plus hauts déferlements de l'âme ! – Comment ? On offre à la taupe des ailes et des fictions qui flattent son orgueil – juste avant qu'elle n'aille se coucher, avant qu'elle ne rampe dans son terrier ? On la transporte dans un théâtre, et on met des jumelles devant ses yeux aveugles et fatigués ? Des hommes, dont la vie n'est pas « action », mais plutôt affaire, sont assis face à la scène et regardent des êtres d'une espèce étrangère à la leur, des êtres dont la vie est plus qu'une affaire ? « Voilà qui est décent », dites-vous, « voilà qui est divertissant, voilà qui sert l'éducation ! » – Eh bien ! Je dois bien trop souvent manquer d'éducation ; car ce spectacle me donne bien trop souvent la nausée. Qui a en lui-même suffisamment de tragédie et de comédie, reste volontiers à l'écart des théâtres ; ou alors, s'il fait une exception, c'est le processus tout entier – théâtre, public et poète réunis – qui devient pour lui un authentique spectacle tragique et comique, de sorte que la pièce représentée, pour sa part, ne signifie pas grand chose pour lui. Celui qui est lui-même comme un Faust ou un Manfred, en quoi a-t-il besoin des Faust et des Manfred du théâtre ? – alors que ce qui lui donne assurément à penser, c'est le *fait que*, en général, l'on place ces mêmes figures sur un théâtre. Les pensées et les passions les plus *fortes*, offertes à ceux qui ne sont pas capables de pensée et de passion – mais d'*ivresse* ! Et *celles-là* comme un moyen pour celle-ci ! Et le théâtre et la musique comme fumette de haschich et mâchonnage de bétel pour les Européens ! Oh, qui nous racontera toute l'histoire des narcotiques ! C'est à peu de choses près l'histoire de l'éducation, de ce qui est soi-disant l'éducation la plus haute !

§ 361

Du problème du comédien. – Le problème du comédien me préoccupe depuis bien longtemps. J'étais dans l'incertitude (et par moments il m'arrive de l'être encore aujourd'hui), quant à la question de savoir si ce n'est pas d'abord à partir de là que l'on pourrait cerner le dangereux concept d'artiste – concept que l'on a manié jusqu'ici avec une impardonnable bienveillance. La fausseté alliée à la bonne conscience ; la libération du plaisir pris à la simulation comme pouvoir, le soi-disant « caractère » se trouvant mis à

l'écart, submergé, et parfois anéanti ; l'intime désir de se glisser
dans un rôle, derrière un masque, sous une *apparence* ; une surabondance de capacités d'adaptation de toutes sortes, qui ne savent
plus se satisfaire d'être mises au service des besoins les plus proches
et les plus resserrés : peut-être tout cela ne définit-il pas *seulement*
le comédien proprement dit ?… Un tel instinct se sera développé
avec le plus de facilité dans les familles du bas peuple qui, soumises
à des pressions et des contraintes toujours nouvelles, devaient, dans
une dépendance profonde, imposer leur vie, devaient s'adapter
pour joindre les deux bouts, se régler sans cesse sur de nouvelles
circonstances, offrir et composer un visage toujours différent,
capables à chaque fois, voyant d'où venait le vent, et *d'où que vînt*
le vent, de retourner leur veste, devenant presque la veste, comme
seuls savent le faire les maîtres de cet art d'incorporation et d'incarnation, cet art du jeu perpétuel de cache-cache que, s'agissant des
animaux, on appelle *mimicry* : jusqu'à ce qu'enfin tout ce talent
accumulé de génération en génération devienne impérieux, irrationnel, incontrôlable, apprenne, comme instinct, à commander
aux autres instincts, et donne naissance au comédien, à « l'artiste »
(et d'abord au plaisantin, au bonimenteur, au pitre, au bouffon, au
clown, mais aussi au traditionnel serviteur, le Gil Blas : car c'est
dans ces types que l'on trouve la préhistoire de l'artiste et même
assez souvent du « génie »). Mais un genre d'homme semblable se
développe aussi, sous des contraintes semblables, dans des conditions sociales plus élevées : à ceci près que l'instinct du comédien
est alors le plus souvent encore tenu en bride grâce à un autre
instinct, comme c'est le cas par exemple chez les « diplomates »
– j'ai d'ailleurs tendance à croire qu'à ses heures perdues, un bon
diplomate ferait aussi un bon comédien de théâtre, à supposer, justement, qu'il ait des « heures perdues ». En ce qui concerne cependant
les *juifs*, ce peuple par excellence de l'art de l'adaptation, il serait
tentant, dans cette ligne de pensée, de les considérer comme ayant
été dès le départ une sorte d'organisation historique et universelle
pour l'élevage des comédiens, une véritable matrice à comédiens ;

et de fait la question est vraiment d'actualité : quel bon comédien, aujourd'hui, n'est *pas* – juif ? Mais c'est aussi comme homme de lettres, comme dominant dans les faits la presse européenne, que le juif exerce ce pouvoir bien à lui, en se fondant sur ses capacités de comédien : car l'homme de lettres est par essence comédien, – il joue en effet « l'expert », le « spécialiste ». – Enfin, il y a les *femmes* : que l'on réfléchisse à toute l'histoire des femmes, – ne *doivent*-elles pas avant tout et par-dessus tout être des comédiennes ? Écoutons les médecins qui ont hypnotisé ces jeunes dames ; et après tout, aimons-les, – laissons-les nous « hypnotiser » ! Qu'en résultera-t-il invariablement ? Qu'elles « se donnent un rôle », y compris quand elles – se donnent…. La femme est tellement artiste…

§ 368

Le cynique parle. – Mes objections contre la musique de Wagner sont des objections physiologiques. À quoi bon encore les dissimuler sous des objections d'ordre esthétique ? […] Qu'*attend* véritablement toute ma chair, en général, de la musique ? Je crois que c'est son *allègement* : comme si toutes les fonctions animales devaient être accélérées par des rythmes légers, hardis, turbulents, sûrs d'eux ; comme si la vie d'airain et de plomb devait être recouverte par les ors d'harmonies bonnes et tendres. Ma mélancolie veut se reposer dans les recoins et les profondeurs de la *perfection* : voilà pourquoi j'ai besoin de la musique. Que m'importe le drame ! Que m'importent les spasmes de ses extases morales, qui satisfont le « peuple » ! Que m'importe toute la gesticulation abracadabrantesque du comédien !… On le devine, je suis d'une nature foncièrement anti-théâtrale, – mais Wagner, à l'inverse, était foncièrement un homme de théâtre et un comédien, le mimomane le plus enthousiaste qu'il se pût trouver, y compris en tant que musicien !… Et, soit dit en passant : si la théorie de Wagner était que « le drame est le but, dont la musique n'est jamais que le moyen », – sa *praxis*, au contraire, était, du début à la fin, « l'attitude est le but, le drame ainsi que la musique n'*en* sont jamais que les moyens ». La musique comme moyen pour rendre plus expressif, pour renforcer, pour intérioriser la gestuelle dramatique et la sensibilité du comédien ; et le drame wagnérien comme simple prétexte à toujours plus d'attitudes dramatiques ! Il avait, en plus des autres instincts, l'instinct dominant du grand comédien, en absolument toutes choses, et, comme je l'ai déjà dit, aussi en tant que musicien. – Voilà ce que j'ai expliqué un jour, non sans quelque effort, à un wagnérien pur et dur ; et j'avais des raisons d'ajouter encore : « soyez donc un peu plus honnête envers vous-même : nous ne sommes donc pas au théâtre ! Au théâtre, on n'est honnête qu'en tant que masse ; comme individu on ment et on se ment. Lorsqu'on va au théâtre, on se laisse soi-même à la maison, on renonce à son droit à avoir sa propre parole et son propre jugement, on renonce à son goût, on renonce au courage lui-même, celui que l'on a et que l'on exerce envers l'homme et envers Dieu quand on est chez soi entre ses quatre murs. Au théâtre, personne n'amène les sens les plus subtils de son art, pas même l'artiste qui travaille pour le théâtre : on y vient comme peuple, public, troupeau, femme, pharisien, bétail électoral, démocrate, prochain, congénère, la conscience la plus personnelle s'y soumet au charme nivelant du "plus grand nombre", la bêtise y agit comme lascivité et contagion, ici règne le "voisin", et on *devient* le voisin… » (j'ai oublié de raconter ce que mon wagnérien éclairé avait opposé à mes objections physiologiques : « ainsi, au fond, vous n'êtes pas en assez bonne santé pour notre musique ? » –).

Traduction Matthieu HAUMESSER

ROGER CAILLOIS
(1913-1978)

LES JEUX ET LES HOMMES

Publié en 1958, *Les jeux et les hommes* est un ouvrage qui se situe aux limites de la sociologie, de l'anthropologie et de la philosophie. Il s'inscrit dans la lignée des premiers travaux de Caillois sur le mythe (*Le mythe et l'homme*, 1938) et le sacré (*L'homme et le sacré*, 1939). Il est aussi très proche de la pensée de Georges Bataille (avec qui Caillois avait fondé et animé le «Collège de sociologie» à la fin des années 1930). Loin de considérer le jeu comme un divertissement gratuit, Caillois montre qu'il est un révélateur extrêmement efficace des ressorts de la culture. En effet, il constitue un espace coupé de la réalité où les instincts les plus profonds d'une société peuvent se décharger librement – et donc plus purement et fortement. En particulier, Caillois montre que le jeu théâtral est une des manifestations privilégiées d'un instinct fondamental de simulacre et d'imitation, qu'il désigne par le terme de *mimicry*. L'enjeu des extraits ici présentés est de situer cette *mimicry* par rapport à trois autres instincts révélés par la classification des jeux : l'*agôn* (la compétition), l'*alea* (le recours au hasard), et l'*ilinx* (le vertige). Plus précisément, il s'agit de faire apparaître la conjonction entre *mimicry* et *ilinx* comme le trait fondamental des sociétés dites « primitives » – et d'interpréter l'emploi qui y est presque uniformément fait des masques –, alors que les sociétés plus civilisées sont plutôt réglées par la conjonction de l'*agôn* et de l'*alea*.

Mimicry. – Tout jeu suppose l'acceptation temporaire, sinon d'une illusion (encore que ce dernier mot ne signifie pas autre chose qu'entrée en jeu : *in-lusio*), du moins d'un univers clos, conventionnel et, à certains égards, fictif. Le jeu peut consister, non pas à déployer une activité ou à subir un destin dans un milieu imaginaire, mais à devenir soi-même un personnage illusoire et à se conduire en conséquence. On se trouve alors en face d'une série variée de manifestations qui ont pour caractère commun de reposer sur le fait que le sujet joue à croire, à se faire croire ou à faire croire aux autres qu'il est un autre que lui-même. Il oublie, déguise, dépouille passagèrement sa personnalité pour en feindre une autre. Je choisis de désigner ces manifestations par le terme de *mimicry*, qui nomme en anglais le mimétisme, notamment des insectes, afin de souligner la nature fondamentale et élémentaire, quasi organique, de l'impulsion qui les suscite.

Le monde des insectes apparaît en face du monde humain comme la solution la plus divergente que fournisse la nature. Ce monde est opposé terme à terme à celui de l'homme, mais il est non moins élaboré, complexe et surprenant. Aussi me semble-t-il légitime de prendre ici en considération les phénomènes de mimétisme dont les insectes présentent les plus troublants exemples. En effet, à une conduite libre de l'homme, versatile, arbitraire, imparfaite et qui surtout aboutit à une œuvre extérieure, correspond chez l'animal, et plus particulièrement chez l'insecte, une modification organique, fixe, absolue qui marque l'espèce et qu'on voit infiniment et exactement reproduite de génération en génération chez des milliards d'individus : par exemple, les castes des fourmis et des termites en face de la lutte des classes, les dessins des ailes des papillons en face de l'histoire de la peinture. Pour peu qu'on admette cette hypothèse, sur la témérité de laquelle je ne nourris aucune illusion, l'inexplicable mimétisme des insectes fournit soudain une extraordinaire réplique au goût de l'homme de se déguiser, de se travestir, de porter un masque, de *jouer un personnage*. Seulement, cette fois, le masque, le travesti fait partie du corps, au lieu d'être un accessoire fabriqué. Mais, dans les deux cas, il sert exactement aux mêmes fins : changer l'apparence du porteur et faire peur aux autres. Chez les vertébrés, la tendance à imiter se traduit d'abord par une contagion toute physique, quasi irrésistible, analogue à la contagion du bâillement, de la course, de la claudication, du sourire et surtout du mouvement. Hudson a cru pouvoir affirmer que spontanément un jeune animal « suit tout objet qui s'éloigne, fuit tout objet qui s'approche ». À ce point qu'un agneau sursaute et se sauve si sa mère se retourne et se dirige vers lui, sans la reconnaître, alors qu'il emboîte le pas à l'homme, au chien, au cheval qu'il voit s'éloigner. Contagion et imitation ne sont pas encore simulacre, mais elles le rendent possible et font naître l'idée, le goût de la mimique. Chez les oiseaux, cette tendance aboutit aux parades nuptiales, aux cérémonies et exhibitions vaniteuses auxquelles, suivant les cas, mâles ou femelles se livrent avec une rare application et un évident plaisir. Quant aux crabes oxyrhynques qui plantent sur leur carapace toute algue ou polype qu'ils peuvent saisir, leur aptitude au déguisement, quelle que soit l'explication qu'elle reçoive, ne laisse pas de place au doute.

Mimique et travesti sont ainsi les ressorts complémentaires de cette classe de jeux. Chez l'enfant, il s'agit d'abord d'imiter l'adulte. D'où le succès des panoplies et des jouets miniatures qui reproduisent les outils, les engins, les armes, les machines dont se servent les grandes personnes. La fillette joue à la maman, à la cuisinière, à la blanchisseuse, à la repasseuse ; le garçon feint d'être un soldat, un mousquetaire, un agent de police, un pirate, un cowboy, un martien, etc. Il fait l'avion en étendant les bras et en faisant le bruit du moteur. Mais les conduites de *mimicry* débordent largement de l'enfance dans la vie adulte. Elles couvrent également tout divertissement auquel on se livre, masqué ou travesti, et qui consiste dans le fait même que le joueur est masqué ou travesti et dans ses conséquences. Enfin il est clair que la représentation théâtrale et l'interprétation dramatique entrent de droit dans ce groupe.

Le plaisir est d'être autre ou de se faire passer pour un autre. Mais, comme il s'agit d'un jeu, il n'est pas essentiellement question de tromper le spectateur. L'enfant qui joue au train peut bien refuser le baiser de son père en lui disant qu'on n'embrasse pas les loco-motives, il ne cherche pas à lui faire croire qu'il est une vraie locomotive. Au carnaval, le masque ne cherche pas à faire croire qu'il est un vrai marquis, un vrai toréador, un vrai Peau-Rouge, il cherche à faire peur et à mettre à profit la licence ambiante, elle-même résultat du fait que le masque dissimule le personnage social et libère la personnalité véritable. L'acteur non plus ne cherche pas à faire croire qu'il est « pour de vrai » Lear ou Charles Quint. Ce sont l'espion et le fugitif qui se déguisent pour tromper réellement, parce que, eux, ne jouent pas.

[…] À l'exception d'une seule, la *mimicry* présente toutes les caractéristiques du jeu : liberté, convention, suspension du réel, espace et temps délimités. Toutefois la soumission continue à des règles impératives et précises ne s'y laisse pas constater. […] La dissimulation de la réalité, la simulation d'une réalité seconde en tiennent lieu. La *mimicry* est invention incessante. La règle du jeu est unique : elle consiste pour l'acteur à fasciner le spectateur, en évitant qu'une faute conduise celui-ci à refuser l'illusion ; elle consiste pour le spectateur à se prêter à l'illusion sans récuser de prime abord le décor, le masque, l'artifice auquel on l'invite à ajouter foi, pour un temps donné, comme un réel plus réel que le réel. […]

DE LA TURBULENCE À LA RÈGLE

Les règles sont inséparables du jeu sitôt que celui-ci acquiert ce que j'appellerai une existence institutionnelle. À partir de ce moment, elles font partie de sa nature. Ce sont elles qui le trans-forment en instrument de culture fécond et décisif. Mais il reste qu'à la source du jeu réside une liberté première, besoin de détente et tout ensemble distraction et fantaisie. Cette liberté en est le moteur indispensable et elle demeure à l'origine de ses formes les plus complexes et les plus strictement organisées. Pareille puissance primaire d'improvisation et d'allégresse, que je nomme *paidia*, se conjugue avec le goût de la difficulté gratuite, que je propose d'appeler *ludus*, pour aboutir aux différents jeux auxquels une vertu civilisatrice peut être attribuée sans exagération. Ils illustrent, en effet, les valeurs morales et intellectuelles d'une culture. Ils contribuent en outre à les préciser et à les développer.

[…] Quelles peuvent être l'extension et la signification du terme de *paidia* ? Je le définirai, quant à moi, comme le vocable qui embrasse les manifestations spontanées de l'instinct de jeu : le chat empêtré dans une pelote de laine, le chien qui s'ébroue, le nourrisson qui rit à son hochet, représentent les premiers exemples identifiables de cette sorte d'activité. Elle intervient dans toute exubérance heureuse que traduit une agitation immédiate et désordonnée, une récréation primesautière et détendue, volontiers excessive, dont le caractère impromptu et déréglé demeure l'essentiel, sinon l'unique raison d'être. De la galipette au gribouillis, de la chamaille au tintamarre, il ne manque pas d'illustrations parfaitement claires de semblables prurits de mouvements, de couleurs ou de bruits.

Ce besoin élémentaire d'agitation et de vacarme apparaît d'abord comme impulsion de toucher à tout, de saisir, de goûter, de flairer, puis de laisser tomber tout objet accessible. Il devient volontiers goût de détruire ou de briser. Il explique le plaisir de couper sans fin du papier avec des ciseaux, de mettre de l'étoffe en charpie, de faire s'écrouler un assemblage, de traverser une file, d'apporter le désordre dans le jeu ou l'occupation des autres, etc. Bientôt vient l'envie de mystifier ou de défier, en tirant la langue, en faisant des grimaces, en faisant semblant de toucher ou de jeter l'objet interdit. Il s'agit pour l'enfant de s'affirmer, de se sentir *cause*, de forcer les autres à lui prêter attention. De cette manière, K. Groos rapporte le cas d'un singe qui prenait plaisir à tirer la queue d'un chien qui cohabitait avec lui, chaque fois que celui-ci faisait mine de s'endormir. La joie primitive de détruire et de renverser a été notamment été observée chez un singe capucin, par la sœur de C.J. Romanes, avec une précision de détails des plus significative [1]. [...]

En général, les premières manifestations de la *paidia* n'ont pas de nom et ne sauraient en avoir, précisément parce qu'elles demeurent en deçà de toute stabilité, de tout signe distinctif, de toute existence nettement différenciée, qui permettrait au vocabulaire de consacrer leur autonomie par une dénomination spécifique. Mais aussitôt qu'apparaissent les conventions, les techniques, les ustensiles, apparaissent avec eux les premiers jeux caractérisés : saute-mouton, cache-cache, le cerf-volant, le toton, la glissade, colin-maillard, la poupée. Ici, commencent à bifurquer les voies contradictoires de l'*agôn*, de l'*alea*, de la *mimicry*, de l'*ilinx*. Ici, intervient également le plaisir qu'on éprouve à résoudre une difficulté créée, à dessein, arbitrairement définie, telle, enfin, que le fait d'en venir à bout n'apporte aucun autre avantage que le contentement intime de l'avoir résolue.

Ce ressort, qui est proprement le *ludus*, se laisse lui aussi déceler dans les différentes catégories de jeux, sauf dans ceux qui reposent intégralement sur une pure décision du sort. Il apparaît comme le complément et comme l'éducation de la *paidia*, qu'il discipline et qu'il enrichit. Il fournit l'occasion d'un entraînement et aboutit normalement à la conquête d'une habileté déterminée, à l'acquisition d'une maîtrise particulière, dans le maniement de tel ou tel appareil ou dans l'aptitude à découvrir une réponse satisfaisante à des problèmes d'ordre strictement conventionnel. [...]

Agôn et *alea*, dans cet univers, occupent le domaine de la règle. Sans règle, il n'est ni compétitions ni jeux de hasard. À l'autre pôle, *mimicry* et *ilinx* supposent également un monde déréglé où le joueur improvise constamment, se confiant à une fantaisie jaillissante ou à

---

1. Observation [N.d.E. : tirée de C.J. Romanes, *Intelligence des Animaux*, Paris, F. Alcan, 1889, t. II, p. 240-241] citée par K. Groos, *Les Jeux des animaux*, trad. fr. A. Dirr et A. Van Gennep, Paris, F. Alcan, 1902, p. 88-89.

une inspiration souveraine, qui ni l'une ni l'autre ne reconnaissent de code. Tout à l'heure, dans l'*agôn*, le joueur faisait fond sur sa volonté, tandis qu'il y renonçait dans l'*alea*. Maintenant, la *mimicry* suppose de la part de qui s'y livre la conscience de la feinte et du simulacre, tandis que le propre du vertige et de l'extase est d'abolir toute conscience. Autrement dit, dans la simulation, on remarque une sorte de dédoublement de la conscience de l'acteur entre sa propre personne et le rôle qu'il joue ; dans le vertige, au contraire, il y a désarroi et panique, sinon éclipse absolue de la conscience. Mais une situation fatale est créée par le fait que le simulacre, par lui-même, est générateur de vertige et le dédoublement, source de panique. Feindre d'être un autre aliène et transporte. Porter un masque enivre et affranchit. De sorte que, dans ce domaine dangereux où la perception chavire, la conjonction du masque et de la transe est entre toutes redoutable. Elle provoque de tels accès, elle atteint de tels paroxysmes que le monde réel se trouve passagèrement anéanti dans la conscience hallucinée du possédé.

Les combinaisons de l'*alea* et de l'*agôn* sont un libre jeu de la volonté à partir de la satisfaction qu'on éprouve à vaincre une difficulté arbitrairement conçue et volontairement acceptée. L'alliance de la *mimicry* et de l'*ilinx* ouvre la porte à un déchaînement inexpiable, total, qui, dans ses formes les plus nettes, apparaît comme le contraire du jeu, je veux dire comme une métamorphose indicible des conditions de la vie : l'épilepsie ainsi provoquée, parce qu'elle est sans repère concevable, semble l'emporter d'aussi loin en autorité, en valeur et en intensité sur le monde réel, que le monde réel l'emporte sur les activités formelles et juridiques, d'avance protégées, que constituent les jeux soumis aux règles complémentaires de l'*agôn* et de l'*alea* et qui sont, eux, entièrement repérés. L'alliance du simulacre et du vertige est si puissante, si irrémédiable qu'elle appartient à la sphère du sacré et qu'elle fournit peut-être un des ressorts principaux du mélange d'épouvante et de fascination qui le définit.

La vertu d'un tel sortilège me paraît invincible, au point que je ne m'étonne pas qu'il ait fallu des millénaires à l'homme pour s'affranchir du mirage. Il y a gagné d'accéder à ce qu'on nomme communément la civilisation. Je crois l'avènement de celle-ci la conséquence d'un pari à peu près analogue partout et qui n'en a pas moins été risqué dans des conditions partout différentes. Je m'efforcerai [ici] de conjecturer les grandes lignes de cette révolution décisive. À la fin, et par un biais imprévu, je tâcherai de déterminer comment s'est produit le divorce, la fissure qui a secrètement condamné la conjuration du vertige et du simulacre, que presque tout faisait croire d'une inébranlable permanence. [...]

LE MASQUE ET LA TRANSE

Un des mystères principaux de l'ethnographie réside manifestement dans l'emploi général des masques dans les sociétés primitives. Une extrême et religieuse importance est partout attachée à ces instruments de métamorphose. Ils apparaissent dans la fête, interrègne de vertige, d'effervescence et de fluidité, où tout ce qu'il y a d'ordre dans le monde est passagèrement aboli pour en ressortir revivifié. Les masques, toujours fabriqués en secret et, après usage, détruits ou cachés, transforment les officiants en Dieux, en Esprits, en Animaux-Ancêtres, en toutes sortes de forces surnaturelles terrifiantes et fécondantes.

À l'occasion d'un vacarme et d'un brouhaha sans limite, qui se nourrissent d'eux-mêmes et qui tirent leur valeur de leur démesure, l'action des masques est censée revigorer, rajeunir, ressusciter à la fois la nature et la société. L'irruption de ces fantômes est celle des puissances que l'homme redoute et sur lesquelles il ne se sent pas de prise. Il incarne alors, temporairement, les puissances effrayantes, il les mime, il s'identifie à elles, et bientôt aliéné, en proie au délire, il se croit véritablement le dieu dont il s'est d'abord appliqué à prendre l'apparence au moyen d'un déguisement savant ou puéril.

La situation est retournée : c'est lui qui fait peur, c'est lui la puissance terrible et inhumaine. Il lui a suffi de mettre sur son visage le masque qu'il a lui-même fabriqué, de revêtir le costume qu'il a cousu à la ressemblance supposée de l'être de sa révérence et de sa crainte, de produire le vrombissement inconcevable à l'aide de l'instrument secret, du rhombe, dont il a appris, seulement depuis l'initiation, l'existence, l'aspect, le maniement et la fonction. Il ne le connaît inoffensif, familier, tout humain, que depuis qu'il l'a entre ses mains et qu'il s'en sert à son tour pour épouvanter. C'est ici la victoire de la feinte : la simulation aboutit à une possession qui, elle, n'est pas simulée. Après le délire et la frénésie qu'elle provoque, l'acteur émerge de nouveau à la conscience dans un état d'hébétude et d'épuisement qui ne lui laisse qu'un souvenir confus, ébloui, de ce qui s'est passé en lui, sans lui.

Le groupe est complice de ce haut mal, de ces convulsions sacrées. Lors de la fête, la danse, la cérémonie, la mimique ne sont qu'une entrée en matière. Le prélude inaugure une excitation qui, ensuite, ne sait que grandir. Le vertige se substitue alors au simulacre. Comme en avertit la Cabbale, à jouer au fantôme, on le devient. Sous peine de mort, les enfants, les femmes ne doivent pas assister à la confection des masques, des déguisements rituels et des divers engins qui sont ensuite utilisés pour les terrifier. Mais comment ne sauraient-ils pas qu'il n'y a là que mascarade et fantasmagorie où se dissimulent leurs propres parents ? Ils s'y prêtent pourtant, car la règle sociale consiste à s'y prêter. En outre, ils s'y prêtent sincèrement, car ils imaginent, comme d'ailleurs les officiants eux-mêmes, que ces derniers sont transformés, possédés, en proie aux puissances qui les habitent. Pour pouvoir s'abandonner à des esprits qui existent seulement dans leur croyance et pour en éprouver soudain la saisie brutale, les interprètes doivent les appeler, les susciter, se pousser *eux-mêmes* à la débâcle finale qui permet l'intrusion insolite. À cette fin, ils usent de mille artifices dont aucun ne leur paraît suspect : jeûne, drogues, hypnose, musique monotone ou stridente, tintamarre, paroxysmes de bruit et d'agitation; ivresses, clameurs et saccades conjuguées.

La fête, la dilapidation des biens accumulés durant un long intermède, le dérèglement devenu règle, toutes normes inversées par la présence contagieuse des masques, font du vertige partagé le point culminant et le lien de l'existence collective. Il apparaît comme le fondement dernier d'une société au demeurant peu consistante. Il renforce une cohérence fragile qui, morne et de peu de portée, se maintiendrait difficilement s'il n'y avait cette explosion périodique qui rapproche, rassemble et fait communier des individus absorbés, le reste du temps, par leurs préoccupations domestiques et par des soucis quasi exclusivement privés. Ces préoccupations quotidiennes n'ont guère de répercussions immédiates sur une association rudimentaire où la division du travail est à peu près inconnue et où, par conséquent, chaque famille est accoutumée de pourvoir à sa subsistance avec une autonomie presque entière. Les Masques sont le vrai lien social.

L'irruption de ces spectres, les transes, les frénésies qu'ils propagent, l'ivresse d'avoir peur ou de faire peur, si elles trouvent dans la fête l'époque où elles réussissent à plein, ne sont pas absentes pour autant de la vie ordinaire. Les institutions politiques ou religieuses reposent fréquemment sur le prestige engendré par une fantasmagorie aussi bouleversante. Les initiés souffrent de sévères privations, endurent de pénibles souffrances, s'offrent à de très cruelles épreuves, pour obtenir le rêve, l'hallucination, le spasme où ils auront la révélation de leur esprit tutélaire. Ils en reçoivent une onction indélébile. Ils sont assurés de pouvoir compter désormais sur une protection qu'ils estiment et qu'on estime, autour d'eux, infaillible, surnaturelle, entraînant pour le sacrilège une paralysie incurable.

Dans le détail, les croyances varient sans doute à l'infini. On les constate innombrables, inimaginables. Presque toutes, cependant, à des degrés divers, présentent la même complicité étonnante du simulacre et du vertige, l'un conduisant à l'autre. À n'en pas douter, c'est un ressort identique qui joue sous la diversité des mythes et des rituels, des légendes et des liturgies. Une connivence monotone, pour peu qu'on s'y arrête, se fait jour inlassablement.

Une illustration frappante en est fournie par les faits réunis sous le nom de shamanisme. On sait qu'on désigne ainsi un phénomène complexe, mais bien articulé et facilement identifiable, dont les manifestations les plus significatives ont été constatées en Sibérie, plus généralement sur le pourtour arctique. On le retrouve également le long des rivages du Pacifique, particulièrement dans le Nord-Ouest américain, chez les Araucans et en Indonésie [1]. Quelles que soient les différences locales, il consiste toujours en une crise violente, une perte provisoire de conscience au cours de laquelle le shaman devient réceptacle d'un ou de plusieurs esprits. Il accomplit alors dans l'autre monde un voyage magique qu'il raconte et qu'il mime. Suivant les cas, l'extase est obtenue par des narcotiques, par un champignon hallucinant (l'agaric), par le chant et l'agitation convulsive, par le tambour, par le bain de vapeur, par les fumées de l'encens ou du chanvre ou encore par l'hypnose, en fixant les flammes du foyer jusqu'à l'étourdissement.

Lors de l'initiation, les Esprits dépècent le corps du shaman, puis le reconstituent, en y introduisant de nouveaux os et de nouveaux viscères. Le personnage s'en trouve aussitôt habilité pour parcourir l'au-delà. Pendant que sa dépouille gît inanimée, il visite le monde céleste et le monde souterrain. Il rencontre dieux et démons. Il ramène de leur fréquentation ses pouvoirs et sa clairvoyance magiques. Lors des séances, il renouvelle ses voyages. Pour l'*ilinx*, les transes dont il est la proie vont souvent jusqu'à la catalepsie réelle. Quant à la *mimicry*, elle apparaît dans la pantomime à laquelle se livre le possédé. Il imite le cri et le compor-

---

1. Pour la description du shamanisme, j'ai utilisé l'ouvrage de Mircea Eliade, *Le Chamanisme et les techniques archaïques de l'extase*, Paris, Payot, 1950, où l'on trouvera un exposé remarquablement complet des faits dans les diverses parties du monde.

tement des animaux surnaturels qui s'incarnent en lui : il rampe par terre comme le serpent, rugit et court à quatre pattes comme le tigre, simule la plongée du canard ou agite ses bras comme l'oiseau ses ailes. Son costume marque sa transformation : il utilise assez rarement des masques animaux, mais les plumes et la tête d'aigle ou de hibou, dont il s'affuble, lui permettent le vol magique qui l'enlève au firmament. Alors, malgré un habit qui pèse jusqu'à quinze kilos à cause des ornements de fer qui y sont cousus, il saute en l'air pour montrer qu'il vole très haut. Il crie qu'il voit une grande partie de la terre. Il raconte et représente les aventures qui lui arrivent dans l'autre monde. Il fait les gestes de la lutte qu'il soutient contre les mauvais esprits. Sous terre, dans le royaume des Ténèbres, il a si froid qu'il grelotte et frissonne. Il demande un manteau à l'Esprit de sa mère : un assistant lui en jette un. D'autres spectateurs tirent des étincelles de silex entrechoqués. Elles produisent, elles *sont* les éclairs qui guident le voyageur magique dans l'obscurité des contrées infernales.

[…] Tout est représentation. Tout est aussi vertige, extase, transes, convulsions et, pour l'officiant, perte de conscience et amnésie finale, car il est convenable qu'il ignore ce qui lui est arrivé ou ce qu'il a hurlé au cours de l'accès. En Sibérie, la destination ordinaire d'une séance de shamanisme est la guérison d'un malade. Le shaman part à la recherche de l'âme de celui-ci, égarée, dérobée ou retenue par quelque démon. Il narre, il joue les péripéties de la reconquête du principe vital ravi à son possesseur. Il le lui ramène enfin triomphalement. Une autre technique consiste à extraire par succion le mal du corps du patient. Le shaman s'approche et, en état de transe, applique ses lèvres à l'endroit que les Esprits ont désigné comme le siège de l'infection. Bientôt, il extrait celle-ci, produisant soudain un caillou, un ver, un insecte, une plume, un morceau de fil blanc ou noir qu'il montre à la ronde, qu'il maudit, qu'il chasse à coups de pied ou qu'il enterre dans un trou. Il arrive que les assistants se rendent parfaitement compte que le shaman prend soin, avant la cure, de dissimuler dans sa bouche l'objet qu'il exhibe ensuite, ayant feint de le tirer de l'organisme du malade. Mais ils l'acceptent, disant que ces objets servent seulement de piège ou de support pour saisir, pour fixer le poison. Il est possible, sinon probable, que le magicien partage cette croyance.

[…] Il n'importe : l'essentiel n'est pas de doser les parts, sans doute très variables, de la feinte préméditée et du transport réel, mais de constater l'étroite et comme inévitable connivence du vertige et de la mimique, de l'extase et du simulacre. Cette connivence, au reste, n'est nullement l'apanage du shamanisme. On la retrouve, par exemple, dans les phénomènes de possession, originaires d'Afrique et répandus au Brésil et dans les Antilles, qui sont connus sous le nom de vaudou. Là encore, les techniques d'extase utilisent les rythmes du tambour et l'agitation contagieuse. Soubresauts et saccades indiquent le départ de l'âme. Des changements de visage et de voix, la sueur, la perte de l'équilibre, des spasmes, la pâmoison et la rigidité cadavérique précèdent une amnésie véritable ou affectée.

[…] On se trouve ramené au problème général posé par le port du masque. Il s'accompagne aussi d'expériences de possession, de communion avec les ancêtres, les esprits et les dieux. Il provoque chez son porteur une exaltation passagère et lui fait croire qu'il subit quelque transformation décisive. En tout cas, il favorise le débordement des instincts, l'invasion des forces redoutées et invincibles. Sans doute, le porteur n'est pas dupe au début, mais il cède rapidement à l'ivresse qui le transporte. La conscience fascinée, il s'abandonne complètement au désarroi suscité en lui par sa propre mimique. « L'individu ne se connaît plus, écrit Georges Buraud, un cri monstrueux sort de sa gorge, le cri de la bête ou du dieu, clameur surhumaine, pure émanation de la force de combat, de la passion génésiaque, des pouvoirs magiques sans bornes dont il se croit, dont il est, en cet instant, habité » [1]. Et d'évoquer l'attente ardente des masques dans le bref crépuscule africain, le battement hypnotique du tam-tam, puis la ruée furieuse des fantômes, leurs enjambées gigantesques quand, montés sur des échasses, ils accourent au-dessus des hautes herbes, dans une rumeur terrifiante de bruits insolites : sifflements, râles et vrombissements des rhombes.

Il n'y a pas seulement un vertige né d'une participation aveugle, effrénée et sans but, aux énergies cosmiques, une épiphanie fulgurante de divinités bestiales qui rentrent aussitôt dans leurs ténèbres. Il y a aussi l'ivresse simple de répandre l'épouvante et l'angoisse. Surtout, ces apparitions de l'au-delà agissent comme premier rouage de gouvernement : le masque est institutionnel. On a signalé, chez les Dogons, par exemple, une véritable culture du masque, qui imprègne l'ensemble de la vie publique du groupe. C'est dans les sociétés d'hommes à initiation et à masques distinctifs qu'il convient, d'autre part, de chercher, à ce niveau élémentaire de l'existence collective, les débuts encore fluides du pouvoir politique. Le masque est l'instrument des confréries secrètes. Il sert à inspirer la terreur aux profanes en même temps qu'à dissimuler l'identité des affidés.

[…] Les confréries d'hommes masqués maintiennent […] la discipline sociale, de sorte qu'on peut affirmer sans exagération que vertige et simulacre, ou du moins leurs dérivés immédiats, la mimique terrifiante et l'effroi superstitieux, apparaissent de nouveau, non pas comme des éléments adventices de la culture primitive, mais véritablement comme les ressorts fondamentaux qui peuvent le mieux servir à en expliquer le mécanisme. Comment comprendre sans cela que le masque et la panique soient, comme on l'a vu, constamment présents, *et présents ensemble*, appariés inextricablement et occupant une place centrale ou dans les fêtes, paroxysmes de ces sociétés, ou dans leurs pratiques magico-

---

1. G. Buraud, *Les Masques*, Paris, Seuil, 1948, p. 101-102.

religieuses ou dans les formes encore indécises de leur appareil politique, quand ils ne remplissent pas une fonction dans ces trois domaines à la fois ?

Est-ce suffisant pour prétendre que le passage à la civilisation proprement dite implique l'élimination progressive de cette primauté de l'*ilinx* et de la *mimicry* conjugués et sa substitution par la prééminence, dans les relations sociales, du couple *agôn/alea*, compétition et chance ? Quoi qu'il en soit, cause ou conséquence, chaque fois qu'une haute culture réussit à émerger du chaos originel, on constate une semblable régression des puissances de vertige et de simulacre. Elles se trouvent alors dépossédées de leur ancienne prépondérance, repoussées à la périphérie de la vie publique, réduites à des rôles de plus en plus modestes et intermittents, sinon clandestins et coupables, ou encore confinées dans le domaine limité ou réglé des jeux et de la fiction, où elles apportent aux hommes les mêmes et éternelles satisfactions, mais jugulées et ne servant plus qu'à les distraire de leur ennui ou à les reposer de leur labeur, cette fois sans démence ni délire.

importante de l'histoire de l'art. Ce Primitif s'appelle Lucas van den Leyden et il rend à mon sens inutiles et non avenus les quatre ou cinq cents ans de peinture qui sont venus après lui. La toile dont je parle s'intitule *les Filles de Loth*, sujet biblique de mode à cette époque-là. Certes on n'entendait pas, au Moyen Âge, la Bible comme nous l'entendons aujourd'hui, et cette toile est un exemple étrange des déductions mystiques qui peuvent en être tirées. Son pathétique en tout cas est visible même de loin, il frappe l'esprit par une sorte d'harmonie visuelle foudroyante, je veux dire dont l'acuité agit tout entière et se rassemble dans un seul regard. Même avant d'avoir pu voir de quoi il s'agit, on sent qu'il se passe là quelque chose de grand, et l'oreille, dirait-on, en est émue en même temps que l'œil. Un drame d'une haute importance intellectuelle, semble-t-il, se trouve ramassé là comme un rassemblement brusque de nuages que le vent, ou une fatalité beaucoup plus directe, aurait amenés à mesurer leurs foudres.

[…] Une tente se dresse au bord de la mer, devant laquelle Loth, assis avec sa cuirasse et une barbe du plus beau rouge, regarde évoluer ses filles, comme s'il assistait à un festin de prostituées.

[…] Sur la gauche du tableau, et un peu en arrière-plan, s'élève à de prodigieuses hauteurs une tour noire, étayée à sa base par tout un système de rocs, de plantes, de chemins en lacets marqués de bornes, ponctués çà et là de maisons. Et par un heureux effet de perspective, un de ces chemins se dégage à un moment donné du fouillis à travers lequel il se faufilait, traverse un pont, pour recevoir finalement un rayon de cette lumière orageuse qui déborde d'entre les nuages, et asperge irrégulièrement la contrée. La mer dans le fond de la toile est extrêmement haute, et en plus extrêmement calme étant donné cet écheveau de feu qui bouillonne dans un coin du ciel.

[…] Il semble que le peintre ait eu connaissance de certains secrets concernant l'harmonie linéaire, et des moyens de la faire agir directement sur le cerveau, comme un réactif physique. En tout cas cette impression d'intelligence répandue dans la nature extérieure, et surtout dans la façon de la représenter, est visible dans plusieurs autres détails de la toile, témoin ce pont de la hauteur d'une maison de huit étages dressé sur la mer, et où des personnages, à la queue leu leu, défilent comme les Idées dans la caverne de Platon.

Prétendre que les idées qui se dégagent de ce tableau sont claires serait faux. Elles sont en tout cas d'une grandeur dont la peinture qui ne sait que peindre, c'est-à-dire toute la peinture de plusieurs siècles, nous a complètement désaccoutumés.

Il y a accessoirement, du côté de Loth et de ses filles, une idée sur la sexualité et la reproduction, avec Loth qui semble mis là pour profiter de ses filles abusivement, comme un frelon.

C'est à peu près la seule idée sociale que la peinture contienne.

Toutes les autres idées sont métaphysiques. Je regrette beaucoup de prononcer ce mot-là, mais c'est leur nom ; et je dirai même que leur grandeur poétique, leur efficacité concrète sur nous, vient de ce qu'elles sont métaphysiques, et que leur profondeur spirituelle est inséparable de l'harmonie formelle et extérieure du tableau.

Il y a encore une idée sur le Devenir que les divers détails du paysage et la façon dont ils sont peints, dont leurs plans s'annihilent ou se correspondent, nous introduisent dans l'esprit absolument comme une musique le ferait.

[...] Il y a encore une idée sur le Chaos, il y en a sur le Merveilleux, sur l'Équilibre ; il y en a même une ou deux sur les impuissances de la Parole dont cette peinture suprêmement matérielle et anarchique semble nous démontrer l'inutilité.

Je dis en tout cas que cette peinture est ce que le théâtre devrait être, s'il savait parler le langage qui lui appartient.

Et je pose une question :

Comment se fait-il qu'au théâtre, au théâtre du moins tel que nous le connaissons en Europe, ou mieux en Occident, tout ce qui est spécifiquement théâtral, c'est-à-dire tout ce qui n'obéit pas à l'expression par la parole, par les mots, ou si l'on veut tout ce qui n'est pas contenu dans le dialogue (et le dialogue lui-même considéré en fonction de ses possibilités de sonorisation sur la scène, et des *exigences* de cette sonorisation) soit laissé à l'arrière-plan ?

Comment se fait-il d'ailleurs que le théâtre occidental (je dis occidental car il y en a heureusement d'autres, comme le théâtre oriental, qui ont su conserver intacte l'idée de théâtre, tandis qu'en Occident cette idée s'est, –comme tout le reste, – *prostituée*), comment se fait-il que le théâtre occidental ne voie pas le théâtre sous un autre aspect que celui du théâtre dialogué ?

Le dialogue –chose écrite et parlée – n'appartient pas spécifiquement à la scène, il appartient au livre ; et la preuve, c'est que l'on réserve dans les manuels d'histoire littéraire une place au théâtre considéré comme une branche accessoire de l'histoire du langage articulé.

Je dis que la scène est un lieu physique et concret qui demande qu'on le remplisse, et qu'on lui fasse parler son langage concret.

Je dis que ce langage concret, destiné aux sens et indépendant de la parole, doit satisfaire d'abord les sens, qu'il y a une poésie pour les sens comme il y en a une pour le langage, et que ce langage physique et concret auquel je fais allusion n'est vraiment théâtral que dans la mesure où les pensées qu'il exprime échappent au langage articulé.

On me demandera quelles sont ces pensées que la parole ne peut exprimer et qui pourraient beaucoup mieux que par la parole trouver leur expression idéale dans le langage concret et physique du plateau ?

Je répondrai à cette question un peu plus tard. Le plus urgent me paraît être de déterminer en quoi consiste ce langage physique, ce langage matériel et solide par lequel le théâtre peut se différencier de la parole.

Il consiste dans tout ce qui occupe la scène, dans tout ce qui peut se manifester et s'exprimer matériellement sur une scène, et qui s'adresse d'abord aux sens au lieu de s'adresser d'abord à l'esprit comme le langage de la parole.

[…] Ce langage fait pour les sens doit au préalable s'occuper de les satisfaire. Cela ne l'empêche pas de développer ensuite toutes ses conséquences intellectuelles sur tous les plans possibles et dans toutes les directions. Et cela permet la substitution à la poésie du langage, d'une poésie dans l'espace qui se résoudra justement dans le domaine de ce qui n'appartient pas strictement aux mots.

Sans doute aimerait-on avoir, pour mieux comprendre ce que je veux dire, quelques exemples de cette poésie dans l'espace, capable de créer des sortes d'images matérielles, équivalant aux images des mots. On retrouvera ces exemples un peu plus loin.

Cette poésie très difficile et complexe revêt de multiples aspects : elle revêt d'abord ceux de tous les moyens d'expression utilisables sur une scène [1] comme musique, danse, plastique, pantomime, mimique, gesticulation, intonations, architecture, éclairage et décor.

Chacun de ces moyens a sa poésie à lui, intrinsèque, ensuite une sorte de poésie ironique qui provient de la façon dont il se combine avec les autres moyens d'expression ; et les conséquences de ces combinaisons, de leurs réactions et de leurs destructions réciproques, sont faciles à apercevoir.

Je reviendrai un peu plus loin sur cette poésie qui ne peut avoir toute son efficacité que si elle est concrète, c'est-à-dire si elle produit objectivement quelque chose, du fait de sa présence *active* sur la scène ; – si un son comme dans le Théâtre Balinais équivaut à un geste, et au lieu de servir de décor, d'accompagnement à une pensée, la fait évoluer, la dirige, la détruit, ou la change définitivement, etc.

---

1. Dans la mesure où ils se révèlent capables de profiter des possibilités physiques immédiates que la scène leur offre pour substituer aux formes figées de l'art des formes vivantes et menaçantes, par lesquelles le sens de la vieille magie cérémonielle peut retrouver sur le plan du théâtre une nouvelle réalité ; dans la mesure où ils cèdent à ce qu'on pourrait appeler la *tentation physique* de la scène.

Une forme de cette poésie dans l'espace, – en dehors de celle qui peut être créée par des combinaisons de lignes, de formes, de couleurs, d'objets à l'état brut, comme on en trouve dans tous les arts, – appartient au langage par signes. Et on me laissera parler un instant, j'espère, de cet autre aspect du langage théâtral pur, qui échappe à la parole, de ce langage par signes, par gestes et attitudes ayant une valeur idéographique tels qu'ils existent dans certaines pantomimes non perverties.

Par « pantomime non pervertie » j'entends la pantomime directe où les gestes au lieu de représenter des mots, des corps de phrases, comme dans notre pantomime européenne vieille de cinquante ans seulement, et qui n'est qu'une déformation des parties muettes de la comédie italienne, représentent des idées, des attitudes de l'esprit, des aspects de la nature, et cela d'une manière effective, concrète, c'est-à-dire en évoquant toujours des objets ou détails naturels, comme ce langage oriental qui représente la nuit par un arbre sur lequel un oiseau qui a déjà fermé un œil commence à fermer l'autre. Et une autre idée abstraite ou attitude d'esprit pourrait être représentée par quelques-uns des innombrables symboles de l'Écriture, exemple : le trou d'aiguille à travers lequel le chameau est incapable de passer.

On voit que ces signes constituent de véritables hiéroglyphes, où l'homme, dans la mesure où il contribue à les former, n'est qu'une forme comme une autre, à laquelle, du fait de sa nature double, il ajoute pourtant un prestige singulier.

Ce langage qui évoque à l'esprit des images d'une poésie naturelle (ou spirituelle) intense donne bien l'idée de ce que pourrait être au théâtre une poésie dans l'espace indépendante du langage articulé.

Quoi qu'il en soit de ce langage et de sa poésie, je remarque que. dans notre théâtre qui vit sous la dictature exclusive de la parole, ce langage de signes et de mimique, cette pantomime silencieuse, ces attitudes, ces gestes dans l'air, ces intonations objectives, bref tout ce que je considère comme spécifiquement théâtral dans le théâtre, tous ces éléments quand ils existent en dehors du texte, sont pour tout le monde la partie basse du théâtre, on les appelle négligemment « de l'art », et ils se confondent avec ce que l'on entend par mise en scène ou « réalisation », bien heureux quand on n'attribue pas au mot de mise en scène l'idée de cette somptuosité artistique et extérieure, qui appartient exclusivement aux costumes, aux éclairages, et au décor.

Et en opposition avec cette façon de voir, façon qui me paraît à moi tout occidentale ou plutôt latine, c'est-à-dire butée, je dirai que dans la mesure où ce langage part de la scène, où il tire son efficacité de sa création spontanée sur la scène, dans la mesure où il se bat directement avec la scène sans passer par les mots (et pourquoi n'imaginerait-on pas une pièce composée directement sur la scène, réalisée sur la scène), – c'est la mise en scène qui est le théâtre beaucoup plus que la pièce écrite et parlée. On va me demander sans doute de préciser ce qu'il y a de latin dans cette façon de voir opposée à la mienne. Ce qu'il y a de latin, c'est ce besoin de se servir des mots pour exprimer des idées qui soient claires. Car pour moi les idées claires sont, au théâtre comme partout ailleurs, des idées mortes et terminées.

L'idée d'une pièce faite de la scène directement, en se heurtant aux obstacles de la réalisation et de la scène impose la découverte d'un langage actif, actif et anarchique, où les délimitations habituelles des sentiments et des mots soient abandonnées.

En tout cas, et je m'empresse de le dire tout de suite, un théâtre qui soumet la mise en scène et la réalisation, c'est-à-dire tout ce qu'il y a en lui de spécifiquement théâtral, au texte, est un théâtre d'idiot, de fou, d'inverti, de grammairien, d'épicier, d'anti-poète et de positiviste, c'est-à-dire d'Occidental.

Je sais bien d'ailleurs que le langage des gestes et attitudes, que la danse, que la musique sont moins capables d'élucider un caractère, de raconter les pensées humaines d'un personnage, d'exposer des états de conscience clairs et précis que le langage verbal, mais qui a dit que le théâtre était fait pour élucider un caractère, pour la solution de conflits d'ordre humain et passionnel, d'ordre actuel et psychologique comme notre théâtre contemporain en est rempli ?

Étant donné le théâtre tel que nous le voyons ici on dirait qu'il ne s'agit plus dans la vie que de savoir si nous baiserons bien, si nous ferons la guerre ou si nous serons assez lâches pour faire la paix, comment nous nous accommodons de nos petites angoisses morales, et si nous prendrons conscience de nos «complexes» (ceci dit en langage savant) ou bien si nos «complexes» nous étoufferont. Il est rare d'ailleurs que le débat s'élève jusqu'au plan social et que le procès de notre système social et moral soit entrepris. Notre théâtre ne va jamais jusqu'à se demander si ce système social et moral ne serait par hasard pas inique.

Or je dis que l'état social actuel est inique et bon à détruire. Si c'est le fait du théâtre de s'en préoccuper, c'est encore plus celui de la mitraille. Notre théâtre n'est même pas capable de poser la question de la façon brûlante et efficace qu'il faudrait, mais la poserait-il qu'il sortirait encore de son objet qui est pour moi plus hautain et plus secret.

Toutes les préoccupations plus haut énumérées puent l'homme invraisemblablement, l'homme provisoire et matériel, je dirai même l'*homme-charogne*. Ces préoccupations en ce qui me concerne me dégoûtent, me dégoûtent au plus haut degré comme à peu près tout le théâtre contemporain, aussi humain qu'il est anti-poétique, et qui, trois ou quatre pièces exceptées, me paraît puer la décadence et la sanie.

Le théâtre contemporain est en décadence parce qu'il a perdu le sentiment d'un côté du sérieux et de l'autre du rire. Parce qu'il a rompu avec la gravité, avec l'efficacité immédiate et pernicieuse, – et pour tout dire avec le Danger.

Parce qu'il a perdu d'autre part le sens de l'humour vrai et du pouvoir de dissociation physique et anarchique du rire.

Parce qu'il a rompu avec l'esprit d'anarchie profonde qui est à la base de toute poésie.

Il faut bien admettre que tout dans la destination d'un objet, dans le sens ou dans l'utilisation d'une forme naturelle, tout est affaire de convention.

La nature quand elle a donné à un arbre la forme d'un arbre aurait tout aussi bien pu lui donner la forme d'un animal ou d'une colline, nous aurions pensé *arbre* devant l'animal ou la colline, et le tour aurait été joué.

Il est entendu qu'une jolie femme a une voix harmonieuse ; si nous avions entendu depuis que le monde est monde toutes les jolies femmes nous appeler à coups de trompe et nous saluer de barrissements, nous aurions pour l'éternité associé l'idée de barrissement à l'idée de jolie femme, et une partie de notre vision interne du monde en aurait été radicalement transformée.

On comprend par là que la poésie est anarchique dans la mesure où elle remet en cause toutes les relations d'objet à objet et des formes avec leurs significations. Elle est anarchique aussi dans la mesure où son apparition est la conséquence d'un désordre qui nous rapproche du chaos.

Je n'en donnerai pas de nouveaux exemples. On pourrait les multiplier à l'infini et pas seulement avec des exemples humoristiques comme ceux dont je viens de me servir.

Théâtralement ces inversions de formes, ces déplacements de significations pourraient devenir l'élément essentiel de cette poésie humoristique et dans l'espace qui est le fait de la mise en scène exclusivement.

Dans un film des Marx Brothers un homme croyant recevoir dans ses bras une femme, reçoit dans ses bras une vache, qui pousse un mugissement. Et, par un concours de circonstances sur lequel il serait trop long d'insister, ce mugissement, à ce moment-là, prend une dignité intellectuelle égale à celle de n'importe quel cri de femme.

Une telle situation qui est possible au cinéma n'est pas moins possible au théâtre telle quelle : il suffirait de peu de chose, et par exemple de remplacer la vache par un mannequin animé, une sorte de monstre doué de la parole, ou d'un homme déguisé en animal, pour retrouver le secret d'une poésie objective à base d'humour, à laquelle a renoncé le théâtre, qu'il a abandonnée au music-hall et dont le cinéma ensuite a tiré parti.

J'ai parlé tout à l'heure de danger. Or ce qui me paraît devoir le mieux réaliser à la scène cette idée de danger est l'imprévu objectif, l'imprévu non dans les situations mais dans les choses, le passage intempestif, brusque, d'une image pensée à une image vraie ; et par exemple qu'un homme qui blasphème voie se matérialiser brusquement devant lui en traits réels l'image de son blasphème (à condition toutefois, ajouterai-je, que cette image ne soit pas entièrement gratuite, qu'elle donne naissance à son tour à d'autres images de la même veine spirituelle, etc.).

Un autre exemple serait l'apparition d'un Être inventé, fait de bois et d'étoffe, créé de toutes pièces, ne répondant à rien, et cependant inquiétant par nature, capable de réintroduire sur la scène un petit souffle de cette grande peur métaphysique qui est à la base de tout le théâtre ancien.

Les Balinais avec leur dragon inventé, comme tous les Orientaux, n'ont pas perdu le sens de cette peur mystérieuse dont ils savent qu'elle est un des éléments les plus agissants (et d'ailleurs essentiel) du théâtre, quand on le remet à son véritable plan.

C'est que la vraie poésie, qu'on le veuille ou non, est métaphysique et c'est même, dirai-je, sa portée métaphysique, son degré d'efficacité métaphysique qui en fait tout le véritable prix.

Voilà la deuxième ou la troisième fois que je m'adresse ici à la métaphysique. Je parlais tout à l'heure, à propos de la psychologie, d'idées mortes et je sens que beaucoup seront tentés de me dire que s'il y a au monde une idée inhumaine, une idée inefficace et morte et qui ne dit que peu de chose, même à l'esprit, c'est bien celle de la métaphysique.

Cela tient, comme dit René Guénon, « à notre façon purement occidentale, à notre façon antipoétique et tronquée de considérer les principes (en dehors de l'état spirituel énergique et massif qui leur correspond) » *.

Dans le théâtre oriental à tendances métaphysiques opposé au théâtre occidental à tendances psychologiques, tout cet amas compact de gestes, de signes, d'attitudes, de sonorités, qui constitue le langage de la réalisation et de la scène, ce langage qui développe toutes ses conséquences physiques et poétiques sur tous les plans de la conscience et dans tous les sens, entraîne nécessairement la pensée à prendre des attitudes profondes qui sont ce que l'on pourrait appeler de la *métaphysique en activité*.

[…] Pour moi le théâtre se confond avec ses possibilités de réalisation quand on en tire les conséquences poétiques extrêmes, et les possibilités de réalisation du théâtre appartiennent tout entières au domaine de la mise en scène, considérée comme un langage dans l'espace et en mouvement.

Or tirer les conséquences poétiques extrêmes des moyens de réalisation c'est en faire la métaphysique, et je crois que nul ne s'élèvera contre cette manière de considérer la question.

Et faire la métaphysique du langage, des gestes, des attitudes, du décor, de la musique au point de vue théâtral, c'est, me semble-t-il, les considérer par rapport à toutes les façons qu'ils peuvent avoir de se rencontrer avec le temps et avec le mouvement.

Donner des exemples objectifs de cette poésie consécutive aux diverses façons que peuvent avoir un geste, une sonorité, une intonation de s'appuyer avec plus ou moins d'insistance sur telle ou telle partie de l'espace, à tel ou tel moment, me paraît aussi difficile que de communiquer avec des mots le sentiment de la qualité particulière d'un son ou du degré et de la qualité d'une douleur physique. Cela dépend de la réalisation et ne peut se déterminer que sur la scène.

* R. Guénon, *Orient et occident*, Paris, Payot, 1929, p. 25.

Il me faudrait maintenant passer en revue tous les moyens d'expression que le théâtre (ou la mise en scène qui, dans le système que je viens d'exposer se confond avec lui) contient. Cela m'entraînerait trop loin ; et j'en prendrai simplement un ou deux exemples.

D'abord le langage articulé.

Faire la métaphysique du langage articulé, c'est faire servir le langage à exprimer ce qu'il n'exprime pas d'habitude : c'est s'en servir d'une façon nouvelle, exceptionnelle et inaccoutumée, c'est lui rendre ses possibilités d'ébranlement physique, c'est le diviser et le répartir activement dans l'espace, c'est prendre les intonations d'une manière concrète absolue et leur restituer le pouvoir qu'elles auraient de déchirer et de manifester réellement quelque chose, c'est se retourner contre le langage et ses sources bassement utilitaires, on pourrait dire alimentaires, contre ses origines de bête traquée, c'est enfin considérer le langage sous la forme de l'*Incantation*.

Tout dans cette façon poétique et active d'envisager l'expression sur la scène nous conduit à nous détourner de l'acception humaine, actuelle et psychologique du théâtre, pour en retrouver l'acception religieuse et mystique dont notre théâtre a complètement perdu le sens.

S'il suffit d'ailleurs de prononcer les mots de *religieux* ou de *mystique* pour être confondu avec un sacristain, ou avec un bonze profondément illettré et extérieur de temple bouddhique, bon tout au plus à tourner des crécelles physiques de prières, cela juge simplement notre incapacité de tirer d'un mot toutes ses conséquences, et notre ignorance profonde de l'esprit de synthèse et d'analogie.

Cela veut peut-être dire qu'au point où nous en sommes nous avons perdu tout contact avec le vrai théâtre, puisque nous le limitons au domaine de ce que la pensée journalière peut atteindre, au domaine connu ou inconnu de la conscience ; – et si nous nous adressons théâtralement à l'inconscient, ce n'est guère que pour lui arracher ce qu'il a pu amasser (ou cacher) d'expérience accessible et de tous les jours.

Que l'on dise d'ailleurs qu'une des raisons de l'efficacité physique sur l'esprit, de la force d'action directe et imagée de certaines réalisations du théâtre oriental comme celles du Théâtre Balinais, est que ce théâtre s'appuie sur des traditions millénaires, qu'il a conservé intacts les secrets d'utilisation des gestes, des intonations, de l'harmonie, par rapport aux sens et sur tous les plans possibles, – cela ne condamne pas le théâtre oriental, mais cela nous condamne, et avec nous cet état de choses dans lequel nous vivons, et qui est à détruire, à détruire avec application et méchanceté, sur tous les plans et à tous les degrés où il gêne le libre exercice de la pensée.

LETTRES SUR LE LANGAGE

Première lettre [le 15 septembre 1931, à Benjamin Crémieux]

[…] Voilà, il me semble, ce qui plus que toute autre chose est une vérité première : c'est que le théâtre, art indépendant et autonome, se doit pour ressusciter, ou simplement pour vivre, de bien marquer ce qui le différencie d'avec le texte, d'avec la parole pure, d'avec la littérature, et tous autres moyens écrits et fixés.

On peut très bien continuer à concevoir un théâtre basé sur la prépondérance du texte, et sur un texte de plus en plus verbal, diffus et assommant auquel l'esthétique de la scène serait soumise.

Mais cette conception qui consiste à faire asseoir des personnages sur un certain nombre de chaises ou de fauteuils placés en rang, et à se raconter des histoires si merveilleuses soient-elles, n'est peut-être pas la négation absolue du théâtre, qui n'a pas absolument besoin du mouvement pour être ce qu'il doit être, elle en serait plutôt la perversion.

Que le théâtre soit devenu chose essentiellement psychologique, alchimie intellectuelle de sentiments, et que le *summum* de l'art en matière dramatique ait fini par consister en un certain idéal de silence et d'immobilité, ce n'est pas autre chose que la perversion sur la scène de l'idée de concentration.

Mais cette concentration du jeu employée parmi tant de moyens d'expression par les Japonais, par exemple, ne vaut que comme un moyen parmi tant d'autres. Et en faire sur la scène un but, c'est s'abstenir de se servir de la scène, comme quelqu'un qui aurait les pyramides pour y loger le cadavre d'un pharaon et qui, sous prétexte que le cadavre du pharaon tient dans une niche, se contenterait de la niche, et ferait sauter les pyramides.

Il ferait sauter en même temps tout le système philosophique et magique dont la niche n'est que le point de départ et le cadavre la condition.

D'autre part, le metteur en scène qui soigne son décor au détriment du texte a tort, moins tort peut-être que le critique qui incrimine son souci exclusif de mise en scène.

Car en soignant la mise en scène qui est dans une pièce de théâtre la partie véritablement et spécifiquement théâtrale du spectacle, le metteur en scène demeure dans la ligne vraie du théâtre qui est affaire de réalisation. Mais les uns et les autres jouent sur les mots ; car si le terme de mise en scène a pris avec l'usage ce sens dépréciatif, c'est affaire à notre conception européenne du théâtre qui donne le pas au langage articulé sur tous les autres moyens de représentation.

Il n'est pas absolument prouvé que le langage des mots soit le meilleur possible. Et il semble que sur la scène qui est avant tout un espace à remplir et un endroit où il se passe quelque chose, le langage des mots doive céder la place au langage par signes dont l'aspect objectif est ce qui nous frappe immédiatement le mieux.

Considéré sous cet angle le travail objectif de la mise en scène reprend une sorte de dignité intellectuelle du fait de l'effacement des mots derrière les gestes, et du fait que la partie plastique et esthétique du théâtre abandonne son caractère d'intermède décoratif pour devenir au propre sens du mot *un langage* directement communicatif.

En d'autres termes, s'il est vrai que dans une pièce faite pour être parlée, le metteur en scène a tort de s'égarer sur des effets de décors plus ou moins savamment éclairés, sur des jeux de groupes, sur des mouvements furtifs, tous effets on pourrait dire épidermiques et qui ne font que surcharger le texte, il est ce faisant beaucoup plus près de la réalité concrète du théâtre que l'auteur qui aurait pu s'en tenir au livre, sans recourir à la scène dont les nécessités spatiales semblent lui échapper.

On pourra m'objecter la haute valeur dramatique de tous les grands tragiques chez qui c'est bien le côté littéraire, ou en tout cas parlé qui semble dominer.

À cela je répondrai que si nous nous montrons aujourd'hui tellement incapables de donner d'Eschyle, de Sophocle, de Shakespeare une idée digne d'eux, c'est très vraisemblablement que nous avons perdu le sens de la physique de leur théâtre. C'est que le côté directement humain et agissant d'une diction, d'une gesticulation, de tout un rythme scénique nous échappe. Côté qui devrait avoir autant sinon plus d'importance que l'admirable dissection parlée de la psychologie de leurs héros.

C'est par ce côté, par le moyen de cette gesticulation précise qui se modifie avec les époques et qui actualise les sentiments que l'on peut retrouver la profonde humanité de leur théâtre.

Mais cela serait-il, et cette physique existerait-elle réellement que j'affirmerais encore qu'aucun de ces grands tragiques n'est le théâtre lui-même, qui est affaire de matérialisation scénique et qui ne vit que de matérialisation. Que l'on dise si l'on veut que le théâtre est un art inférieur, – et c'est à voir ! – mais le théâtre réside dans une certaine façon de meubler et d'animer l'air de la scène, par une conflagration en un point donné de sentiments, de sensations humaines, créateurs de situations suspendues, mais exprimées en des gestes concrets.

Et encore plus loin que cela, ces gestes concrets doivent être d'une efficacité assez forte pour faire oublier jusqu'à la nécessité du langage parlé. Or si le langage parlé existe il ne doit être qu'un moyen de rebondissement, un relais de l'espace agité ; et le ciment des gestes doit à force d'efficacité humaine passer jusqu'à la valeur d'une véritable abstraction.

En un mot le théâtre doit devenir une sorte de démonstration expérimentale de l'identité profonde du concret et de l'abstrait.

Car à côté de la culture par mots il y a la culture par gestes. Il y a d'autres langages au monde que notre langage occidental qui a opté pour le dépouillement, pour le dessèchement des idées et où les idées nous sont présentées à l'état inerte sans ébranler au passage tout un système d'analogies naturelles comme dans les langages orientaux.

Il est juste que le théâtre demeure le lieu de passage le plus efficace et le plus actif de ces immenses ébranlements analogiques où l'on arrête les idées au vol et à un point quelconque de leur transmutation dans l'abstrait.

Il ne peut y avoir de théâtre complet qui ne tienne compte de ces transformations cartilagineuses d'idées ; qui, à des sentiments connus et tout faits, n'ajoute l'expression d'états d'esprit appartenant au domaine de la demi-conscience, et que les suggestions des gestes exprimeront toujours avec plus de bonheur que les déterminations précises et localisées des mots.

Il semble en un mot que la plus haute idée du théâtre qui soit est celle qui nous réconcilie philosophiquement avec le Devenir, qui nous suggère à travers toutes sortes de situations objectives l'idée furtive du passage et de la transmutation des idées dans les choses, beaucoup plus que celles de la transformation et du heurt des sentiments dans les mots.

Il semble encore et c'est bien d'une volonté semblable que le théâtre est sorti, qu'il ne doive faire intervenir l'homme et ses appétits que dans la mesure et sous l'angle sous lequel magnétiquement il se rencontre avec son destin. Non pour le subir, mais pour se mesurer avec lui. […]

Deuxième lettre

Paris, *28 septembre 1932*
À Jean Paulhan

Cher ami,

Je ne crois pas que mon Manifeste* une fois lu vous puissiez persévérer dans votre objection ou alors c'est que vous ne l'aurez pas lu ou que vous l'aurez mal lu. Mes spectacles n'auront rien à voir avec les improvisations de Copeau. Si fort qu'ils plongent dans le concret, dans le dehors, qu'ils prennent pied dans la nature ouverte et non dans les chambres fermées du cerveau, ils ne sont pas pour cela livrés au caprice de l'inspiration inculte et irréfléchie de l'acteur ; surtout de l'acteur moderne qui, sorti du texte, plonge et ne sait plus rien. Je n'aurais garde de livrer à ce hasard le sort de mes spectacles et du théâtre. Non.

Voici ce qui va en réalité se passer. Il ne s'agit de rien moins que de changer le point de départ de la création artistique, et de bouleverser les lois habituelles du théâtre. Il s'agit de substituer au langage articulé un langage différent de nature, dont les possibilités expressives équivaudront au langage des mots, mais dont la source sera prise à un point encore plus enfoui et plus reculé de la pensée.

De ce nouveau langage la grammaire est encore à trouver. Le geste en est la matière et la tête ; et si l'on veut l'alpha et l'oméga. Il part de la NÉCESSITÉ de parole beaucoup plus que de la parole déjà formée. Mais trouvant dans la parole une impasse, il revient au geste de façon spontanée. Il effleure en passant quelques-unes des lois de l'expression matérielle humaine. Il plonge dans la nécessité. Il refait poétiquement le trajet qui a abouti à la création du langage. Mais avec une conscience multipliée des mondes remués par le langage de la parole et qu'il fait revivre dans tous leurs aspects. Il remet à jour les rapports inclus et fixés dans les stratifications de la

---

* Il s'agit du Manifeste du théâtre de la cruauté, publié en 1932.

syllabe humaine, et que celle-ci en se refermant sur eux a tués. Toutes les opérations par lesquelles le mot a passé pour signifier cet Allumeur d'incendie dont Feu le Père comme d'un bouclier nous garde et devient ici sous la forme de Jupiter la contraction latine du Zeus-Pater grec, toutes ces opérations par cris, par onomatopées, par signes, par attitudes, et par de lentes, abondantes et passionnées modulations nerveuses, plan par plan, et terme par terme, il les refait. Car je pose en principe que les mots ne veulent pas tout dire et que par nature et à cause de leur caractère déterminé, fixé une fois pour toutes, ils arrêtent et paralysent la pensée au lieu d'en permettre, et d'en favoriser le développement. Et par développement j'entends de véritables qualités concrètes, étendues, quand nous sommes dans un monde concret et étendu. Ce langage vise donc à enserrer et à utiliser l'étendue, c'est-à-dire l'espace, et en l'utilisant, à le faire parler : je prends les objets, les choses de l'étendue comme des images, comme des mots, que j'assemble et que je fais se répondre l'un l'autre suivant les lois du symbolisme et des vivantes analogies. Lois éternelles qui sont celles de toute poésie et de tout langage viable ; et entre autres choses celles des idéogrammes de la Chine et des vieux hiéroglyphes égyptiens. Donc loin de restreindre les possibilités du théâtre et du langage, sous prétexte que je ne jouerai pas de pièces écrites, j'étends le langage de la scène, j'en multiplie les possibilités.

J'ajoute au langage parlé un autre langage et j'essaie de rendre sa vieille efficacité magique, son efficacité envoûtante, intégrale au langage de la parole dont on a oublié les mystérieuses possibilités. Quand je dis que je ne jouerai pas de pièce écrite, je veux dire que je ne jouerai pas de pièce basée sur l'écriture et la parole, qu'il y aura dans les spectacles que je monterai une part physique prépondérante, laquelle ne saurait se fixer et s'écrire dans le langage habituel des mots ; et que même la partie parlée et écrite le sera dans un sens nouveau.

Le théâtre à l'inverse de ce qui se pratique ici, ici c'est-à-dire en Europe, ou mieux, en Occident, ne sera plus basé sur le dialogue, et le dialogue lui-même pour le peu qu'il en restera ne sera pas rédigé, fixé *a priori*, mais sur la scène ; il sera fait sur la scène, créé sur la scène, en corrélation avec l'autre langage, et avec les nécessités, des attitudes, des signes, des mouvements et des objets. Mais tous ces tâtonnements objectifs se produisant à même la matière, où la Parole apparaîtra comme une nécessité, comme le résultat d'une série de compressions, de heurts, de frottements scéniques, d'évolutions de toutes sortes, – (ainsi le théâtre redeviendra une opération authentique vivante, il conservera cette sorte de palpitation émotive sans laquelle l'art est gratuit) –, tous ces tâtonnements, ces recherches, ces chocs, aboutiront tout de même à une œuvre, à une composition *inscrite*, fixée dans ses moindres détails, et notée avec des moyens de notation nouveaux. La composition, la création, au lieu de se faire dans le cerveau d'un auteur, se feront dans la nature même, dans l'espace réel, et le résultat définitif demeurera aussi rigoureux et aussi déterminé que celui de n'importe quelle œuvre écrite, avec une immense richesse objective en plus. […]

THÉÂTRE ORIENTAL ET THÉÂTRE OCCIDENTAL

La révélation du Théâtre Balinais a été de nous fournir du théâtre une idée physique et non verbale, où le théâtre est contenu dans les limites de tout ce qui peut se passer sur une scène, indépendamment du texte écrit, au lieu que le théâtre tel que nous le concevons en Occident a partie liée avec le texte et se trouve limité par lui. Pour nous, au théâtre la Parole est tout et il n'y a pas de possibilité en dehors d'elle ; le théâtre est une branche de la littérature, une sorte de variété sonore du langage, et si nous admettons une différence entre le texte parlé sur la scène et le texte lu par les yeux, si nous enfermons le théâtre dans les limites de ce qui apparaît entre les répliques, nous ne parvenons pas à séparer le théâtre de l'idée du texte réalisé.

Cette idée de la suprématie de la parole au théâtre est si enracinée en nous et le théâtre nous apparaît tellement comme le simple reflet matériel du texte que tout ce qui au théâtre dépasse le texte, n'est pas contenu dans ses limites et strictement conditionné par lui, nous paraît faire partie du domaine de la mise en scène considérée comme quelque chose d'inférieur par rapport au texte.

Étant donné cet assujettissement du théâtre à la parole on peut se demander si le théâtre ne posséderait pas par hasard son langage propre, s'il serait absolument chimérique de le considérer comme un art indépendant et autonome, au même titre que la musique, la peinture, la danse, etc., etc.

On trouve en tout cas que ce langage s'il existe se confond nécessairement avec la mise en scène considérée :

1) D'une part, comme la matérialisation visuelle et plastique de la parole.

2) Comme le langage de tout ce qui peut se dire et se signifier sur une scène indépendamment de la parole, de tout ce qui trouve son expression dans l'espace, ou qui peut être atteint ou désagrégé par lui.

Ce langage de la mise en scène considéré comme le langage théâtral pur, il s'agit de savoir s'il est capable d'atteindre le même objet intérieur que la parole, si du point de vue de l'esprit et théâtralement il peut prétendre à la même efficacité intellectuelle que le langage articulé. On peut en d'autres termes se demander s'il peut non pas préciser des pensées, mais *faire penser*, s'il peut entraîner l'esprit à prendre des attitudes profondes et efficaces de son point de vue à lui.

En un mot poser la question de l'efficacité intellectuelle de l'expression par les formes objectives, de l'efficacité intellectuelle d'un langage qui n'utiliserait que les formes, ou le bruit, ou le geste, c'est poser la question de l'efficacité intellectuelle de l'art.

Si nous en sommes venus à n'attribuer à l'art qu'une valeur d'agrément et de repos et à le faire tenir dans une utilisation purement formelle des formes, dans l'harmonie de certains rapports extérieurs, cela n'entache en rien sa valeur expressive profonde ; mais l'infirmité spirituelle de l'Occident, qui est le lieu par excellence où l'on a pu confondre l'art avec l'esthétisme, est de penser qu'il pourrait y avoir une peinture qui ne servirait qu'à peindre, une danse qui ne serait que plastique, comme si l'on avait voulu couper les formes de l'art, trancher leurs liens d'avec toutes les attitudes mystiques qu'elles peuvent prendre en se confrontant avec l'absolu.

On comprend donc que le théâtre, dans la mesure même où il demeure enfermé dans son langage, où il reste en corrélation avec lui, doit rompre avec l'actualité, que son objet n'est pas de résoudre des conflits sociaux ou psychologiques, de servir de champ de bataille à des passions morales, mais d'exprimer objectivement des vérités secrètes, de faire venir au jour par des gestes actifs cette part de vérité enfouie sous les formes dans leurs rencontres avec le Devenir.

Faire cela, lier le théâtre aux possibilités de l'expression par les formes, et par tout ce qui est gestes, bruits, couleurs, plastiques, etc., c'est le rendre à sa destination primitive, c'est le replacer dans son aspect religieux et métaphysique, c'est le réconcilier avec l'univers.

Mais les mots, dira-t-on, ont des facultés métaphysiques, il n'est pas interdit de concevoir la parole comme le geste sur le plan universel, et c'est sur ce plan d'ailleurs qu'elle acquiert son efficacité majeure, comme une force de dissociation des apparences matérielles, de tous les états dans lesquels s'est stabilisé et aurait tendance à se reposer l'esprit. Il est facile de répondre que cette façon métaphysique de considérer la parole n'est pas celle dans laquelle l'emploie le théâtre occidental, qu'il l'emploie non comme une force active et qui part de la destruction des apparences pour remonter jusqu'à l'esprit, mais au contraire comme un degré achevé de la pensée qui se perd en s'extériorisant.

La parole dans le théâtre occidental ne sert jamais qu'à exprimer des conflits psychologiques particuliers à l'homme et à sa situation dans l'actualité quotidienne de la vie. Ses conflits sont nettement justiciables de la parole articulée, et qu'ils restent dans le domaine psychologique ou qu'ils en sortent pour rentrer dans le domaine social, le drame demeurera toujours d'intérêt moral par la façon dont ses conflits attaqueront et désagrégeront les caractères. Et il s'agira toujours bien d'un domaine où les résolutions verbales de la parole conserveront leur meilleure part. Mais ces conflits moraux par leur nature même n'ont pas absolument besoin de la scène pour se résoudre. Faire dominer à la scène le langage articulé ou l'expression par les mots sur l'expression objective des gestes et de tout ce qui atteint l'esprit par le moyen des sens dans l'espace, c'est tourner le dos aux nécessités physiques de la scène et s'insurger contre ses possibilités.

Le domaine du théâtre n'est pas psychologique mais plastique et physique, il faut le dire. Et il ne s'agit pas de savoir si le langage physique du théâtre est capable d'arriver aux mêmes résolutions psychologiques que le langage des mots, s'il peut exprimer des sentiments et des passions aussi bien que les mots, mais s'il n'y a pas dans le domaine de la pensée et de l'intelligence des attitudes que les mots sont incapables de prendre et que les gestes et tout ce qui participe du langage dans l'espace atteignent avec plus de précision qu'eux.

[…] Il ne s'agit pas de supprimer la parole au théâtre mais de lui faire changer sa destination, et surtout de réduire sa place, de la considérer comme autre chose qu'un moyen de conduire des caractères humains à leurs fins extérieures, puisqu'il ne s'agit jamais au théâtre que de la façon dont les sentiments et les passions s'opposent les uns aux autres et d'homme à homme dans la vie.

Or changer la destination de la parole au théâtre c'est s'en servir dans un sens concret et spatial, et pour autant qu'elle se combine avec tout ce que le théâtre contient de spatial et de signification dans le domaine concret ; c'est la manipuler comme un objet solide et qui ébranle des choses, dans l'air d'abord, ensuite dans un domaine infiniment plus mystérieux et plus secret mais qui lui-même admet l'étendue, et ce domaine secret mais étendu il ne sera pas très difficile de l'identifier avec celui de l'anarchie formelle d'une part mais aussi de la création formelle continue d'autre part.

C'est ainsi que cette identification de l'objet du théâtre avec toutes les possibilités de la manifestation formelle et étendue, fait apparaître l'idée d'une certaine poésie dans l'espace qui se confond elle-même avec la sorcellerie.

Dans le théâtre oriental à tendances métaphysiques opposé au théâtre occidental à tendances psychologiques, il y a une prise de possession par les formes de leur sens et de leurs significations sur tous les plans possibles; ou si l'on veut leurs conséquences vibratoires ne sont pas tirées sur un seul plan mais sur tous les plans de l'esprit en même temps.

Et c'est par cette multiplicité d'aspects sous lesquels on peut les considérer qu'elles prennent leur puissance d'ébranlement et de charmes et qu'elles sont une excitation continue pour l'esprit. C'est parce que le théâtre oriental ne prend pas les aspects extérieurs des choses sur un seul plan, qu'il ne s'en tient pas au simple obstacle et à la rencontre solide de ces aspects avec les sens, mais qu'il ne cesse de considérer le degré de possibilité mentale dont ils sont issus qu'il participe à la poésie intense de la nature et qu'il conserve ses relations magiques avec tous les degrés objectifs du magnétisme universel.

C'est sous cet angle d'utilisation magique et de sorcellerie qu'il faut considérer la mise en scène, non comme le reflet d'un texte écrit et de toute cette projection de doubles physiques qui se dégage de l'écrit mais comme la projection brûlante de tout ce qui peut être tiré de conséquences objectives d'un geste, d'un mot, d'un son, d'une musique et de leurs combinaisons entre eux. Cette projection active ne peut se faire que sur la scène et ses conséquences trouvées devant la scène et sur la scène; et l'auteur qui use exclusivement de mots écrits n'a que faire et doit céder la place à des spécialistes de cette sorcellerie objective et animée.

ADOLPHE APPIA
(1862-1928)

TROIS ARTICLES

Les trois articles présentés ici rappellent que pour le metteur en scène suisse Adolphe Appia, le travail concret de mise en scène au théâtre ne peut se passer d'une réflexion théorique sur son statut et ses moyens d'expression. C'est la rencontre avec l'œuvre de Richard Wagner, dont les drames font s'interpénétrer musique et théâtre, qui est fondatrice, *a contrario*, de la prise de conscience chez Appia de la discordance des moyens d'expression du théâtre. Pour acquérir une dimension artistique, le spectacle théâtral doit se hisser à la hauteur de la puissance expressive de la musique écrite par Wagner. Mais dans *Comment réformer notre mise en scène* (1904), Appia insiste sur le fait que cela implique le sacrifice de tout ce qui ne concerne pas directement l'acteur, seul élément du spectacle qui puisse le rendre aussi vivant que la musique, tout en étant proprement théâtral. À partir de là, Appia n'aura de cesse de montrer que l'unité « organique » de la représentation théâtrale passe d'abord, mais pas seulement, par l'expression corporelle de l'acteur, ainsi qu'il l'expose dans *La gymnastique rythmique et le théâtre* (1911). Il s'attachera ensuite, comme c'est le cas dans *L'avenir du drame et de la mise en scène* (1919), non pas à supprimer, mais à hiérarchiser au sein de la mise en scène les différents moyens d'expression du spectacle, autour du corps de l'acteur : espace, lumière, peinture. Tout le mérite de l'analyse d'Appia est ainsi de centrer le théâtre sur l'acteur, sans que cela exige de renoncer à tous les autres moyens d'expression qui lui donnent sa richesse, mais au contraire en les faisant vivre avec lui.

Comment réformer notre mise en scène

L'art dramatique est depuis plusieurs années en voie d'évolution. Le naturalisme d'un côté, le wagnérisme de l'autre, ont violemment déplacé les anciennes limites. Certaines choses qui, il y a vingt ans, n'étaient pas « du théâtre » (selon l'expression ridiculement consacrée) sont presque devenues des lieux communs. Il en résulte un peu de confusion ; nous ne savons plus bien auquel genre convenu appartient telle ou telle pièce ; et le goût que nous prenons aux productions étrangères n'est pas fait pour nous diriger.

Cela n'aurait cependant pas de graves inconvénients si le matériel de nos scènes s'adaptait à chaque tentative nouvelle. Il n'en est rien, malheureusement. L'auteur avec ses manuscrits (ou sa partition) et les acteurs peuvent bien être d'accord ; mais au contact des planches, sous le feu de la rampe, l'idée nouvelle doit rentrer dans le vieux cadre et ses metteurs en scène coupent impitoyablement ce qui dépasse.

Plusieurs assurent qu'il ne peut en être autrement, que la convention scénique est rigide, etc., etc. Moi, j'affirme le contraire, et j'ai tenté dans les pages suivantes d'établir les premiers éléments d'une mise en scène qui, au lieu de paralyser et d'immobiliser l'art dramatique, non seulement le suive avec docilité, mais encore soit pour l'auteur et ses interprètes une source intarissable de suggestion.

Le lecteur voudra peut-être me prêter attention durant ce difficile résumé.

Notre mise en scène moderne est tout entière esclave de la peinture (la peinture des décors) qui a la prétention de nous procurer l'illusion de la réalité. Or, cette illusion est elle-même une illusion, car la présence de l'acteur la contredit. En effet, le principe de l'illusion produite par la peinture sur toiles verticales et celui de l'illusion produite par le corps plastique et vivant de l'acteur sont sa contradiction. Ce ne sera donc pas en développant *isolément* le jeu de ces deux illusions, ainsi qu'on le fait sur toutes nos scènes, que nous pourrons obtenir un spectacle homogène et artistique.

Examinons la mise en scène moderne en nous plaçant successivement à ces deux points de vue.

Il est impossible de transporter sur nos scènes de vrais arbres, de vraies maisons, etc.; cela serait du reste peu désirable. Nous nous croyons donc réduits à *imiter* le plus fidèlement possible la réalité. Mais l'exécution plastique des choses est difficile, souvent impossible, et en tout cas très coûteuse. Cela nous obligerait, semble-t-il, à diminuer le nombre des choses représentées; pourtant nos metteurs en scène sont de l'avis contraire : ils estiment que la mise en scène doit représenter tout ce que bon leur semble et que, par conséquent, ce qui ne peut être exécuté plastiquement doit être peint. La peinture permet de montrer au spectateur un nombre incalculable de choses, cela est incontestable. Elle semble donner ainsi à la mise en scène la liberté désirée, et nos metteurs en scène ont arrêté là leur raisonnement. Mais le principe essentiel de la peinture est de tout réduire sur une surface plane; comment alors pourrait-elle remplir un espace – la scène – dans ses trois dimensions? Sans souci de résoudre le problème on a décidé de découper la peinture et de dresser ces découpures sur le plancher de la scène. Le tableau scénique renonce par ce fait à être peint dans la partie inférieure : si c'est un paysage, par exemple, le faîte sera un dôme de verdure, à droite et à gauche il y aura des arbres, au fond un horizon et du ciel, et en bas, le plancher. Cette peinture qui devait tout représenter est obligée dès l'abord de renoncer à représenter le sol : car les formes fictives qu'elle figure doivent nous être représentées verticalement, et entre les toiles verticales de décor et le plancher ou la toile plus ou moins horizontale qui le recouvre, il n'y a *aucune relation possible*; c'est pourquoi nos décorateurs mettent des coussins au pied des décors.

Le sol échappe donc à la peinture; or, c'est justement là qu'évolue l'acteur! Nos metteurs en scène ont oublié l'acteur; Hamlet sans Hamlet, comme toujours! Sacrifiera-t-on un peu de la peinture morte en faveur du corps vivant et mobile? Jamais! Plutôt renoncer au théâtre! Mais comme il faut tenir compte néanmoins de ce corps trop vivant, la peinture consent à se mettre ici ou là à la disposition de l'acteur ; il est des cas où elle se montre même généreuse, ce qui lui donne du reste un singulier aspect ; d'autres cas au contraire où décidément elle n'a rien voulu accorder, c'est alors l'acteur qui devient ridicule. L'antagonisme est complet !

Nous avons commencé par la peinture ; voyons maintenant la direction que prendrait le problème si nous commencions par l'acteur, par le corps humain plastique et mobile, envisagé au seul point de vue de son effet sur la scène, comme nous l'avons fait pour le décor.

Un objet n'est plastique pour nos yeux que par la lumière qui le frappe, et sa plasticité ne peut être mise artistiquement en valeur que par un emploi artistique de la lumière, cela va de soi. Voilà pour la forme. Le mouvement du corps humain demande des obstacles pour s'exprimer ; tous les artistes savent que la beauté de mouvements du corps dépend de la variété des points d'appui que lui offrent le sol et les objets. La mobilité de l'acteur ne saurait donc être mise artistiquement en valeur que par une bonne conformation des objets et du sol.

Les deux conditions primordiales d'une présence artistique du corps humain sur la scène seraient donc : une lumière qui mette en valeur sa plasticité, et une conformation plastique du décor qui mette en valeur ses attitudes et ses mouvements. Nous voici loin de la peinture !

Dominée par la peinture, la mise en scène sacrifie l'acteur et, de plus, nous l'avons vu, une grande partie de son effet pictural puisqu'elle doit découper la peinture, ce qui est contraire au principe essentiel de cet art, et que le plancher ne peut pas participer à l'illusion donnée par les toiles. Qu'en serait-il si nous la subordonnions à l'acteur ?

Tout d'abord nous pourrons rendre à la lumière sa liberté ! En effet, sous le régime de la peinture, l'éclairage est complètement absorbé par le décor : les choses représentées sur les toiles verticales doivent être *vues* ; on éclaire donc des lumières et des ombres peintes… et c'est, hélas, de cet éclairage que l'acteur prend ensuite ce qu'il peut! Dans de pareilles conditions il ne saurait être question ni de vraie lumière ni, par conséquent, de n'importe quel effet plastique! L'éclairage est en soi un élément dont les effets sont illimités; rendu à la liberté, il devient pour nous ce que la palette est pour le peintre; toutes les combinaisons de couleurs lui sont possibles par projections simples ou combinées, fixes ou mobiles, par obstruction partielle, par des degrés divers de transparence, etc., etc., nous pouvons obtenir des modulations infinies. L'éclairage nous donne ainsi le moyen d'extérioriser en quelque sorte une grande partie des couleurs et des formes que la peinture figeait sur ses toiles, et de les répandre vivantes dans l'espace. L'acteur ne se promène plus *devant* des ombres et des lumières peintes, mais il est plongé dans une atmosphère *qui lui est destinée*. Les artistes comprendront facilement la portée d'une semblable réforme.

Vient maintenant le point sensible, celui de la plasticité du décor nécessaire à la beauté des attitudes et des mouvements de l'acteur. La peinture a pris la haute main sur nos scènes pour remplacer tout ce qui ne pouvait pas être réalisé plastiquement, et cela dans le seul but de produire l'illusion de la réalité.

Les images qu'elle accumule ainsi sur ses toiles verticales sont-elles indispensables? Aucunement; il n'est pas une pièce qui en demande la centième partie; car, remarquons-le bien, ces images ne sont pas vivantes, elles sont *indiquées* sur les toiles comme une sorte de langage hiéroglyphique; elles *signifient* seulement les choses qu'elles veulent représenter, et cela d'autant plus qu'elles ne peuvent pas entrer en contact réel, organique, avec l'acteur. La plasticité demandée par l'acteur vise un effet tout différent, car le corps humain ne cherche pas à produire l'illusion de la réalité *puisqu'il est lui-même la réalité*! Ce qu'il exige du décor est simplement de mettre en valeur cette réalité; ce qui a pour conséquence naturelle de déplacer complètement le but du décor: dans l'un des cas c'est l'apparence réelle *des objets* que l'on veut obtenir, dans l'autre c'est le plus haut degré possible de réalité du corps humain.

Puisqu'il y a antagonisme technique entre ces deux principes, il s'agit de choisir l'un ou l'autre. Sera-ce l'accumulation d'images mortes et la richesse décorative sur toiles verticales, ou bien sera-ce le spectacle de l'être humain dans ses manifestations plastiques et mobiles?

Si nous hésitons, ce qui n'est guère possible, demandons-nous ce que nous venons chercher au théâtre. De la belle peinture, nous en avons ailleurs, et pas découpée, heureusement; la photographie nous permet de parcourir le monde dans notre fauteuil; la littérature nous suggère les plus séduisants tableaux, et bien peu de gens sont assez déshérités pour ne pouvoir de temps en temps contempler un beau spectacle de la nature. Non! Au théâtre nous venons assister à une *action* dramatique; c'est la présence des personnages sur la scène qui motive cette action; sans les personnages il n'y a pas d'action. L'acteur est donc le facteur essentiel de la mise en scène; c'est lui que nous venons *voir*, c'est de lui que nous attendons l'émotion, et c'est cette émotion que nous sommes venus chercher. Il s'agit donc à tout prix de fonder la mise en scène sur la présence de l'acteur et, pour ce faire, de le débarrasser de tout ce qui est en contradiction avec cette présence.

Le problème technique est ainsi très nettement posé.

On m'objectera que ce problème est parfois assez bien résolu sur certaines de nos scènes parisiennes, au Théâtre Antoine par exemple ou ailleurs. Sans doute; mais pourquoi n'est-ce toujours que pour le même genre de pièces et de décors? Comment ces metteurs en scène s'y prendraient-ils pour monter *Troïlus* ou *La Tempête*, *L'Anneau du Nibelung* ou *Parsifal*? (Au Grand Guignol on sait parfaitement nous montrer une loge de concierge… mais qu'advient-il par exemple quand il s'agit d'un jardin?)

Notre mise en scène a deux sources distinctes: l'opéra et la pièce parlée. Jusqu'ici, à peu d'exceptions près, les chanteurs d'opéra ont été considérés comme d'élégantes machines à chanter, et le décor peint constituait le plus clair du spectacle; de là son prodigieux développement. Pour la pièce parlée il en est autrement : l'acteur y prend nécessairement la première place puisque sans lui il n'y aurait pas de pièce; et si le metteur en scène se croit forcé, occasionnellement, d'emprunter à l'opéra son luxe, il le fait avec réserve et sans perdre l'acteur de vue (le lecteur peut comparer avec sa mémoire l'effet décoratif de pièces à spectacle, *Theodora*, etc., avec celui de n'importe quel opéra). Le principe de l'illusion scénique reste néanmoins le même pour la pièce parlée et pour l'opéra, et c'est elle, naturellement, qui en est la plus gravement atteinte. Aussi les auteurs dramatiques connaissent-ils bien les deux ou trois combinaisons où la mise en scène moderne peut procurer un peu d'illusion, malgré la présence de l'acteur, et ils tâchent de n'en jamais sortir.

Pourtant, depuis quelques années les choses ont changé. Avec les drames de Wagner l'opéra s'est rapproché de la pièce parlée, et celle-ci cherche (naturalisme à part) à dépasser les limites d'autre-fois, à se rapprocher elle-même du drame musical. Alors, chose étrange, il se trouve que notre mise en scène ne correspond plus aux besoins ni de l'un ni de l'autre ! L'étalage ridicule que l'opéra fait de sa peinture n'a plus rien à voir avec une partition de Wagner (les metteurs en scène wagnériens, à Bayreuth comme ailleurs, ne semblent pas encore s'en douter), et la monotonie des décors du drame parlé ne saurait plus suffire à l'imagination raffinée des auteurs dramatiques. Tout le monde sent la nécessité d'une réforme, mais la force d'inertie nous entraîne toujours encore dans la même ornière.

En pareil cas les théories sont utiles, mais ne mènent pas loin; il faut s'attaquer directement à la pratique scénique et la transformer peu à peu.

La méthode la plus simple serait peut-être de prendre une de nos pièces de théâtre, telle quelle, *déjà toute montée*, et de voir l'emploi que l'on pourrait faire de sa mise en scène si on la soumet au principe énoncé ci-dessus. Naturellement il faudrait choisir avec soin : une pièce écrite spécialement pour la mise en scène moderne ou bien un opéra qui s'accommode parfaitement des décors de notre Académie de musique ne sauraient nous servir. Il y aurait lieu, au contraire de prendre une œuvre dramatique dont les exigences soient manifestement en désaccord avec nos moyens actuels : un drame de Maeterlinck ou tel autre du même genre, ou bien un drame de Wagner. Ce dernier serait préférable parce que la musique, en fixant définitivement la durée et l'intensité de l'expression, est un guide précieux ; en outre le sacrifice de l'illusion y serait moins frappant que dans un drame parlé. Nous constaterions alors tout ce qui, dans la mise en scène déjà fixée, s'oppose à nos efforts : nous serions obligés de faire des concessions qui ne seraient pas des moins instructives. La question de la lumière nous occuperait tout d'abord ; nous ferions sur ce point l'expérience de la tyrannie de la peinture sur toiles verticales et comprendrions, non plus théoriquement mais d'une façon absolument tangible, le tort immense fait encore à l'acteur et, par lui, au dramaturge.

Sans doute ce ne serait là qu'un essai modeste ; mais il est bien difficile d'accomplir une semblable réforme du premier coup, car il s'agit autant de réformer le goût du public que de transformer notre mise en scène. Du reste le résultat d'un travail matériel, technique, *sur un terrain déjà donné*, est peut-être plus certain que celui d'une tentative radicale.

Voici par exemple le second acte de *Siegfried*. Comment représenter sur la scène une forêt ? D'abord entendons-nous sur ce point : est-ce *une forêt* avec des personnages, ou bien *des personnages* dans une forêt ? Nous sommes au théâtre pour assister à une action dramatique ; il se passe donc quelque chose dans cette forêt qui ne peut évidemment pas être exprimé par la peinture. Voici donc le point de départ : un tel et un tel font ceci et cela, disent ceci et cela, dans une forêt. Pour composer notre décor nous n'avons pas à chercher à voir une forêt, mais nous devons nous représenter minutieusement dans leur suite tous les faits qui se passent dans cette forêt. La connaissance parfaite de la partition est donc indispensable et la vision qui inspirera le metteur en scène change ainsi complètement de nature ; ses yeux doivent rester rivés *aux person-nages* ; s'il pense alors à la forêt, ce sera à une atmosphère spéciale autour et au-dessus des acteurs, atmosphère qu'il ne peut saisir autrement *que dans ses rapports* avec les êtres vivants et mobiles dont il ne doit pas détourner les yeux. Le tableau ne sera donc plus, à aucun stade de sa vision, un agencement de peinture inanimée, mais il sera toujours animé. La mise en scène devient ainsi la compo-sition d'un tableau dans le temps ; au lieu de partir d'une peinture commandée par n'importe qui à n'importe qui pour réserver ensuite à l'acteur les mesquines installations que l'on sait, nous partons de l'acteur : c'est son jeu que nous voulons mettre artistiquement en valeur, prêts à tout sacrifier pour cela. Ce sera : Siegfried ici, Siegfried là et jamais : l'arbre pour Siegfried, le chemin pour Siegfried. Je le répète, nous ne chercherons plus à donner l'illusion *d'une forêt*, mais bien l'illusion *d'un homme* dans l'atmosphère d'une forêt ; la réalité ici c'est l'homme, à côté duquel aucune autre illusion n'a cours. Tout ce que cet homme touche doit lui être destiné, tout le texte doit concourir à créer autour de lui l'atmo-sphère indiquée, et si nous quittons un instant Siegfried de vue et levons les yeux, le tableau scénique n'a plus d'illusion à nous donner nécessairement : son agencement n'a *que* Siegfried pour but ; et quand la forêt doucement agitée par la brise attirera les regards de Siegfried, nous, spectateurs, *nous regarderons Siegfried* baigné de lumières et d'ombres mouvantes, et non plus des lambeaux découpés mis en mouvement par des ficelles.

L'illusion scénique c'est la présence vivante de l'acteur.

Le décor de cet acte, tel qu'il nous est offert sur n'importe quelle scène du globe, remplira mal nos conditions ! Nous devrons le simplifier beaucoup, renoncer à éclairer les toiles peintes ainsi qu'elles l'exigeraient, renouveler presque complètement l'agence-ment du sol, et surtout nous munir pour l'éclairage d'appareils électriques installés avec largeur et réglés avec une grande minutie. La rampe – ce monstre étonnant – ne trouvera guère son emploi.

Ajoutons que la plus grande partie de ce travail de recomposition se fera avec les personnages et ne pourra pas être définitivement fixé sans plusieurs répétitions avec l'orchestre (conditions *sine qua non*, qui semblent actuellement exorbitantes et qui sont pourtant élémentaires!).

Une tentative de ce genre ne peut manquer de nous enseigner la marche à suivre pour transformer notre mise en scène rigide et conventionnelle en un matériel *artistique*, vivant, souple et propre à réaliser n'importe quelle vision dramatique. Nous serons même surpris d'avoir négligé si longtemps une branche aussi importante de l'art et de l'avoir abandonnée, comme indigne de nous occuper directement, à des gens qui ne sont pas des artistes. Notre sentiment esthétique est encore positivement anesthésié en ce qui concerne la mise en scène; celui qui ne tolérerait pas dans ses appartements un objet qui ne fût du goût le plus exquis trouve naturel de louer une place coûteuse dans une salle déjà laide et construite à rebours du bon sens pour assister pendant des heures à un spectacle auprès duquel les chromolithographies d'un marchand forain sont des œuvres délicates.

Le procédé de la mise en scène repose, comme d'autres procédés d'art, sur les formes, la lumière, les couleurs; or ces trois éléments sont en notre puissance et nous pouvons par conséquent en disposer au théâtre comme ailleurs d'une façon qui soit artistique. Jusqu'ici l'on a cru que la mise en scène devait atteindre le plus haut degré possible d'illusion, et c'est ce principe (inesthétique s'il en fut) qui nous a voués à l'immobilité. Je me suis efforcé de montrer dans ces pages que l'art scénique doit être basé sur la seule réalité digne du théâtre : le corps humain; et nous avons vu les premières et élémentaires conséquences de cette réforme.

Le sujet est difficile et complexe, surtout à cause des malentendus qui l'entourent et de l'habitude invétérée qu'ont nos yeux de spectateurs modernes. Il faudrait, pour entraîner la conviction, pousser le développement de l'idée beaucoup plus loin; il faudrait parler de la tâche toute nouvelle qui incomberait à l'acteur, de l'influence qu'un matériel scénique et artistique ne manquerait pas d'exercer sur l'auteur dramatique, de la puissance stylisatrice de la musique sur le spectacle, des modifications qu'il serait nécessaire d'apporter à la construction de la scène et de la salle, etc., etc. Il m'est impossible de le faire ici ; mais peut-être le lecteur aura-t-il trouvé dans mon désir esthétique quelque chose qui venait au-devant du sien et, dans ce cas, il lui sera facile de continuer lui-même ce travail.

La gymnastique rythmique et le théâtre

En tant que discipline corporelle, la gymnastique rythmique aura certainement une grande influence sur le théâtre, et il est intéressant de chercher de quelle nature sera cette influence.

Par le théâtre l'on doit entendre ici aussi bien la salle que la scène, le spectateur que l'acteur. Commençons par la scène, et puisque c'est la musique qui préside à la gymnastique rythmique, voyons de quelle musique dispose actuellement l'acteur pour s'exprimer corporellement sur la scène.

Dans notre drame lyrique, à son apogée, l'acteur est bien considéré comme le représentant de l'action ; c'est lui qui en chante le texte en l'accompagnant d'une mimique appropriée ; néanmoins l'expression dramatique reste enfermée dans la partition ; malgré le chant et la mimique de l'acteur elle ne peut s'incorporer définitivement à lui. Il oscille péniblement entre la musique qui exprime un conflit tout intérieur et ne saurait donc lui fournir de motifs à réaliser plastiquement, et la musique qui cherche au contraire à se projeter violemment au-dehors, mais dont l'origine également symphonique n'offre pas davantage de dessins et de rythmes capables de s'incorporer à l'acteur. Sans doute il est des exceptions, plus apparentes que réelles ; et sans doute aussi qu'une mise en scène intelligente pourrait beaucoup améliorer cette situation. N'empêche qu'il en résulte une simple juxtaposition de la musique et de l'acteur; l'union *organique* reste impossible, car la musique dramatique moderne n'est, après tout, que le développement spécial et à outrance d'un art qui a dès longtemps abandonné ses relations avec la forme corporelle. De là le mensonge inévitable de nos scènes lyriques[1].

Il faudra donc se garder d'appliquer aveuglément à cet art, extraordinaire mais déjà caduc, les principes d'un art encore *im Werden* [en devenir] tel que celui que prépare la gymnastique rythmique. On peut se demander alors de quelle utilité cette gymnastique sera pour nos acteurs, puisqu'ils n'en trouvent guère l'application directe sur la scène.

Il va de soi qu'en leur incorporant le rythme par un procédé normal, en leur révélant ainsi l'harmonie purement esthétique de leur organisme, cette discipline aura la meilleure influence sur la musicalité des acteurs, sur la pureté et l'opportunité de leur jeu, et les rapprochera d'une modération voisine du style. Mais ceci est une conséquence générale, plus spécialement musicale et restrictive, et ressortissant plutôt de la pédagogie; nous ne pouvons ici que la mentionner, car c'est le rythme corporel qui nous occupe.

Si l'acteur ne trouve pas au théâtre un art équivalent à celui qui l'a initié au rythme corporel, il y retrouve néanmoins un élément commun et essentiel : *l'Espace*. La discipline du rythme l'aura rendu particulièrement sensible aux dimensions dans l'espace qui correspondent aux variétés infinies des successions musicales. Instinctivement il cherchera à les réaliser sur la scène, et devra constater alors avec stupeur le tort qu'on lui fait en le plaçant, lui plastique et vivant, au milieu de peintures mortes et découpées sur toiles verticales ! De même qu'en regard de nos drames lyriques, là encore il sentira l'impossibilité d'une union organique entre le décor et lui. Nouvelle juxtaposition. Pris entre ces deux contradic-

---

1. Il en sera naturellement de même pour le sentiment artistique des acteurs du drame parlé; c'est pour simplifier le raisonnement que l'auteur se borne à traiter de l'acteur lyrique.

tions, l'une d'une musique qui ne peut pas s'incorporer à lui et qu'il doit néanmoins représenter sur la scène, l'autre d'un assemblage décoratif qui n'a ni rapport ni contact avec son organisme plastique et mobile et qui nuit par conséquent à son développement rythmique dans l'espace, l'acteur deviendra conscient du rôle douloureux qu'on lui fait jouer ; il pourra faire valoir ses droits, et, *en pleine connaissance de cause*, collaborer ainsi à la réforme dramatique et scénique où nous sommes déjà engagés presque malgré nous. La gymnastique rythmique, en faisant l'éducation esthétique proprement dite de l'acteur, lui conférera cette autorité. C'est là un résultat d'une inestimable valeur.

Sur la scène se trouve encore un personnage lequel, bien qu'invisible, est le plus présent de tous : c'est l'auteur, le poète-musicien. S'il a fait en lui-même l'expérience du rythme, s'il a constaté au fond de sa personnalité l'étincelle de joie et de beauté qu'y allume l'incorporation authentique de la musique, comme l'acteur il deviendra conscient de la juxtaposition discordante qu'est notre drame lyrique, et qu'est, par conséquent, son œuvre à lui. Il entendra désormais sa musique d'un côté, verra son action scénique de l'autre, et ne pourra plus comme autrefois les confondre. En interrogeant ses souvenirs de rythmique corporelle, il retrouvera en lui-même une harmonie qu'il n'a pas su, pas pu, créer sur la scène, un accord tacite s'établira ainsi entre l'auteur et son interprète l'acteur ; ils *douteront* tous les deux de leur œuvre. Or, le doute est partout le commencement d'une recherche de la vérité. Comment arriver à cette vérité, à cette harmonie ?

L'auteur ne pourra pas se faire illusion bien longtemps : les moyens actuels d'expression dramatique (partition, acteur, mise en scène) se sont développés chacun pour soi, de manière inégale ; il en est résulté l'anarchie. En les utilisant tels qu'ils se présentent à nous actuellement, l'on ne pourra faire le moindre progrès du côté de leur harmonieuse collaboration. *Il faut changer de direction !* Il s'agit là d'une conversion au sens propre du mot. Ce ne sera pas en modifiant arbitrairement une musique qui s'en est allée dès longtemps toute seule que nous pourrons la rapprocher de l'organisme vivant de l'acteur, pas plus qu'en stylisant également arbitrairement le matériel inanimé de nos scènes. La conversion consiste ici à prendre résolument le corps humain comme point de départ, point de départ tant pour la musique que pour le matériel scénique, c'est-à-dire, après tout, pour la conception même du drame, et à subir toutes les conséquences qu'entraînera cette résolution ! Une conversion est toujours accompagnée de sacrifices. Celle-ci en exigera de très considérables. Elle demande surtout un désintéressement complet, une soumission parfaite. Le musicien doit rebrousser chemin et se mettre courageusement à la recherche du corps qu'il a délaissé pendant des siècles. L'organisme vivant doit évidemment lui venir en aide en se constituant pour lui un instrument toujours plus souple, plus prévenant, plus conscient de son harmonie latente. Le point de contact était perdu : *la gymnastique rythmique cherche à le retrouver.* C'est là son importance capitale pour le théâtre.

Il nous reste à voir quelle influence la gymnastique rythmique aura sur le spectateur. Peut-être cela nous amènera-t-il, avec ce qui précède, à une conception nouvelle de la scène.

Il est parfaitement légitime de prévoir que dans un avenir prochain la discipline rythmique fera non seulement partie intégrante de l'enseignement de nos écoles, mais sera déjà suffisamment répandue chez les adultes pour que le public de nos théâtres contienne une proportion marquée de spectateurs qui s'en soient pénétrés, qui même en aient fait l'expérience directe. Quelle sera leur attitude intérieure vis-à-vis du spectacle ?

Jusqu'ici l'on ne demande du public que de la tranquillité et de l'attention. Pour l'y encourager on lui offre un siège commode et on le plonge dans un clair-obscur favorable à l'état de complète passivité qui, paraît-il, doit être le sien. Cela revient à dire que, là comme ailleurs, nous cherchons à nous distinguer le plus possible de l'œuvre d'art : nous nous sommes constitués éternels spectateurs !

C'est cette attitude passive que la discipline rythmique vient bouleverser. En pénétrant en nous, le rythme musical vient nous dire : l'œuvre d'art, *c'est toi* ! Et, effectivement, nous le ressentons alors, et ne pourrons plus jamais l'oublier.

« Ta twam asi » [« c'est toi-même »], dit le brahmane devant toute créature vivante. Désormais devant toute œuvre d'art nous nous sentirons *nous-même*, et nous nous demanderons : qu'a-t-elle fait de *moi* ? L'attitude est changée ; au lieu d'accepter passivement nous prendrons part active, et nous aurons acquis le droit de nous révolter si l'on nous fait violence. Pour en rester au théâtre qui nous occupe ici, il est bien évident que nos spectacles nous font une perpétuelle violence. Celui qui la ressent ainsi que nous venons de le voir se mettra tout naturellement en révolte. Avec l'auteur, avec l'acteur, il doutera, et comme eux il cherchera la vérité *ailleurs*.

Je n'exagère pas, certes ! L'éveil de l'art en nous-même, en notre organisme, en notre propre chair, c'est le glas qui sonne pour une partie considérable de notre art moderne, et pour notre art scénique en particulier. Mais alors par quoi remplacer cet art scénique tant prisé, qui prend tant de place, et dont il semble que nous ne puissions nous passer ?

Le changement de direction, la conversion que doivent opérer l'auteur et ses interprètes, le spectateur doit à son tour s'y soumettre. C'est de lui-même, de son propre corps, qu'il lui faut partir ; c'est de ce corps que l'art vivant doit rayonner et se répandre dans l'espace pour lui conférer la vie ; c'est ce corps qui commande aux proportions et à la lumière ; c'est lui qui crée l'œuvre d'art !

La transition sera lente et demandera d'étape en étape une foi robuste en la vérité entrevue. Les *Festspiele* d'Hellerau * constitueront certainement l'étape la plus significative, la plus décisive sur le chemin de la conquête de l'art *vivant*. Ils grouperont chaque année, d'une façon homogène, les exercices de l'institut, jusque dans leurs

---

* L'institut Jaques-Dalcroze d'Hellerau, en Allemagne, fondé en 1910 par Émile Jaques-Dalcroze (1865-1950), fut la première école d'enseignement d'un système d'éducation rythmique développé par ce dernier, et appelé eurythmie. Appia y monta l'*Orphée et Eurydice* de Gluck en 1912.

résultats les plus avancés, jusqu'à de grandioses tentatives de dramatisation. Ils seront la fête des exécutants ! Et le public convié à y assister devra ressentir profondément que ces élèves de tout âge et de toutes conditions se trouvent rassemblés là *pour le représenter lui-même*, pour être, tel le chœur antique autour de l'autel allumé, son porte-parole direct et merveilleux auprès de l'art vivant.

Alors – après tant de siècles d'isolement – il pourra s'écrier, plein de gratitude, en les contemplant :

Ja, Das bin Ich ! [Oui ! C'est bien *Moi* !]

Notre théâtre sera vaincu pour lui.

Ainsi qu'on le voit, la gymnastique rythmique et le théâtre (tel que nous l'avons actuellement) sont deux notions qui s'excluent. En remettant le corps à la place d'honneur, en n'acceptant rien qui n'émane de lui ou qui ne lui soit destiné, la gymnastique rythmique a fait le pas décisif vers une réforme complète de notre conception scénique et dramatique.

Pourtant nos théâtres existeront longtemps encore et l'on peut prévoir que l'influence de la gymnastique rythmique, tout en continuant à être bienfaisante et stylisatrice pour l'acteur, s'y fera sentir plus particulièrement dans *la mise en scène*. Au lieu d'un étalage de peintures mortes sur toiles verticales, la mise en scène se rapprochera toujours davantage de la plasticité du corps humain pour faire valoir cette plasticité dans l'espace. Il en résultera une grande simplification et une diminution notable des objets que seule la peinture pouvait nous présenter. L'éclairage n'étant plus absorbé par l'obligation de faire voir de la peinture, pourra se répandre *gestaltend* [en créant des formes] dans l'espace, en le pénétrant de la couleur vivante, en y créant une atmosphère mobile, aux variations infinies, entièrement au service non plus du peintre de décor mais… du dramaturge. Et l'illusion que l'on cherche à nous donner actuellement par le décor peint au détriment de l'acteur, nous la placerons, d'accord avec l'auteur, dans la plus parfaite mise en valeur de l'acteur lui-même. Il n'est pas possible d'entrer ici plus en détails sur les résultats d'une semblable réforme; mais l'on comprendra qu'en délivrant la mise en scène du joug de la peinture inanimée et de l'illusion qu'elle était censée produire, qu'en lui conférant ainsi la plus grande souplesse et la plus parfaite liberté, du même coup, on délivre *l'imagination du dramaturge*! Les conséquences de cette réforme scénique sur la forme dramatique elle-même ne peuvent pas, même de loin, être appréciées!

La gymnastique rythmique, de son côté, en conservant son principe scénique essentiel qui est de ne rien tolérer autour d'elle qui n'émane directement du rythme incorporé, créera pour elle-même, en une progression normale, une mise en scène qui sera comme l'émanation nécessaire des formes plastiques du corps et de ses mouvements transfigurés par la musique.

Alors la toute-puissante Lumière, docile à la musique, viendra s'y associer; la lumière sans laquelle il n'est pas de plastique; la lumière qui peuple l'espace de clartés et d'ombres mouvantes; qui tombe en nappes tranquilles, ou qui jaillit en rayons colorés et vibrants. Et les corps, baignés dans son atmosphère vivifiante, reconnaîtront en elle et salueront *la Musique de l'Espace*.

Car Apollon n'était pas seulement le dieu de la musique, il était aussi le dieu de la Lumière!

L'AVENIR DU DRAME ET DE LA MISE EN SCÈNE

La première notion indispensable pour juger actuellement de l'art dramatique et de son évolution scénique est qu'il existe un échange entre la conception primordiale du dramaturge et les moyens de représentation qui lui sont offerts et sur lesquels il peut compter.

Il serait évidemment plus exact de dire que cet échange devrait exister car, hélas, de nos jours l'influence déterminante ne vient que d'un seul côté; c'est notre conception moderne du théâtre et de la mise en scène qui oblige le dramaturge à limiter sa vision. Il s'agit donc tout d'abord de nous orienter sur notre mise en scène, cet élément qui bride si tyranniquement la fantaisie de l'auteur dramatique.

L'art de la mise en scène est l'art de projeter dans *l'Espace* ce que le dramaturge n'a pu projeter que dans le *Temps*. Ce temps est contenu implicitement dans un texte, avec ou sans musique. Examinons les éléments que notre mise en scène offre à l'auteur dramatique, et cela principalement en pays latin où un conservatisme parfois salutaire et protecteur peut, quand il s'agit d'art vivant, devenir un danger positif (Angleterre, Amérique).

Le premier facteur de la mise en scène c'est l'interprète, l'Acteur. L'Acteur est le porteur de l'action. Sans lui, pas d'action, partant pas de drame. Tout, semble-t-il, devrait être subordonné à cet élément qui passe hiérarchiquement en première ligne.

Or le corps est vivant, mobile et plastique : il a trois dimensions. L'espace et les objets qui lui seront destinés auraient donc à tenir scrupuleusement compte de ce fait. En conséquence, la disposition générale de la scène viendrait directement après l'acteur ; c'est par elle que l'acteur prend contact et réalité avec l'espace scénique.

Voici déjà deux éléments essentiels : l'acteur et la disposition de la scène qui devrait convenir à sa forme plastique, à ses trois dimensions.

Que reste-t-il ?

La Lumière !

Notre scène est un espace indéterminé et obscur. Nous devrions premièrement y voir clair, cela est évident. Mais cela n'est qu'une condition primordiale telle que le serait la simple présence de l'acteur sans son jeu. La lumière, aussi bien que l'acteur, doit devenir *active* ; et pour lui donner le rang d'un moyen d'expression dramatique il faut la mettre au service de … l'acteur qui est son supérieur hiérarchique ; au service de l'expression dramatique et plastique de l'acteur.

Supposons que nous avons créé un espace convenant à l'acteur ; la lumière aura comme obligation de convenir *également à l'un et à l'autre*. Nous allons voir l'obstacle que notre mise en scène moderne oppose à cela. La lumière est d'une souplesse presque miraculeuse. Elle possède tous les degrés de clartés, toutes les possibilités de couleurs, telle une palette ; toutes les mobilités ; elle peut créer des ombres, les rendre vivantes et répandre dans l'espace l'harmonie de ses vibrations exactement comme le fait la musique. Nous possédons en elle la toute-puissance expressive dans l'espace si cet espace est mis au service de l'acteur.

Et voici notre hiérarchie constituée normalement :

– l'*acteur*, qui représente le drame,

– l'*espace*, avec ses trois dimensions, au service de la forme plastique de l'acteur,

– la *lumière*, qui vivifie l'un et l'autre.

Pourtant – car il y a un pourtant, et vous l'avez deviné – et la peinture ? Qu'entendons-nous par la peinture en matière d'art scénique ?

Un assemblage de toiles peintes et découpées, disposées perpendiculairement, et plus ou moins parallèlement et en profondeur sur la scène. Ces toiles sont couvertes de lumières peintes, d'ombres peintes, de formes, d'architectures, d'objets peints ; et tout cela, naturellement, sur une surface plane, car c'est la façon d'être de la peinture. La troisième dimension y est remplacée insidieusement par une succession mensongère dans l'espace. Or, dans l'espace obscur de la scène, il faudra éclairer cette belle peinture.

Supposons un amateur d'art qui placerait des statues au milieu de fresques somptueuses. S'il éclaire bien les fresques, qu'en adviendra-t-il des statues ? Et vice versa…

Notre mise en scène a renversé l'ordre hiérarchique : sous prétexte de nous offrir beaucoup de motifs impossibles ou difficiles à réaliser dans les trois dimensions, elle a développé la peinture des décors jusqu'à la folie et lui a honteusement subordonné le corps vivant de l'acteur. La lumière éclaire donc ses toiles (car il faut bien les voir) sans songer à l'acteur, et le pauvre homme magnifique a l'humiliation suprême d'évoluer entre des châssis peints et plantés sur un sol horizontal !

Toutes les tentatives modernes de réformes scéniques touchent à ce point essentiel, c'est-à-dire à la manière de rendre à la lumière sa toute-puissance et, par elle, à l'acteur et à l'espace scénique leur valeur plastique intégrale (soit dit entre parenthèses, il va de soi que la majorité de nos pièces, opéra, comédie, vaudeville, etc., sont tellement inspirées par l'état actuel de nos théâtres qu'il serait ridicule de les en séparer).

Si donc notre hiérarchie est une réalité sans appui, et cela n'est pas contestable, c'est l'élément inférieur, la peinture, qui doit être si ce n'est sacrifié du moins soumis aux trois autres facteurs qui lui sont supérieurs. Mais par quel moyen ?

N'oublions pas ici qu'il ne s'agit qu'en second lieu de mise en scène. Ce que nous cherchons c'est de rétablir progressivement une *réciprocité équitable* entre l'auteur et la mise en scène. Nous revenons donc à l'auteur et par lui à la conception dramatique elle-même.

C'est l'avenir du drame qu'il faut préparer.

Nos metteurs en scène ont, dès longtemps, sacrifié l'apparence corporelle et vivante de l'acteur aux fictions mortes de la peinture. Sous une semblable tyrannie il est évident que le corps humain n'a pas pu développer normalement ses moyens d'expression. Ce merveilleux instrument, au lieu de retentir en liberté, se trouve encore dans une positive sujétion. Pour imposer sa volonté il doit trouver sa libération en lui-même et arriver à une telle maîtrise que rien ne puisse plus lui résister. Placé en tête ce sera lui qui entraînera les autres docilement à sa suite ! Cette rééducation exige une discipline rigoureuse. Nous savons tous qu'aujourd'hui le retour au corps humain comme moyen d'expression de tout premier ordre est une idée qui possède les esprits, anime la fantaisie et donne lieu à des tentatives très diverses et de valeurs très inégales, sans doute, mais néanmoins qui toutes sont orientées vers la même réhabilitation.

Or, en assistant ou en prenant part à ces tentatives, chacun de nous aura remarqué d'une part que l'exécutant tendait, en quelque sorte implicitement, à se rapprocher du spectateur et ressenti, d'autre part, (les uns plus profondément et passionnément que les autres) l'entraînement du spectateur vers l'exécutant. Nos spectacles modernes nous obligeaient à une passivité si méprisable que nous la voilions avec soin dans les ténèbres de la salle. Maintenant, et devant l'effort du corps humain pour se retrouver lui-même, notre émotion devient presque un commencement de collaboration fraternelle; nous souhaiterions d'être nous-même ce corps que nous contemplons : l'instinct social s'éveille en nous là où jusqu'ici nous l'avions froidement étouffé, et la division qui sépare la scène de la salle nous devient une douloureuse barbarie issue de notre égoïsme.

Nous voici arrivés au point le plus sensible de la réforme dramatique, au croisement de routes déjà mentionné. Il faut le proclamer hautement : jamais l'auteur dramatique ne libérera sa vision s'il la considère toujours comme nécessairement attachée à une ligne de démarcation nette entre le spectacle et le spectateur. Cette division peut être occasionnellement désirable; mais jamais elle ne devra demeurer la norme. Il en résulte, inutile de le dire, que l'aménagement ordinaire de nos théâtres doit évoluer, lentement, vers une conception plus libérale de l'art dramatique (près d'ici, la salle délicieuse de Mézières en donne l'exemple. Il en est d'autres).

Nous arriverons tôt ou tard à ce que l'on appellera *la Salle* tout court; sorte de cathédrale de l'avenir qui, dans un vaste espace libre et transformable, accueillera les manifestations les plus diverses de notre vie sociale et artistique et sera le lieu par excellence où l'art dramatique fleurira; *avec ou sans spectateurs*.

Le mouvement olympique est dans la bonne voie pour cela, et peut ainsi se rattacher directement à la réforme dramatique : il en fera son plus bel objectif. Car il n'est pas de forme d'art où la solidarité sociale soit plus parfaitement exprimée que par l'art dramatique; surtout s'il revient à sa grande origine en le transformant à notre image moderne.

Mais au-delà des sports proprement dits, la culture harmonieuse du corps, c'est-à-dire de ses mouvements dans leur durée, restera toujours plus ou moins arbitraire et, partant, sans style, si un élément supérieur et impératif ne fixe à la fois la durée du mouvement, sa force et son expression.

La Musique est incontestablement cet élément : issue du plus profond de notre âme elle en règle les pulsations et les extériorise par le Rythme.

La discipline instaurée par la Rythmique de Jaques-Dalcroze a ceci de remarquable, c'est qu'elle est jusqu'ici la seule qui, procédant de l'intérieur à l'extérieur, de l'éveil du vouloir et des aspirations les plus intimes et impérieuses de l'être humain, pour les répandre ensuite dans l'espace, nous assure la parfaite intégrité de nos intentions. La beauté n'en est pas le but mais le résultat. On ne saurait assez s'en convaincre. C'est ce qui la différencie souverainement de toutes les tentatives de culture musicale du corps.

L'art olympique procurera la force magnifique sous toutes ses formes avec le désir d'en user librement en pleine possession de soi. L'art dalcrozien viendra ordonner cette force et l'assouplir par la musique et lui permettra ainsi d'obtenir la plus infinie diversité de nuances dans l'expression. Tous deux collaboreront de concert à l'avènement de l'œuvre d'art vivant et social de demain. La Rampe, ce triste symbole, ne les séparera plus d'un public écrasé dans sa passivité. Et – qui sait ? – arriverons-nous après une période de transition à des fêtes majestueuses où tout le monde sera participant; où chacun de nous exprimera son émotion, sa douleur et sa joie; et où personne ne consentira plus à rester spectateur. L'auteur dramatique, alors, triomphera !

Appia en a la conviction et pourrait en dire long sur un sujet dont son âme déborde !

BIBLIOGRAPHIE [1]

ARISTOTE, *Poétique*, introduction, traduction et notes B. Gernez, Paris, Les Belles Lettres, 1997.

APPIA A., *Œuvres complètes*, M. Bablet-Hahn (éd.), Lausanne, L'Âge d'Homme, 1983-1992, 4 vol.

ARTAUD A., *Œuvres*, Paris, Gallimard, 2004.

AUBIGNAC (F. Hédelin, abbé d'), *La Pratique du théâtre* [1657], rééd. et commentaires H. Baby, Paris, Champion, 2001.

BRECHT B., *L'Art du comédien*, texte français J. Tailleur, G. Delfel et J.-L. Besson, Paris, l'Arche, 1980.

– *Écrits sur le théâtre*, texte français J. Tailleur, G. Delfel, B. Perregaux et J. Jourdheuil, 2 vol., Paris, l'Arche, 1972 et 1979.

– *Petit organon pour le théâtre*, trad. fr. J. Tailleur, Paris, l'Arche, 1978.

CAILLOIS R., *Les jeux et les hommes*, Paris, Gallimard, 1967, 1991.

CORNEILLE P., *Trois discours sur le poème dramatique*, présentation B. Louvat et M. Escola, Paris, GF-Flammarion, 1999.

COPEAU J., *Les Registres du Vieux Colombier*, Paris, Gallimard, 1979-2000, 6 vol.

CRAIG Ed. G., *De l'Art du Théâtre*, Paris, Circé, 1999.

– *Le théâtre en marche*, trad. fr. M. Beerblock, Paris, Gallimard, 1964.

DERRIDA J., « Le théâtre de la cruauté et la clôture de la représentation », dans *L'écriture et la différence*, Paris, Seuil, 1967, p. 341-368.

---

1. Cette liste ne prétend nullement à l'exhaustivité : il s'agit simplement d'indiquer des éditions ou traductions des textes ici présentés, en version intégrale – à quoi nous avons ajouté quelques références susceptibles d'éclairer des points abordés dans l'introduction du volume.

DIDEROT D., *Écrits sur le théâtre*, A. Ménil (éd.), Paris, Pocket, 1995, 2 vol.

FO D., *Le gai savoir de l'acteur*, trad. fr. V. Tasca, Paris, l'Arche, 1990.

GIRARD R., *La violence et le sacré*, Paris, Grasset, 1972, rééd. Paris, Hachette Littératures, 2006 (en particulier, « Du désir mimétique au double monstrueux », p. 213-248).

HEGEL G.W.F., *Esthétique*, trad. fr. Ch. Bénard revue par B. Timmermans et P. Zaccaria, Paris, Le Livre de poche, 1997, 2 vol.

– *Esthétique. Cahier de notes inédit de Victor Cousin*, A. P. Olivier (éd.), Paris, Vrin, 2005.

LÉVI-STRAUSS Cl., *La voie des masques*, Paris, Plon, 1979.

LECOQ J., *Le Corps poétique*, en collaboration avec J.-G. Carasso et J.-C. Lallias, Arles, Actes Sud, 1997.

MEYERHOLD V., introduction, choix de textes et traduction B. Picon-Vallin, Arles, Actes sud, 2005.

NIETZSCHE F., *La Naissance de la tragédie*, trad. fr. M. Haar, P. Lacoue-Labarthe et J.-L. Nancy, Paris, Gallimard, 1977, 1997.

– *Le Gai savoir*, traduction, présentation et notes P. Wotling, Paris, GF-Flammarion, 1997.

PLATON, *La République – Du régime politique*, trad. fr. P. Pachet, Paris Gallimard, 1993.

STANISLAVSKI C., *La Formation de l'acteur*, trad. fr. E. Janvier, Paris, Payot, 1995.

STREHLER G., *Un Théâtre pour la vie*, trad. fr. E. Genevois, texte établi par S. Kessler, Paris, Fayard, 1980.

TAMINIAUX J., *Le théâtre des philosophes*, Grenoble, Millon, 1995.

VERNANT J.-P. et VIDAL-NAQUET P., *Mythe et tragédie en Grèce ancienne*, Paris, Maspéro, 1971.

INDEX DES NOMS

PRÉSENTATION DES AUTEURS

Camille COMBES-LAFITTE, agrégé de philosophie, metteur en scène de la Compagnie *Le Tiers-Théâtre*, prépare une thèse en études théâtrales à l'Université Paris X sous la direction de C. Biet.

Matthieu HAUMESSER, agrégé de philosophie, docteur en philosophie, comédien dans la Compagnie *Le Tiers-Théâtre*, enseigne la philosophie au lycée Jean Monnet de Franconville (95).

Nicolas PUYUELO, agrégé de lettres classiques, enseigne au lycée L. Armand d'Eaubonne (95).

TABLE DES MATIÈRES

Achevé d'imprimer par Corlet, Imprimeur, S.A. - 14110 Condé-sur-Noireau
N° d'Imprimeur : 110479 - Dépôt légal : février 2008 - *Imprimé en France*